はじめてママ&パパの

離乳食

監修:上田玲子
管理栄養士・博士（栄養学）

主婦の友社

はじめに

離乳食がはじまると、ママはますます大忙し。
大人の食事と違って戸惑うことも多いでしょう。

でも赤ちゃんは日々、食べることを学んでいきます。
その子なりに成長して、幼児食になるころには
必ず食べられるようになります。
だからあせらず、ゆっくりつきあってください。

この本には、はじめてのママ・パパでも
スムーズに離乳食が進められるように、
進め方や調理のコツ、レシピまで
必要なことをギュッと盛り込んであります。
これから赤ちゃんの成長とともにわき起こる
「困った!」「どうする?」の疑問や悩みに
寄り添っていけたらうれしく思います。

離乳食時代は、あれこれ試行錯誤するうちに
あっという間に過ぎていってしまうもの。
だから、ママ・パパはいつも笑顔で!
親子で楽しく、しあわせな離乳食の思い出を
いっぱいつくってくださいね。

はじめる前に知っておきたいこと

1 離乳食は5～6カ月ではじめる必要があります

母乳は生後間もない赤ちゃんにとっては、理想的な栄養源。でも、生後6カ月を過ぎるころには、母乳の成分のうち、たんぱく質やカルシウム、鉄などの成長に必要な栄養素は大幅に減少してしまいます。めざましく成長する赤ちゃんは、母乳やミルクだけでは栄養不足に！　ですから、5カ月から6カ月中には、離乳食をスタートさせてください。

母乳の栄養はこう変化します

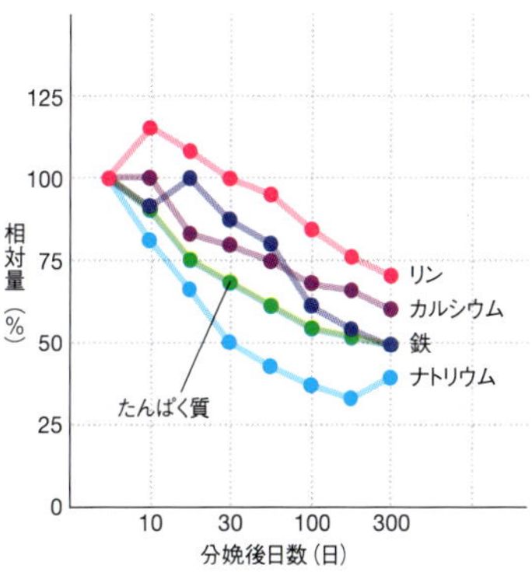

出産直後の母乳は、たんぱく質やカルシウム、鉄などの栄養がたっぷり。でも成長・発達にとって大事な栄養素は、だんだん減少していきます。最初のころと変わらないのは乳糖、つまりエネルギーだけになるのです。

2 食欲はその子の個性。おおらかに見守って

離乳食には目安の進め方がありますが、個人差があってあたり前。よく食べる子も、ママががっかりするほど小食な子もいます。ムラ食いや偏食があって「食べてくれない」時期も、みんなが通る道。心配になるかもしれませんが、体重の増加が母子健康手帳の発育曲線に沿って、上向きのカーブを描いていれば大丈夫！　その子の個性です。おおらかに見守りましょう。

3 食を楽しむことで生きる力が育ちます

食事は栄養を摂取するだけでなく、精神的な安らぎを得て心を強くする、という大きな力があります。ママ・パパといっしょの食事は、赤ちゃんの発達にとっても大切なこと。意欲や好奇心、うれしい・楽しいなどの感情も、食べる場面で培われていくものです。家族で「食」をともに楽しむ経験をたくさんして、赤ちゃんとの絆を深め、生きる力を育んでください。

はじめてママ＆パパの

離乳食

Contents

特別添付

表　食事1回でどれくらい食べるもの？
1食分の目安量
早見シート

裏　時期別に○△×でパパッと確認できる！
赤ちゃんの食べていいもの・
悪いもの　まるわかりシート

PART 2

時期別にくわしくわかる&実物大で量を確認
離乳食の進め方と献立レシピ

PART 3

キッチンにある材料で何が作れる?

食材から選ぶ離乳食レシピ

PART

1

まず、知っておきたい

はじめて離乳食のキホン

「離乳食って、そもそも何?」
「大人の料理法とどこが違うの?」など、
スタート前は誰だってわからないことばかり。
そこで、ごく基本的な知識や、
離乳食ならではの調理のポイントをまとめました。
進んでからも「?」と思ったら、読み返してくださいね。

大人の食事とはどう違うの？気をつけることは？

離乳食の「基本ルール」を知っておこう

体の機能が未熟で、抵抗力も弱い赤ちゃんのための離乳食作り。大人とは勝手が違います。まずは、基本ルールを頭に入れておきましょう。

赤ちゃんの消化能力やかむ力に合わせてあげて

はじめてのママは、「離乳食ってこまかい決まりがあって面倒」と思うかもしれません。

でも、赤ちゃんの体は大人よりずっと未熟です。たとえば、赤ちゃんの胃は筒形をしているので、胃の中のものを吐きやすい構造。口から入った食べ物を胃から腸へと送る「ぜん動」は1才ごろまで大人の半分以下のレベルですし、食べ物を消化するのに必要な「消化酵素」の分泌も不十分です。免疫機能も未熟だから抵抗力が弱く、少しの細菌でも食中毒を起こす恐れがあります。

それに、赤ちゃんには「かむ力」もありません。前歯でかみ切り、奥歯でかみくだき、だ液とまぜて、口の奥から食道へ送る——大人にとっては簡単な「食べる」ことも、複雑な動きをしているので、赤ちゃんは練習をする必要があります。乳臼歯の上下が生えそろい、本格的な「そしゃく」ができるようになるのは、2才半～3才以降です。

もちろん、体の機能は成長とともに発達します。でも、胃腸だけでなく、腎臓や肝臓の機能も含めると、「大人と同じ食事でOK」といえるのは、なんと8才ごろ！　離乳食や幼児食のルールは、未発達な体を守るために大切なのですね。

ルール 1　赤ちゃんが飲み込める形に調理する

離乳食をスタートする5～6カ月ごろの赤ちゃんは、まだ歯が生えていない子がほとんど。上下の前歯が生えそろうのが、1才ごろです。離乳食は、そんな赤ちゃんでも飲み込めるように、食材をやわらかく調理してあげます。おっぱい・ミルクを飲むのはじょうずでも、食べ物をとり込む舌や口の動きは、練習して少しずつ上達するもの。トロトロ状から始め、歯の生え方や口の動きの発達を見ながら、少しずつかたさを増していきます(P.10参照)。

ルール 2　食材は加熱して殺菌する

赤ちゃんは細菌に対する抵抗力がとても弱いですし、離乳食はつぶしたり刻んだりするので、細菌感染の機会もふえてしまいます。赤ちゃんに食べさせるものはすべて加熱すると安心。豆腐なども湯通ししたり、作りおきして時間がたったおかずや、冷凍しておいた食材も、電子レンジで熱々に加熱しましょう。

食の成長を見通してみよう！

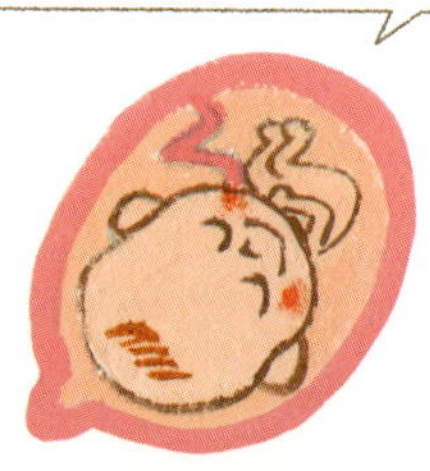

胎児期

おなかの中で成長する時期。出産までは胎盤を通じて、栄養だけでなく酸素など、生きるためのすべてをママからもらいます。

おっぱい時代

ママの血液から作られる母乳がパーフェクトな栄養源！　この時期は母乳・ミルクが不足しないようにしっかり飲んで育つことが大切。

離乳食期

生後5～6カ月ごろ

離乳＝「お乳から離れる準備をはじめる」時期。母乳だけでなく、食事からも栄養がとれるよう、5～6カ月で離乳食をスタート！

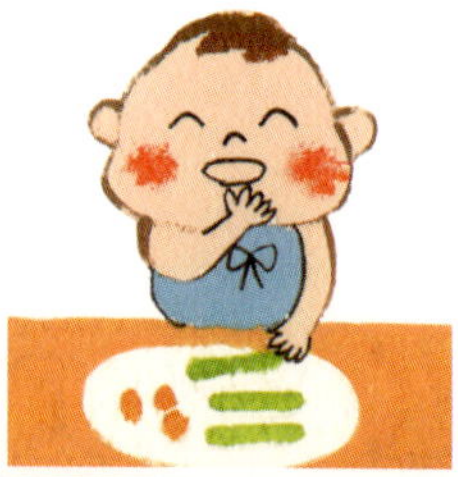

1才～1才6カ月ごろ

栄養の大半を食べ物からとれるようになるのが、離乳の目標。手づかみ食べを覚え、スプーンを使うことも練習します。

＊初めて与える食材は、少量から始めましょう。アレルギーが心配な場合は、医療機関を受診できる時間帯に与えると安心です。

離乳食の「基本ルール」を知っておこう

ルール 3
消化吸収のよいおかゆを最初に

米やいも類などの炭水化物は、トロトロに調理しやすいだけでなく、赤ちゃんの未熟な胃腸でも消化吸収しやすい栄養素です。なかでも米は食物アレルギーの心配が少ないので、離乳食は「10倍がゆ」からスタートするのがおすすめ。おかゆに慣れたら次に野菜、野菜に慣れたら魚や肉など、たんぱく質の多い食品、という順で進めます。

ルール 4
「油なし」「味つけなし」からスタート

油脂は…
ごく少量を
6カ月からOK
調味料は…
加えるなら
ごく少量を
7カ月から

余分な塩分を体の外に捨てる役割をする腎臓の機能は、生後6カ月で大人の半分。多すぎる塩分は赤ちゃんの腎臓に負担をかけてしまいます。だから、離乳食もゴックン期（5〜6カ月）の味つけはしません。モグモグ期（7〜8カ月）で砂糖、塩、しょうゆ、みそなどをほんのひとつまみ以内にし、1才を過ぎても大人の食事を2〜3倍に薄めて。油脂はゴックン期後半（6カ月）以降、バター（できれば無塩）、オリーブ油をごく少量からはじめます。

ルール 5
たんぱく質源食品は量と順番を守る

赤ちゃんは、たんぱく質を必要以上の量を消化するのが苦手。とはいえ、成長に不可欠な栄養素なので、「順番を守って、適量」を基本に、食べさせましょう。脂肪を消化することも赤ちゃんの体には負担なので、最初は脂肪の少ない豆腐や白身魚などからスタート。どれも1さじから様子を見ながらゆっくり与えます。

ルール 6
赤ちゃんにはNGな食材に注意する

刺し身
はちみつ
かまぼこ
もち
そば
チョコレート

離乳食で使う食品は、赤ちゃんが食べやすい形に調理でき、塩分や脂肪が少ないものが基本。赤ちゃんが処理できない菌を含む「はちみつ」、のどに詰まらせる危険のある「もち」、塩分が多くかみにくい「かまぼこ」などはNG。「そば」はアレルギーの心配があります。糖分・油脂が多いお菓子もあげないで！ また、「刺し身」「生卵」など、生食はダメ。

食べることを通して心と体が育ちます

離乳食をはじめると、赤ちゃんは食べ物をかむ力、消化吸収する力が育つのはもちろん、手足の動き、そして心まで、めざましく成長します。ママに食べさせてもらうのは嫌がり、自分で手を伸ばし、お皿をひっくり返したりするのも、意欲のあらわれ。苦手だった食べ物も、あきらめずに食卓へ出すうちに、食べてくれることも！ ママに頼るだけだった赤ちゃんから幼児、そして学童へと、心身ともに成長するのですね。長い期間ではありますが、赤ちゃんには自立していく力が備わっています。だからママ・パパも、おおらかに子どもを見守り、食の自立を応援してあげてくださいね。

幼児期
学童期

幼児期：消化酵素の分泌は大人に近づくものの、薄味にして、食べやすくかたさを調節してあげます。箸の練習をして使えるようになります。

学童期：腎臓や肝臓の機能がととのうのは8才ごろ。自分で食べたいものを選ぶ、料理作りに挑戦するなど、「食の力」が育っていきます。

はじめの一歩から完了まで4段階あります

離乳食の進め方をイメージしよう

赤ちゃんの食べる能力に合わせて、この本では離乳食を4つの時期に分けています。トロトロから固形になるまでのイメージをつかんで！

「飲む」から「食べる」へ 半年〜1年かけて進めます

離乳食は、「飲む食事」から「かんで食べる食事」に移るための練習期間といえます。おっぱい・ミルクだけを飲んでいた赤ちゃんだから、最初は液体に近いものを。飲み込めるようになるにしたがって、固形にしていきます。たとえばにんじんなら、左の写真のように、トロトロから輪切りまで、少しずつ形や大きさを変えていきます。

スタートは5〜6カ月ごろ、完了は1才〜1才6カ月ごろが目安。ペースの早い子は半年で、ゆっくりの子は1年以上かけて、その子のペースで慣らしていきましょう。

4つの時期は目安です。赤ちゃんのペースで大丈夫！

離乳食をあげる時期は、赤ちゃんの食べる能力の発達に合わせて、ゴックン、モグモグ、カミカミ、パクパクの4期に分けて考えます。ゴックン期のころは、まだ栄養の8〜9割がおっぱい・ミルクですが、パクパク期になると、食事から約8割の栄養をとるようになり、多くの子が卒乳します。

ただ、「目安の月齢でステップアップしなくちゃ！」とあせらないで。離乳食では、「進める」という言葉がよく使われます。これは、赤ちゃんのかむ力や消化能力の発達に合わせて、離乳食のかたさと大きさ、食品の種類や量をふやしていくということ。その月齢になったからといって、階段のように急にレベルを上げるのではなく、行きつ戻りつしながら、少しずつ前に進んでいくのが自然で無理がありません。進んだかと思えばつまずき、あと戻りするのもよくあること。個人差も大きいから、「目安どおりに進まなくてあたり前」と思って、ママ・パパはドーンとかまえていてください。

離乳食時代は、赤ちゃんが食べてくれた、食べてくれないと、一喜一憂することも多々あると思います。でも、でこぼこ道を進むうちに、いずれはみんな、食べられるようになるもの。よその子とくらべても意味がないので、赤ちゃんのペースで大丈夫ですよ！

順調に食べてくれてうれしい！

スタートから1カ月くらいで、飲み込むことにもだいぶ慣れたかな。

最初はドキドキ☆

はじめてのおかゆは、なんとかゴックン。親子ともに緊張するぅ〜。

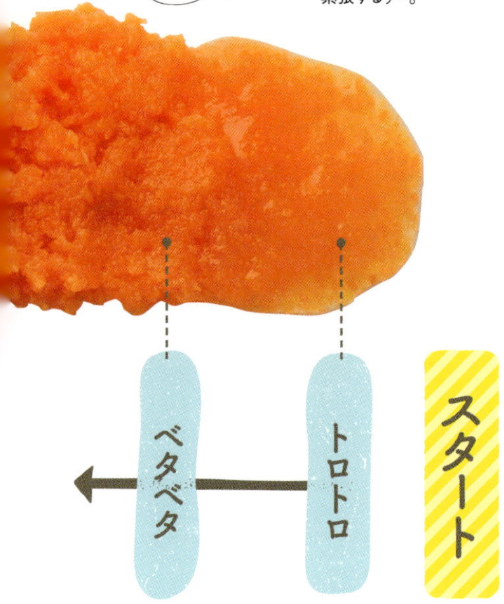
スタート
トロトロ
ベタベタ

ゴックン期 5〜6カ月ごろ

なめらかなトロトロ状から開始！唇を閉じてゴックンするだけ

母乳やミルクだけを飲んでいた赤ちゃんは、液体より少しとろみのあるトロトロの離乳食を、唇を閉じてゴックンするのがやっと。裏ごししたり、すりつぶしたりして、なめらかに調理します。慣れてきたら、少しずつ水分を減らし、ベタベタのケチャップ状にします。

母乳・ミルク	離乳食	
90%	10%	前半
80%	20%	後半

離乳食に慣れるための時期。母乳やミルクは欲しがるだけ与えてOK。

離乳食の進め方をイメージしよう

しっかりと
食べてくれるように

おかゆを卒業してごはんが食べられるようになり、離乳食作りがぐんとラクになった！ 遊び食べもちょっと落ち着いたかな？

ポイポイッ！
遊び食べで
困る！

手づかみでこねこね、ポイポイ、やりたい放題で困る！ いすに座りたがらないし、好き嫌いも多いし、大変だなぁ。

病気をして
あと戻り…

おなかの病気で、2週間も離乳食を中断することに。トロトロからやり直し。またがんばろうね！

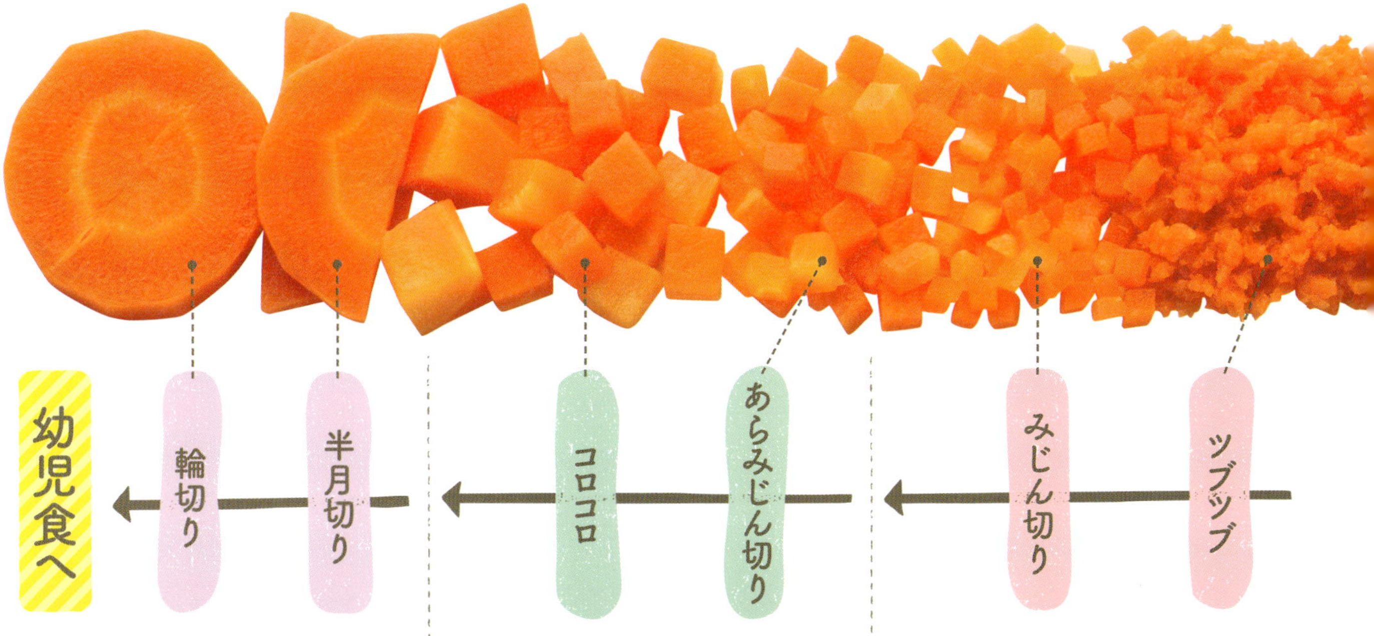
幼児食へ
輪切り
半月切り
コロコロ
あらみじん切り
みじん切り
ツブツブ

パクパク期 1才～1才6カ月ごろ

かむ力が増し、ゆでた輪切りのにんじんも前歯でパクッ！

やわらかくゆでた輪切りのにんじんを、前歯でかみ切れるように。にんじんグラッセや肉だんごのかたさが、歯ぐきでかむ練習に最適です。離乳食を卒業したら幼児食ですが、大人と同じものが食べられるのはまだまだ先。引き続き薄味で食べやすく調理します。

	母乳・ミルク	離乳食
前半	25%	75%
後半	20%	80%

栄養の大半は離乳食から。この時期、牛乳またはミルクは1日300～400mlが目安。

カミカミ期 9～11カ月ごろ

バナナ程度のかたさの食べ物を歯ぐきでつぶして食べます

舌ではつぶせない大きさやかたさのものは、左右に寄せて歯ぐきでカミカミできるようになります。つぶす力はまだ弱いけれど、大人とほぼ同じかみ方に成長！ かたさの目安は、指でつぶせる完熟バナナ、木綿豆腐、やわらかく煮たみじん切り→角切りのにんじんなど。

	母乳・ミルク	離乳食
前半	35~40%	60~65%
後半	30%	70%

離乳食からの栄養が、母乳・ミルクと逆転！ 食事で鉄分補給を心がけて。

モグモグ期 7～8カ月ごろ

理想はふわふわの絹ごし豆腐。野菜はツブツブ状にすりつぶして

舌を上下に動かして、食べ物を上あごで押しつぶしてモグモグできるようになります。この時期には絹ごし豆腐のかたさがぴったり！ 野菜は指で軽くつぶせるくらいにやわらかくゆでて、ツブツブ状にすりつぶすか、みじん切りにします。パサつく魚や肉にはとろみづけを。

	母乳・ミルク	離乳食
前半	70%	30%
後半	60%	40%

食事量をふやしていきます。母乳は欲しがるだけ与え、ミルクは1日3回が目安。

離乳食ヒストリー

離乳食時代は、赤ちゃんの「食べる」「食べない」に振り回されることもしばしば。みんなは、どんなふうに進めていったの？ スタート〜完了まで、2組の親子に成長を振り返ってもらいました。

Case 1

卵アレルギー以外は順調でした

沖 杏奈《あんな》ちゃん・祐理ママ

離乳食は作りおきして冷凍したり、週末は外食もしました。ママがストレスをためず、笑顔でいるのがいちばん！

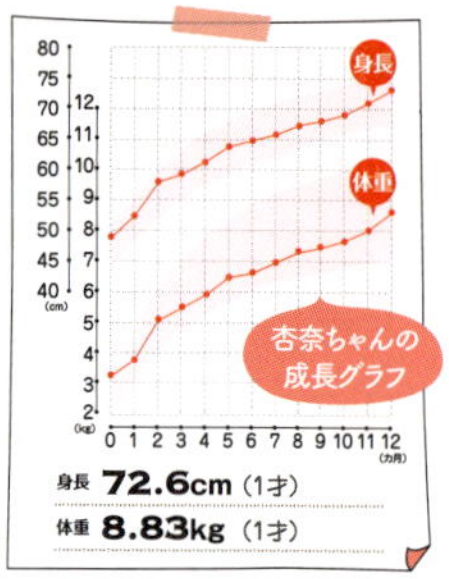

身長
体重
杏奈ちゃんの成長グラフ
身長 72.6cm（1才）
体重 8.83kg（1才）

ゴックン期 5〜6カ月ごろ

ジャスト5カ月でスタート。おかゆは専用の電子レンジ容器で

体調がよかったので、離乳食は5カ月ちょうどに開始。母乳とミルク1回に加え、午前10時に離乳食タイムを設けました。電子レンジでおかゆが作れる「おかゆクッカー」は、大人用に炊いたごはんからおかゆ1食分が作れて便利！ おかゆをスムーズに食べてくれたので、慣れてきたら野菜のペーストをまぜたりしました。

はじめての10倍がゆをゴックン！ 水分が多くて「重湯《おもゆ》」に近い状態でした。

モグモグ期 7〜8カ月ごろ

卵にチャレンジしたら発熱！ 卵白アレルギーとわかり、卵は除去

7倍がゆになり、2回食になりました。体重がふえてほしいと思っていたので、「もっと！」とねだられるほど食欲旺盛でうれしい♪ おかゆだけでなく、粉ミルクで煮込んだパンがゆなども作りました。でも、少量の卵を試したら30分ほどで発熱！ のちに、軽度の卵白アレルギーが判明しました。市販品は食品表示をよく確認し、おやつはお米のせんべいや卵不使用のクッキーなどを選ぶように。

食べやすくつぶしたバナナは大好物。マイスプーンを握っています。

ゴクゴク！

自分でやりたい気持ちが強く、ストローマグを持って飲めるように。

Case 2

好き嫌いや偏食も成長とともに変化

小川陽太《ようた》くん・舞子ママ

ベビーフードはかたさや味の参考にも◎。好き嫌いや偏食もあったけど、成長とともに変わっていきましたよ。

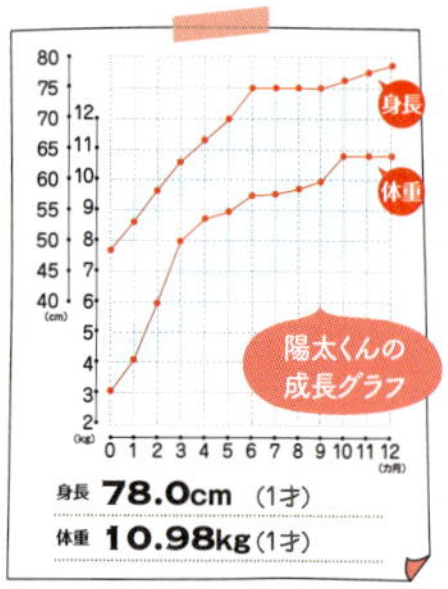

身長
体重
陽太くんの成長グラフ
身長 78.0cm（1才）
体重 10.98kg（1才）

おかゆでは進まなくて、粉ミルクをまぜたら食べてくれるように

離乳食は5カ月から。母乳とミルクはよく飲んでいたのですが、10倍がゆは最初、なかなか食べてくれずに困りました。「いつも飲んでいる粉ミルクをまぜてみよう」と思ってトライしてみると、慣れた味なのがよかったのか、よく食べてくれるように！ 6カ月から2回食に。野菜や豆腐もモリモリ食べていました。

あ〜んして

まだおすわりが安定しないので、授乳クッションを背もたれにして。

スタートのころは、粉ミルクをまぜて煮込んだ10倍がゆが定番。

ベビーの味の好みがわからず、ベビーフードを買い込みました

白いおかゆが苦手で、味をつけたほうが好き。「モグモグ期から少量の味つけはOK」というけれど、どこまで味を濃くしていいかわからなかったので、市販のベビーフードを買い込んで好みの味を研究しました。よく食べてくれたのは、そうめんとこまかく刻んだ野菜の煮込み。そうめんは塩分が強いので折ってからよくゆでました。野菜は数種類をまとめてゆでて刻んで、冷凍していました。

そうめんと野菜煮に、プレーンヨーグルトを添えて。

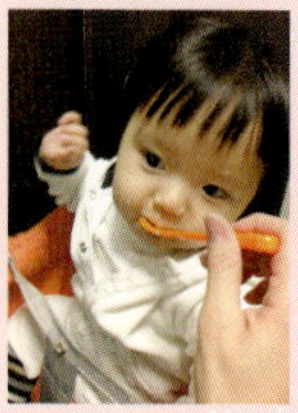

6カ月で寝返りをマスターし、おすわりも安定。いすで食べるようになりました。

スタートから完了までをルポ

先輩ママ&ベビーの

蒸しパンややわらかく煮た野菜など、手づかみおかずへシフト

何でも自分で持ちたがるようになり、特にパンが好き！蒸しパンに野菜やレバーの粉末をまぜて、少しでも栄養をとれるようにしました。魚や肉はほぐしてもまだ苦手で、豆腐のほうが好きでした。卵には十分注意していたのですが、外食時にランチのお通しで出た豆腐に卵が入っていたらしく、食後1時間ほどで顔や手足がパンパンにはれて発熱！　あわてて救急病院へ行きました。

ベビーチェアにおすわり♥

テーブルにつけられるベビーチェアを愛用。部屋が広く使えます。

卵不使用の食パンと、かぼちゃ、ブロッコリー、バナナヨーグルト。

大人と同じものを取り分けて薄味に。魚や肉もだいぶ食べられるように

ほとんど大人と同じものを、取り分けて薄味にして食べさせています。魚や肉も大丈夫になり、鮭や鶏そぼろをまぜたごはんも好きです。ただ、ヨーグルトなども手でつかむので、いつもぐちゃぐちゃ！　自分で食べられるよう、スプーンの練習も始めました。卵は少しずつ食べて慣らしていくことに。卵黄を少量→1個まで食べられたので、卵白を1さじから少しずつ量をふやしているところです。

自分で食べる気満々。何でも手づかみして、ちょっと困ることも。

なすとひき肉のせごはん、とうもろこし、青菜のおひたし、大根とにんじん。

From 先生

食物アレルギーがあっても、お母さんの工夫により栄養バランスのよい離乳食を食べ、すくすく育ちましたね。除去食から普通食へとトライしていくお母さんの姿勢はりっぱです。この調子で幼児食を進めていってくださいね。

カミカミ期 9～11カ月ごろ

パクパク期 1才～1才6カ月ごろ

洋風の味つけが好き。野菜をまぜたリゾットはお気に入りメニュー♪

野菜スープや牛乳で、少し濃いめの洋風味にするとよく食べていました。軟飯のリゾットなら、刻んだほうれんそうや葉野菜、きのこなど、単品では苦手な野菜をいろいろまぜても完食！　こまかく刻んだマカロニやうどんも、このころから好きになりました。手づかみもできるようになったので、食パンを小さくカットしたり、お焼きを棒状にしたり、つかみたくなる工夫をしました。

ママが飲ませて～

以前は自分で持っていたはずなのに!?　ママに甘えています(笑)。

じゃがいものスティックお焼き、食パン、野菜のクリームリゾット。

好き嫌いが減ってレパートリー増。手作りでないと食べないように

相変わらず、パサパサしたそぼろなどが苦手で、マカロニやうどんを煮込んだものが大好き。でも、野菜を刻まないで大きめにカットしても大丈夫になったし、スープも飲んでくれます。1才半前後には、焼きおにぎりや、白いごはんも食べられるように。好き嫌いが減ってきて、作りがいがあります。同時に、市販のベビーフードを全く食べなくなりました。食事作り、がんばらないと～！

パクパク!

かぼちゃとマカロニの牛乳煮、ほうれんそう蒸しパン、食パン、煮込みおじや。

「ママのごはん大好き!」。よく食べてくれて、うれしい♥

From 先生

うまくいかなかったときに、いつも飲んでいる味に近づける、ベビーフードを参考にするなど、食べてくれるように工夫する姿勢がすばらしいですね。その研究心がおいしい離乳食と、お子さんの目ざましい成長につながったのでしょう。

2回食から少しずつ意識したい

「栄養バランス」はどう考える？

3つの食品グループを組み合わせる考え方は、大人と同じ。栄養素の特徴を知って、「不足」や「とりすぎ」に気をつけてくださいね。

各グループの食品から1つずつ組み合わせるのが基本

離乳食をスタートして1カ月くらいが過ぎ、食べることに慣れて2回食になるころから、栄養バランスを意識できるといいですね。

基本の考え方は、とてもシンプル！　上記の3つの食品グループから、それぞれ1つ以上の食品を組み合わせれば、自然に栄養バランスがととのいます。1回の食事に、3つの栄養素が入っていることが目標。「主食＋たんぱく質源食品のおかず＋ビタミン・ミネラル源食品のおかず」という献立でもいいし、それらを全部入れた「具だくさんおじや」にして、1品ですませてもかまいません。

毎食でなくても、2〜3日でバランスがとれれば大丈夫

ママが忙しい日もあるし、ベビーの食べムラもあるでしょう。毎食、バランスよく食べるのが理想だけれど、現実にはそうもいきません。神経質に考えないで、1日3食で、または2〜3日の食事全体で、バランスがとれていれば大丈夫です。たとえば、朝はバナナと豆乳ですませたら、夕食は野菜たっぷりのおかずにするなど、意識できればOK！　不足しがちな野菜は、まとめて下ごしらえして冷凍しておいても便利です。

を組み合わせます

ととのえる
源食品

野菜

トロトロに調理できれば、大半の野菜がゴックン期からOK。

果物

ビタミンCが豊富。野菜と一定の割合でとれると理想的。

きのこ

モグモグ期から。カルシウムの吸収を助けるビタミンDを含む。

海藻

少量の焼きのり、青のり、わかめ、ひじきをモグモグ期から。

など

熱や力のもとになる
エネルギー源食品

ごはん

消化吸収のよいデンプン質で、胃腸に負担がかからず、離乳食にぴったり。

パン

アレルギー予防から6カ月以降に。塩分の少ないシンプルな食パンを。

いも

じゃがいも、さつまいもはゴックン期からOK。加熱するとつぶしやすい。

めん

アレルギー予防からうどんは6カ月以降に。パスタはカミカミ期からが無難。

など

糖質（デンプン質）を多く含む「主食」のこと

糖質は体温をつくり出したり、筋肉や内臓など体のすべてを動かすためのエネルギーになる栄養素。この本では、糖質（デンプン質）を多く含む、主食になる食品を「エネルギー源食品」と呼びます。離乳食の主食は、赤ちゃんの未熟な胃腸でも無理なく消化吸収できる米（おかゆ）からはじめるのが一般的。めん類やパンには、塩分が含まれているので注意します。

油脂も体のエネルギー源になるのでこのグループですが、赤ちゃんの体には負担が大きいのでごく少量にします。

3つの食品グループ

筋肉や血液など体をつくる たんぱく質源食品

乳製品

モグモグ期から調理用の牛乳、プレーンヨーグルト、チーズがOK。カルシウム補給に。

卵

おかゆや野菜、豆腐、白身魚に慣れたら、かたゆで卵の黄身をごく少量から。

肉

モグモグ期から脂肪の少ない鶏ささ身からはじめ、赤身の牛肉、豚肉の順番でとり入れる。

魚

白身魚からスタートし、赤身魚や青背魚がOKに。加工品は塩分に注意。

大豆製品

豆腐、豆乳、きな粉、納豆など。大豆の良質なたんぱく質、鉄を含む。

など

豆腐など「植物性」と、魚や肉の「動物性」を適量ずつ

体をつくる、つまり赤ちゃんの成長に不可欠なたんぱく質は、不足すると貧血になったり、体重がふえない、身長が伸びないなどの心配も。一方、とりすぎても腎臓に負担をかけるので、「適量を守る」ことが大切です。

たんぱく質には、豆腐など脂質の少ない「植物性」と、魚や肉、卵など必須アミノ酸（人体では合成できず食品からとる必要のあるもの）のバランスのよい「動物性」があります。脂肪の少ないものから進め、両方の食品の栄養をバランスよくとれるといいですね。

体の調子を ビタミン・ミネラル

カラフルな色が栄養分の証し。食べやすく調理するのが第一！

ビタミン・ミネラルにはたくさんの種類があり、それぞれが大切な働きをしています。主食のエネルギー源食品が体に代謝吸収されるのを助ける働きのほか、皮膚や粘膜を守るなど、体全体の調子をととのえてくれます。

たとえば黄・赤・緑（緑黄色野菜）、白（淡色野菜）、黒（海藻・きのこ類）といったぐあいに、見た目でカラフルなメニューになれば、栄養バランスは合格！

野菜はアレルギーの心配が少なく、また赤ちゃんの内臓に負担の少ない食材です。離乳食では皮や種をきちんととり除き、やわらかく煮るなど、赤ちゃんが食べやすく調理することで完食率もぐんとアップします。

Point 1 たんぱく質源食品が2種類以上になるときは、とりすぎに注意！

たんぱく質は大切な栄養素ですが、赤ちゃんの体には負担が大きいのでとりすぎに注意して。1回の目安量は、「1種類を選んだ場合」の量。たとえば「卵と豆腐のおかゆ」など、2種類のたんぱく質が入るときは、卵黄1個と豆腐30g→卵黄1/2個と豆腐15gにするなど、半量に減らす調整をします。

Point 2 量をたくさん食べる子は野菜をふやして

目安量よりもたくさん食べすぎる赤ちゃんは、野菜をふやすと、かみごたえがアップして食べすぎを防げます。野菜は切り方を大きくしたり、少しかためにするのも手。早食いは大食いの習慣につながるので、1さじずつゆっくり、よくかんで食べさせます。飲み込んだのを確認してから、次のスプーンに進めて。

Point 3 カミカミ期以降は鉄分・カルシウムをしっかり

カミカミ期から3回食になると、食事からの栄養がさらに大切になります。9カ月以降もおっぱいが大好きで離乳食が進まないと、鉄不足になりやすいので気をつけてください。貧血にならないよう、赤身の魚や赤身の肉、小松菜、ひじき、高野豆腐、きな粉など、鉄分豊富な食品をとり入れましょう。

あると便利なグッズを厳選してご紹介！

離乳食作りに活躍する道具

離乳食は短期間とはいえ、裏ごしやすりつぶしなどの調理には、専用の道具があると便利。少量なので、道具も小さめサイズを選びます。

調理のとき

赤ちゃんが食べやすい離乳食を作るには、まず食材をやわらかく煮るのが基本。次に「裏ごしする」「すりつぶす」「すりおろす」などの調理が必要です。きちんとはかるため、最低でも大小の計量スプーンはそろえましょう。

裏ごし器

最初のトロトロに短期集中で活躍！

少しのかたまりも嫌がるゴックン期は、裏ごし器が強い味方に。野菜の皮や繊維も除けます。なければ万能こし器で代用しても。

すり鉢・すりこ木

つぶす＆すりつぶすがラクラク

おかゆ、いも類、野菜、豆腐、白身魚など、どんな食材もすり鉢ですりつぶせます。水分を補ってまぜやすく、かたさ調節も簡単。

おろし器

野菜や高野豆腐などを均一にこまかく

食材を使う分だけ手軽にすりおろせます。おろし目があらいと粒が大きく、目がこまかいとなめらかに。時期や用途に合わせて選んで。

あると便利な離乳食調理セット

こし網（裏ごし）、おろし板、ジュースしぼり、すり鉢、すりこ木などがそろうセットもあります。少量の調理に使いやすく、電子レンジも可（写真はピジョンの製品）。

小鍋

直径14～16cmの小さな鍋を用意したい

大きな鍋は水分の蒸発が多く、鍋にくっつく量も多いので、小鍋がおすすめ！　おかゆを炊いたり、食材をゆでたり煮たり、大活躍。

小フライパン

直径20cmくらいの樹脂加工のもの

焼く、いためるなどの調理に、小さくて使いやすい。油を引かずに（または少量で）調理できる、フッ素樹脂加工のものが離乳食向き。

計量スプーン、計量カップ、キッチンスケール

材料をはかるために、マストアイテム

計量スプーンは大さじ1（15mℓ）、小さじ1（5mℓ）の2つを用意。計量カップは1カップ（200mℓ）をはかれるものを。キッチンスケールも、重さを正確にはかるには持っていたい道具。

離乳食作りに活躍する道具

最初は最小限でも大丈夫。あせらずに買い足して

「そろそろ離乳食をスタート」という時期になったら、必要な道具がそろっているか、チェックしてみて。家にある道具で間に合えば特に購入しなくても大丈夫ですが、スタートのころは少なくとも、裏ごし器（万能こし器）とすり鉢はあると安心です。

食器はデザインが豊富なので、選ぶときに迷うかもしれません。陶器の食器は食材のあら熱をとりやすく、重みがあるので卓上で安定しますが、落とすと割れやすいのが難点。木製は手ざわりや口あたりがよいですが、電子レンジ加熱には向きません。プラスチック製は使い勝手がよい半面、長く使うと傷や色移りが目立ちます。それぞれに特徴があるので、検討してくださいね。

また、食事用のいすについては、最初はママのひざで食べたい子も多く、いすが好きな子も苦手な子もいます。あせらずに食べる様子を見て購入しても、遅くはありません。

食器

安定性のあるデザイン&電子レンジ対応かチェック

ベビー用の食器は離乳食の量に適したサイズで、食卓で安定する、すくいやすい形になっています。電子レンジで加熱できるものが便利（写真はファミリアの製品）。

スタイ

食べこぼしをキャッチするポケットつきが人気

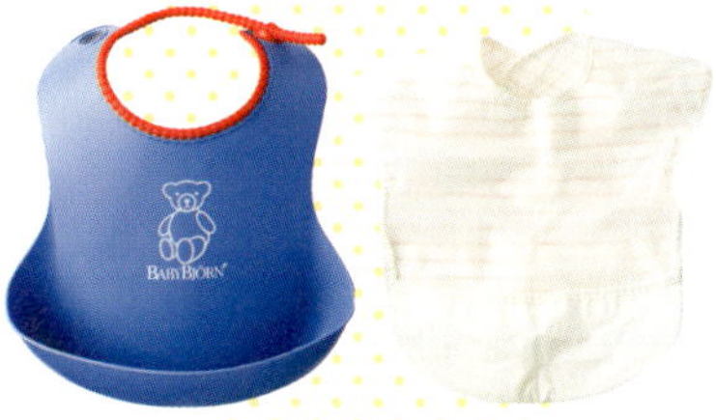

ポケットつきのプラスチック製やビニール製のエプロンは、食べこぼしをキャッチしてくれて、水洗いも簡単。ママのストレスが減ります。

食べさせるとき

ベビー用食器やスプーン、食べこぼし・汚れ防止対策になるスタイは、毎日の離乳食の必需品！「食べさせやすさ」や「手入れのしやすさ」が選ぶポイントに。大切に使えば、幼児期まで長く食事をサポートしてくれます。

スプーン

平たいもの→深いものへ。発達に合わせて使い分けて

量を食べるようになってきたら、少しくぼみのあるデザインが食べさせやすくなります。自分で持つには、短くて太めのグリップが◎。

離乳食スタートのころは、スプーンの皿が小さくて平たいものだと、赤ちゃんが唇で食材をとり込みやすいです。

私はこんな食器を使っています

シンプルな白の陶器のセット

雑貨屋さんが離乳食用に作った、白い陶器の3点セット。主食、主菜、フルーツなど、盛り分けて献立が組みやすいです。シンプルなので、野菜の色が映えるのもお気に入り！

白井彩可ママ・杏樹《あんじゅ》ちゃん（10カ月）

大人と同じ木の器をチョイス

奈良の吉野の木材を使っている、大人と同じものをそろえました。インテリアに合い、食べさせやすさも抜群。今はごはん茶わんとお皿を重ねて、ワンプレートで使っています。

廣井琴美ママ・柚奈《ゆずな》ちゃん（8カ月）

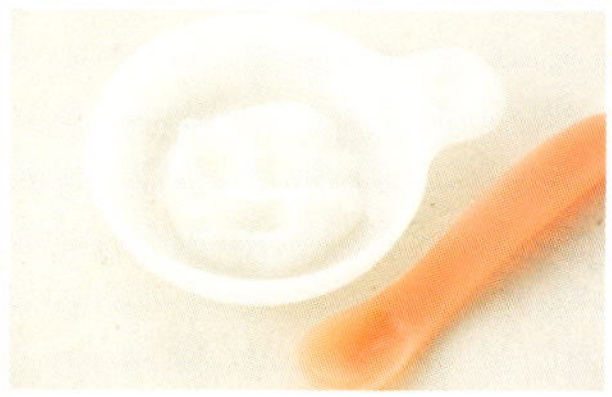

電子レンジOKの小皿を愛用

離乳食はまだ10倍がゆをはじめたばかり。コンビの食器セットの小さいお皿が食べさせやすいです。プラスチック製は軽くて割れにくく、電子レンジ加熱もOKなのがいいですね。

柏原佑香ママ・唯人《ゆいと》くん（5カ月）

発達に合わせて食べやすくするテクニック集

離乳食の調理のキホン

はじめてのママにもよくわかるように、離乳食作りの「6つの調理のキホン」をまとめました。スタートから、毎日役立つテクばかり！

キホン1 裏ごし

なめらかなトロトロにするため、ゴックン期の特にスタートのころに重宝。網の目を通すことで、かたまりや繊維が除けるので、すりつぶすよりも口あたりがよくなります。

トマトの裏ごし

ざく切りにしたトマトは皮と種がついたままこし網にのせ、スプーンの背で押しつけます。皮と種が残り、実だけを裏ごしできます。

ブロッコリーの裏ごし

ブロッコリーの穂先はやわらかくゆでても、最初は粒々が苦手。ていねいに裏ごしします。網の裏にくっついたぶんは、すくいとって。

キホン2 すりつぶす

ゴックン期、モグモグ期でよく登場する調理法。やわらかくゆでた食材をすり鉢ですりつぶし、かたまりのない状態に。それを水分でのばして、かたさを調節してあげます。

かぼちゃをすりつぶす

かぼちゃやいも類は、ゆでて熱々のうちにすりこ木でかたまりをつぶします。すり鉢の溝に入りやすいので、少し多めに作るのがコツ。

のばす（かたさを調節する）

すりつぶしただけでは水分が少なく、モサモサして食べにくいもの。湯冷ましやだし、スープ、牛乳などでゆるめて、食べやすくします。

キホン3 すりおろす

根菜はやわらかく加熱してから、すりおろすとなめらかに。ゆでて冷凍したほうれんそうのほか、じゃがいも、りんご、高野豆腐、パンなども、すりおろして活用できます。

ほうれんそうをすりおろす

繊維のあるほうれんそうの裏ごしは、なかなか大変。ゆでてラップで棒状に包んで冷凍し、葉先だけをすりおろす方法がおすすめです。

にんじんをすりおろす

にんじんはやわらかくゆでてからすりおろすと、口あたりがなめらかに。ゆでて冷凍しても、かたくなるので手でしっかり持ちやすいです。

キホン4 つぶす・ほぐす

かむ力が発達するモグモグ期以降は、食べやすくつぶしたり、ほぐしたりすることがふえます。野菜はつぶす、魚はほぐすなど、食材によって工夫を。

バナナをつぶす

バナナはフォークでつぶすのがラク。やわらかくゆでたいも類、かぼちゃ、豆腐なども、フォークで簡単にこまかくつぶせます。

にんじんをつぶす

やわらかくゆでたにんじんは、ポリ袋に入れてすりこ木でグリグリと押しつぶすと、こまかくできます。つぶし加減は好みで調節して。

袋の上から押しつぶす

魚をほぐす

熱湯でゆでた魚は平皿にのせ、フォークの背で身をくずしながらほぐします。このとき、小骨が残っていないかもよくチェックして。

あえる

ほぐした魚はそのままではパサついて食べにくいので、おかゆやマッシュしたいも類、ヨーグルトなどで「あえる」のも大切なテクニック。

キホン5 刻む

モグモグ期はみじん切りにし、成長に合わせて刻み方を大きくしていきます。刻んでゆでるより、大きいままゆでてから刻むほうが、やわらかい仕上がりに。

にんじんを刻む

やわらかくゆでてから、薄切りに。薄切りを少しずらして重ね、端から細切りにします。モグモグ期なら2〜3㎜幅に。

細切りをまとめて横にしておき、端から同じ幅で刻むと、均一な大きさのみじん切りになります。

ブロッコリーを刻む

やわらかくゆでて穂先のみそぎ落とし、モグモグ期は包丁でこまかく刻みます。カミカミ期からは、5㎜大くらいにほぐせばOK。

ほうれんそうを刻む

青菜は、繊維を断ち切ることが重要。十分にやわらかくゆでてから、縦に刻み、さらに横にも刻み、長い部分が残らないようにします。

縦と横に刻む

赤ちゃんの食べにくさを解消してくれる、「とろみ」の魔法。かたくり粉があれば手軽にとろみをつけられますが、ベビーフードや、とろみのある食材を利用するのも簡単です。

キホン 6 とろみをつける

ベビーフードを使う

「とろみのもと」をまぜる

BF「とろみのもと」は、粉を振り入れてまぜるだけでとろみがつきます。水でといたり、加熱する必要がないので、お出かけ先でも便利！

ホワイトソースのとろみを活用

ミルク風味で赤ちゃん好みのBF「ホワイトソース」は、とろみ具合も絶妙。魚や野菜とまぜて、「クリームあえ」「グラタン風」が簡単です。

鍋でとろみをつける

水どきかたくり粉を作る

基本はかたくり粉1：水2の割合で、薄めに作ると失敗がありません。まずはかたくり粉小さじ1/4と水大さじ1/2くらいのごく少量でOK。

鍋に回し入れ、よくまぜる

材料が煮えたらいったん火を止め、水どきかたくり粉をよくまぜて加えます。すぐに手早くまぜ、再び火をつけ、まぜながら水分をとばしてとろみをつけます。

とろみ食材を使う

バナナであえる

バナナはすりつぶすとドロリとした強い粘りが出ます。甘みもあるので、苦手な青菜や葉野菜などとあえると、食べやすくなります。

ヨーグルトであえる

なめらかな舌ざわりとやわらかな酸味が特徴のプレーンヨーグルトは、モグモグ期からOK。肉や魚などのパサつきをカバーします。

とろみあんを作る

水どきかたくり粉を作る

「とろみあん」を作っておき、調理した食材にまぜるテクも！耐熱容器にかたくり粉小さじ1/2、水大さじ3を入れてよくまぜます。

電子レンジで加熱する

電子レンジで10秒加熱→とり出してかきまぜる、を3〜4回くり返します。好みのとろみ具合になれば完成。だしやスープでも。

この便利グッズで！

ママ★ラク 調理アイデア

先輩ママが教えてくれた、クチコミワザを公開！ 身近な道具や100均グッズで、ラクして楽しく作れるヒントがいっぱいです。

ヌードルカッター

取り分けためん類のカットはおまかせ！

100均のヌードルカッターは、めん類をスイスイ切れちゃう。ケースつきだから、お出かけにも持参。西田真子ママ・まりあちゃん（10カ月）

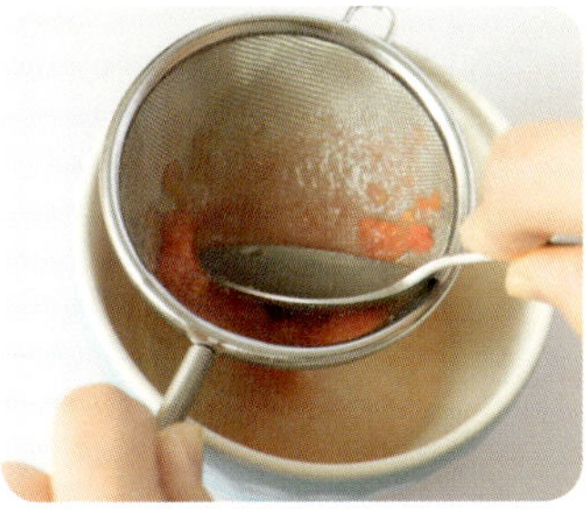

茶こし

ミニサイズだから少量の裏ごしにぴったり

少量をちょこっと裏ごししたいとき、茶こしは使えるアイテム。あらい目を選ぶと、目詰まりしにくいです。山下智美ママ・愛菜《あいな》ちゃん（6カ月）

みそこし器

鍋に引っかけてベビー用を別ゆでOK

ベビー用の刻んだ野菜やパスタを入れて、別ゆでできます。鍋の縁に引っかけて、手が離せるのがラク。細井京子ママ・唯香《ゆいか》ちゃん（9カ月）

キッチンばさみ

まないた&包丁いらずで好みのサイズにカット

青菜は縦に切り込みを入れてから、横にカット。煮込みうどんなどは、鍋の上で切りながら入れちゃいます。小宮祥子ママ・高弘《たかひろ》くん（1才）

保冷剤

熱々の食材にのせればあっという間に急冷！

おかゆは冷めにくいですよね。皿に平たく盛って、ラップをかけて保冷剤をのせてみて。一気に冷めます！　近藤千穂ママ・涼介《りょうすけ》くん（1才）

ミニゴムベラ

器にくっついた食材をムダなくすくう

少量の食材が器にベッタリつくと、食べさせるぶんがなくなる！　そこで、かき集めるのにミニゴムベラを愛用中♥　幸恵ママ・拓《たく》くん（8カ月）

おにぎりメーカー

ふたをして振ればミニおにぎりの完成

100均の「ふりふりごはんボール」は、ごはんを入れてふたをして振ると、丸いおにぎりが3個完成！　栗原瞳子ママ・玲都《あきと》くん（1才6カ月）

マッシャー

かぼちゃやいも類を簡単に押しつぶせる

マッシャーは真上からギュッと押せるので、フォークより断然つぶしやすいですよ！　ステンレス製が丈夫。大庭麻子ママ・春近《はるちか》くん（8カ月）

炊き方と水加減の目安がよくわかる！

おかゆ・軟飯を作ろう

日本人の主食である「米」。離乳食も、米をやわらかく炊いた「10倍がゆ」からスタートし、水分を減らしていきます。ここで基本を覚えて♪

厚手の小鍋で、数日分をまとめて炊きましょう

「10倍がゆ」って、はじめてだと聞き慣れないですよね。でも、むずかしいことではなく、米1に対して10倍の水を加えて炊けばいいだけ。7倍の水なら「7倍がゆ」、5倍の水なら「5倍がゆ」になります。まずは10倍がゆをマスターしたら、赤ちゃんのかむ力に合わせて水分量を変えるだけで、好みのかたさのおかゆが作れます。

おかゆの仕上がりは、炊く量や鍋の大きさにも左右されます。多めのほうが失敗がないので、数日分をまとめて炊き、小分け冷凍するのがおすすめ。大きい鍋は水分が蒸発しやすいため、直径16㎝前後の厚手の鍋が適しています。また、米をしばらく水にひたしておくと、炊く時間を短縮できます。

鍋で米からていねいに炊くと、米本来の甘みが引き出されて美味！　でも忙しいときは、手軽にごはんから炊いたり、炊飯器を利用しても、十分おいしく作れますよ。

鍋炊きのキホンをマスター

10倍がゆを作る

1 米と10倍の水を鍋に入れる

米を洗い、水けをきって鍋に入れる。分量の水（米大さじ2に水300㎖など）を加え、30分ほど浸水させる。★ごはんの場合は、ごはんと9倍の水を入れてほぐす。

2 強火で煮立たせ、弱火でじっくり炊く

最初は強火で、煮立ったら弱火にする。ふきこぼれないよう、ふたを少しずらしてのせ、30～40分炊く。★ごはんの場合は、15～20分炊く。

3 火を止め、ふたをして蒸らす

火を止め、ふたをして10～20分蒸らす。できれば、そのまま冷めるまで蒸らすと、さらに余熱でふっくらやわらかくなる。

おかゆの水加減早見表

水分量を減らしていく

	米から（米：水）	ごはんから（ごはん：水）	時期
10倍がゆ	1:10	1:9	ゴックン期前半～ゴックン期後半
7倍がゆ	1:7	1:6	ゴックン期後半～モグモグ期前半
5倍がゆ	1:5	1:4	モグモグ期後半～カミカミ期前半
軟飯	1:3～2	1:2～1.5	カミカミ期後半～パクパク期前半
ごはん	1:1.2	ー	パクパク期後半

※ごはんから作るときは、すでに水分を含んでいるので、米から炊くときよりも水分を減らします。
※水加減は、目安です。炊く量や火加減によっても変わってくるので、様子を見ながら水分量を調節してください。
少量より、多めの分量のほうがじょうずに炊けます。

電子レンジで、ごはんから手軽に
軟飯を作る

1 ごはんと水をまぜ、電子レンジで加熱する

耐熱容器にごはん100gと水150～200mlを入れてまぜる。ふきこぼれるのでラップはかけずに、電子レンジで3分加熱する。

2 ラップをかけて蒸らす

加熱後はラップをかけ、しばらくおく。蒸らしながら冷ます間に、ごはんがさらに水を吸ってふっくらする。

スタートは10倍がゆの裏ごしから

裏ごし器の網を通してなめらかに

ゴックン期の特にスタートのころは、すりつぶすか裏ごししてなめらかにします。やわらかく炊いた10倍がゆは、こし網にのせてスプーンの背で押せば、簡単に裏ごしできます。

ゆるいポタージュ状がかたさの目安

網の裏についたおかゆをこそげとり、水分とまぜ合わせます。サラサラ状より、少しとろみのあるトロトロ状がゴックンしやすいです。

かんたんテク

「軟飯のりサンド」なら手づかみOK

やわらかすぎて「のり巻き」にできない軟飯は、のりでサンドしてキッチンばさみで切るテクがイチオシ！　手づかみにもってこい。

かんたんテク

炊飯器の「おかゆモード」で炊いてもOK

炊飯器に米と10倍の水を入れ、「おかゆモード」のスイッチをオン。鍋炊きと違って火加減の調節がいらないから、ラクちん！

かんたんテク

少量なら大人のごはんに「コップがゆ」をセット

耐熱容器にベビー用の米と水を入れ、大人用に水加減した炊飯器の中央において炊きます。大人ごはんと同時に完成！

【　お出かけに便利なベビーフード　】

レトルト

びん詰め

外出時に役立つのが、ベビーフードのおかゆ。「びん詰め」は保存性が高く、お出かけ先でそのまま食べさせやすいのが魅力。「レトルト」は和洋中のレシピが豊富！　「フレーク」は個包装で軽く、お湯の量でかたさを調節できます。好みで使い分けしましょう。

ゴックン期から
うまみ調味料
として大活躍

だし・スープを作ろう

ごく薄味が基本の離乳食では、うまみたっぷりの「だし」と「野菜スープ」がおいしさの決め手に。時間のあるときにまとめて作りましょう。

手作りが簡単&おいしい！ 製氷皿で小分け冷凍を

だしや野菜スープは、汁物や煮物のベースにしたり、つぶした食材をゆるめるなど、用途はいろいろ。味つけを調味料に頼れない離乳食では、うまみを補うとおいしさがぐんと増し、赤ちゃんの食も進みます。

だしは大人と同様に、こぶとかつおぶしでとる「一番だし」が基本。2〜3分煮てこすだけなので、手作りでも簡単ですよ。

野菜スープは、つぶしやすい緑黄色野菜を使い、スープをとって残った具も活用するやり方を提案しています。具は袋に入れてめん棒でたたいてつぶすのが簡単！　もちろん、にんじん、キャベツ、玉ねぎなどの野菜で作ってもかまいません。その場合、具を離乳食用に刻むのが大変なら、大人の温野菜サラダにするといいですね。

だしと野菜スープは、冷蔵で3日、冷凍で1週間ほど保存OK。製氷皿に小分けして冷凍すると、少量ずつ使えて便利です。

こぶとかつおの一番だし

和風だしを作る

[材料（作りやすい分量）]

こぶ…10㎝　かつおぶし…2袋（10g）　水…2カップ

1 こぶを水にひたし、火にかける

鍋に分量の水、ぬれぶきんでさっと汚れをふいたこぶを入れ、15〜20分ほどおいて中火にかける。

2 こぶをとり出し、かつおぶしを入れる

煮立つ直前にこぶをとり出し、グラグラと煮立ったらかつおぶしを入れ、弱火で2〜3分煮て火を止める。

3 ペーパータオルを敷いたざるでこす

かつおぶしが鍋底に沈んだら、ペーパータオルを敷いたざるでこす。

かんたんテク

水にひたす「こぶだし」でもうまみは十分！

あきびんなどの容器にこぶを入れ、水をたっぷり注いで冷蔵庫へ。加熱しなくてもOK!　2時間〜一晩おくとうまみが出ます。

かんたんテク

かつおぶしに湯を注ぐだけ！ 即席「かつおだし」

耐熱容器にかつおぶし1パック（5g）を入れ、湯1カップを注いで5〜10分おいて茶こしでこすだけ。少量を手軽に作って、使い切りたいときにおすすめ。

スープと具をどちらも使える！

野菜スープを作る

［材料（作りやすい分量）］
にんじん…1/2本
玉ねぎ…1/4個
かぼちゃ…1/8個
ブロッコリー…1/4個
水…2カップ

1 野菜を切る
にんじんは皮をむいて1cm幅の輪切りにする。玉ねぎは1cm角に切る。かぼちゃは皮をむいて2cm大に切る。ブロッコリーは小房に分ける。

2 にんじん、玉ねぎを煮る
鍋ににんじん、玉ねぎ、水を入れ、ふたをして中火にかける。

3 残りの野菜を加える
煮立ったら、かぼちゃ、ブロッコリーを加える。再びふたをし、にんじんがやわらかくなるまで弱火で25分ほど煮る。

4 スープと具を分ける
ざるでこし、スープと具を分ける。

同じ材料で、電子レンジでも作れます

にんじんは薄い輪切りにし、ほかの野菜は鍋の場合と同様に切る。野菜と水を耐熱容器に入れてふんわりとラップをかけ、電子レンジで8〜10分加熱し、ラップをしたまま15分ほど蒸らす。

具はつぶして緑黄色野菜ミックスに

具はフリーザーバッグに入れ、めん棒でたたいてつぶし、好みのこまかさにする。1回分の筋目をつけて冷凍するととり出しやすい。

スープは製氷皿で小分け冷凍

スープは製氷皿に注いで、冷めてから冷凍する。凍ったら製氷皿からとり出し、フリーザーバッグに移して保存する。

私は2種類冷凍しています

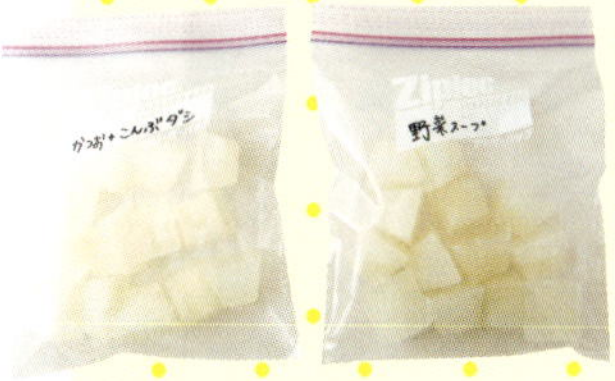

だしは和風、スープは洋風と味の変化をつけられます

かつお・こぶだしと、野菜スープをそれぞれ製氷皿で小さいキューブ状に冷凍しています。「煮込みうどん」にはだし、「リゾット」にはスープなど。2種類あると味が単調になりませんよ!

橋本 薫ママ・結《ゆう》和《わ》くん（1才）

こんなとき、
離乳食を普通に
はじめていい?

離乳食をはじめる前のQ&A

いざ離乳食開始の月齢が近づいてくると、本当にちゃんとはじめられるのか、不安に思うことも。ここでギモンをすっきり解消しましょう。

Q 母乳をよく飲んでいるので離乳食のスタートを遅らせてもいい?

A 遅くとも6カ月中にはスタートしましょう

母乳は赤ちゃんにとって最高の栄養源ですが、「いつまでも」ではありません。母乳の栄養は成長とともに減っていくことを忘れずに!(P.3参照) 遅くとも6カ月中には離乳食をはじめ、食事から成長に必要な栄養をとれるようになることが大切です。

また、開始が7カ月以降になると離乳食が順調に進みにくく、かむ力が育たないことも心配されます。かむ力は、1才6カ月までに発達に合わせた形状で少しずつ練習しないと、身につきません。食べる機能の発達のためにも、生後5~6カ月でスタートを。

先輩ママに聞きました

ちょうどかぜをひいて6カ月中になんとか開始

6カ月半ば、そろそろ開始と思ったら保育園でかぜをもらってしまいました。体調の回復を待って、ギリギリ6カ月中にはじめのひと口が間に合いました。早めに進めておけばよかったかな。真紀ママ・結《ゆ》唯《い》ちゃん(7カ月)

Q 4カ月だけど体が大きく、「もう離乳食をはじめたら?」といわれるのですが……

A 体に負担がかかるので生後5~6カ月まで待って

離乳食開始は体重ではなく、赤ちゃんの発達を見て決めます。30ページのスタートの目安を見て、クリアしていればOK。

なかには「これ以上太るのが心配だから、母乳やミルクの量をセーブするために離乳食を早く」と考えるママもいるようですが、この月齢で太っていても「肥満」とはいいませんし、将来の肥満につながることも、まずありません。また、4カ月以前では、胃腸の消化吸収能力も未熟です。もう少し待ってくださいね。

先輩ママに聞きました

食べる意欲満々でしたが5カ月まで待ちました

息子は4カ月で8kgあり、目安のとおりに「大人の食事に興味を持って食べたそう」にしていました。離乳食も大丈夫そうでしたが、ぐっとがまんして、5カ月になったその日にはじめましたよ! 亜沙子ママ・新《あらた》くん(6カ月)

Q 早産だったので体が小さめ。ほかの子と同じように離乳食をはじめていい?

A かかりつけの医師に相談して、必要なら遅らせます

2500g未満で生まれた低出生体重児の場合は、誕生日ではなく出産予定日を基準に5~6カ月後と考え、離乳食のスタートを遅らせることもあります。ただし、首がしっかりすわっている、支えるとすわれるなど、発育発達が順調で、30ページのスタートの目安にあてはまるなら、離乳食をはじめるタイミングと考えてよいでしょう。

低出生体重児の発育発達には個人差があるので、かかりつけの医師に相談して、離乳食開始時期を決めるという方法もあります。心配なら相談してみましょう。

先輩ママに聞きました

2カ月早く生まれたので8カ月からスタート

予定日より2カ月早く、2kg弱での出産でした。おすわりができる時期をみて小児科の先生と相談し、8カ月ちょうどで離乳食を開始。最初は重《おも》湯《ゆ》やいちごのすりつぶし(白《さ》湯《ゆ》でトロトロにする)に。TMママ・Yくん(10カ月)

離乳食をはじめる前のQ&A

Q 離乳食をはじめる前に果汁などでスプーンの練習をしたほうがいい？

A 湯冷ましや果汁で練習する必要はありません

以前は、母乳・ミルク以外の味や、スプーンに慣らそうという目的で、果汁やスープを与える「準備期」がありました。ただ、特に事前に準備をしなくても離乳食が順調に進むことがわかり、今では準備期は必要ないということになっています。

母乳・ミルクで水分が足りていれば、それ以外のものは飲ませなくてかまいません。むしろ果汁は、糖分のとりすぎやアレルギーの心配があるので、与える必要はありません。

Q 歯が生えていません。ちゃんと離乳食を食べられるの？

A 「歯ぐき」でかんで食べるので、大丈夫！

離乳食をはじめるころ、ほとんどの赤ちゃんには歯がありません。前歯が生えそろうのが1才～1才半、奥歯が生えそろうのが2才半～3才ですが、個人差があります。

赤ちゃんは食べ物を大人のように歯でかむのではなく、舌でつぶしたり、歯ぐきでかんで食べます。ですから、歯が生えていなくても、目安どおりに進めて大丈夫！　離乳食完了期まで、「歯ぐきでかめる＝指で押してつぶせる」くらいのかたさが目安です。

Q 授乳時間がバラバラでいつ離乳食タイムにすればいいのかわかりません

A ママが離乳食タイムを決めて、それを守ります

離乳食タイムは、授乳時間におきかえるのが基本。でも、5～6カ月ごろはまだ授乳の回数や時間帯が日によってまちまち、ということも少なくありません。そんなときは、たとえば午前10時など、ママが余裕のある時間に離乳食タイムを設定しましょう。

そして、離乳食タイムの2～3時間前はなるべく授乳せず、赤ちゃんが空腹になるようにしてから、離乳食を食べさせてください。

離乳食タイムは一度決めたら変えずに続けていくと、授乳の回数が減ってくるにつれて、食生活のリズムができてきますよ。

Q 母乳とおかゆでは味が全く違うけどおいしく食べられるの？

A おかゆは甘みがあるので受け入れやすいです

赤ちゃんは基本的に、甘み、うまみ、塩味を好み、苦み、酸味を嫌います。おかゆには甘みがあるので、はじめのひと口からすんなり受け入れてくれる赤ちゃんが多いです。

もし、なめらかにしてもおかゆを嫌がるようなら、母乳やミルクを加えてなじんだ味にするのも手。おかゆのかわりのエネルギー源として、バナナやさつまいもをトロトロにしてトライしてみてもかまいません。

Q 湿疹が出ているので食物アレルギーが心配。スタートを遅らせるべき？

A 自己判断で遅らせないで！ まずは湿疹のケアが大切

食物アレルギーが「なんとなくこわいから」と離乳食のスタートを遅らせ、必要のない食品の除去をしたり、生後5～6カ月の開始時期を逃してしまうケースがふえています。

食物アレルギー症状が出るかどうかは、実際に離乳食を進めてみなければわかりません。湿疹や皮膚炎などの症状が出ていて、「食物アレルギーかも？」とママが思うのであれば、自己判断で遅らせずに、早めに受診して皮膚症状のケアをしましょう。

詳しくは次のページへ

＼正しく知っておきたい！／

赤ちゃんの食物アレルギー

心配だけれど、自己判断で食物制限をすると、大切な栄養が不足してしまいます。乳幼児期の食物アレルギーについて、正しく理解しておきましょう。

食物アレルギーって何？

体が食べ物を「異物」と判断し、過剰反応してしまう

人間が生きていくために食べ物は不可欠ですが、ときに体が「異物」と判断し、追い出そうとして過剰な反応を起こしてしまいます。それが、食物アレルギーです。

アレルギー反応を起こす食品として多いのは、「卵」「牛乳・乳製品」「小麦粉」「木の実類」です。成長に欠かせないたんぱく質を含む優良食品ですが、このたんぱく質が原因となって、アレルギー反応が引き起こされます。

食べ物が体に入ってから数分～数十分でなんらかの症状が出るのを「即時型」といい、いちばん多いのはかゆみ、むくみ、じんましんなどの皮膚症状。ほかにも下痢や嘔吐などの消化器症状、せき、鼻水などの呼吸器症状があり、複数が起こることもあります。

年齢群別原因食物（初発例）

	0歳（1,736）	1・2歳（848）	3－6歳（782）
1	鶏卵 61.1%	鶏卵 31.7%	木の実類 41.7%
2	牛乳 24.0%	木の実類 24.3%	魚卵 19.1%
3	小麦 11.1%	魚卵 13.0%	落花生 12.5%
4		落花生 9.3%	
5		牛乳 5.9%	
6			
小計	**96.1%**	**84.2%**	**73.3%**

注釈：各年齢群で5%以上の頻度の原因食物を示した。また、小計は各年齢群で表記されている原因食物の頻度の集計である。原因食物の頻度（%）は少数第2位を四捨五入したものであるため、その和は小計と差異を生じる。
出典：令和3年度 食物アレルギーに関連する食品表示に関する調査研究事業 報告書 令和4年3月 消費者庁

改善することが多いので気長にじょうずにつきあって

乳幼児期の食物アレルギーは皮膚の状態が影響しています。空気中には食べ物の粒子がたくさん飛散しています。口より先に、炎症した皮膚に粒子が入り込むことで、食物アレルギーを発症しやすくなります。

食物アレルギーを予防するためには、皮膚に炎症を起こさないように保湿剤で予防します。もし皮膚に炎症が起きたら、薬を塗って皮膚炎を早く改善しましょう。そして、皮膚炎を起こして体に食べ物が侵入する前に、離乳食を開始することが大切です。

さまざまな検査の結果、「〇〇にアレルギーがありますね」と判断されても、落ち込まないでください。なぜなら、赤ちゃん時代の食物アレルギーのほとんどは、成長とともに改善するからです。実際、卵・牛乳・小麦にアレルギーがある子も、その8～9割は小学校に入るまでに自然に治っていきます。

【診断までの流れ】

皮膚テストと血液検査
アレルゲンと疑われる食品のエキスを皮膚につけて反応を見る、アレルギーの原因となる抗体が血液中にどれくらいあるか調べる、など。

↓

食物除去試験
アレルゲンと疑われる食べ物を1～2週間食べさせません。たとえば卵なら、卵が入った料理、食品、菓子類などはすべて除去。

↓

食物負荷試験
除去試験で症状が軽くなった場合に行います。中止前の量を毎日食べさせてみて、症状の出方などを見ます。そして、確定診断へ。

どうやって診断するの？

検査結果は参考程度です。除去・負荷試験で判断を

食物アレルギーの検査には、主に皮膚テストと血液検査があります。ただし、検査で陽性と出た場合でも、少量なら食べられることが多いので、あくまでも「参考」にし、検査結果だけで食物制限をはじめてはいけません。アレルゲンの疑いがある食品が出てきたら、正しく診断するために行うのが、除去試験と負荷試験。

除去試験で症状が出なくなれば、その食品がアレルゲンである可能性が高まり、さらに負荷試験で症状が出現したら、そこでアレルゲンを特定します。

どのくらいの量なら食べられるかもわかるので、定期的にアレルギー専門医の診断を受け、相談しながら「除去離乳食」を進めます。

PART

2

時期別にくわしくわかる＆実物大で量を確認

離乳食の進め方と献立レシピ

いよいよ離乳食のスタート!
個人差がとても大きいものですが、
月齢別の目安を参考に、あせらずに進めていきましょう。
慣れるまで迷うことの多い最初の1カ月については
とくにていねいに解説しています。
実物大の食材や献立例もご参考に。

離乳食デビュー！
ゆっくりと食べる
ことに慣れる時期

ゴックン期（5～6カ月ごろ）の進め方

離乳食のスタートは、これからずっと続いていく食生活の最初の一歩。トロトロ状のおかゆから、時間をかけて慣らします。

ゴックン期 前半

トロトロ状のなめらかな10倍がゆからスタート！ 1さじから徐々に量をふやしていきます。

スタートの目安をチェック

- □ **生後5～6カ月になった**

早くて5カ月、ゆっくりめな赤ちゃんも6カ月中には離乳食をはじめましょう。

- □ **首すわりがしっかりして寝返りができ、5秒以上座れる**

順調に成長・発達している目安。大人が支えればおすわりができるなら、離乳食を食べる受け入れ態勢もばっちり！

- □ **大人が食べているのを見ると、食べたそうなそぶりをする**

口を動かすのは、口のまわりの筋肉が発達し、かむ準備運動がととのってきた証拠。

- □ **体調&機嫌がよい**

赤ちゃんの体調や機嫌はコロコロと変わりやすいもの。調子のいい日を見計らってスタートして。

スプーンに慣れれば大成功！ 大らかな気持ちでスタート

生後5～6カ月になり、5秒以上おすわりができるようになったら、そろそろ離乳食のはじめどき。ゆっくりめな赤ちゃんも、遅くとも6カ月のうちにはスタートしましょう。赤ちゃんの機嫌のよいタイミングを選んで、午前か午後の授乳タイムのうち1回に離乳食をプラスします。

おっぱい・ミルクだけを飲んでいた赤ちゃんがはじめて乳汁以外の食べ物を食べるのですから、その変化は大人が想像する以上に大きいもの。スプーンを嫌がったり、口からべぇ～っと出してしまうことがあっても落ち込まないで。栄養は母乳やミルクからしっかりとれているので、食べる量を気にする必要はありません。とくに最初の1カ月は、母乳・ミルク以外の味に慣れ、ゴックンと飲み込めるようになるのが一番の目的です。ママもはじめての離乳食にドキドキしますが、大らかな気持ちでリラックス！ 「おかゆだよ」「おいしいね」などと話しかけながら、楽しい雰囲気をつくってあげて。

液体に近いなめらかさで飲み込みやすく調理

ゴックン期の赤ちゃんは、まだかむことができません。舌も前後にしか動かないため、最初は液体に近いトロトロ状のおかゆを飲み込むのが精いっぱい。少しのざらつきやかたまりも嫌がって、吐き出してしまう赤ちゃんも。すり鉢や裏ごし器を使って、赤ちゃん好みのなめらかさに調理しましょう。食べさせるときは、ママのひざに抱っこして、少し後ろに傾けて。口からこぼれにくく、トロトロ状の離乳食を飲み込みやすくなります。背もたれのあるラックやバウンサーを活用してもいいでしょう。

口の動きは…？

口のまわりの筋肉が未発達で、舌は前後にしか動きません。トロトロ状の食べ物を口をとじてとり込み、舌でのどの奥に送り込んで飲み込みます。

どんなところで食べる？

赤ちゃんを少し後ろに傾ける姿勢でひざに抱くと、口をあけたときに舌と床が平行になるような首の角度に。離乳食をゴックンと飲み込みやすくなります。

ゴックン期（5～6カ月ごろ）の進め方

トロトロの10倍がゆが離乳食デビューにぴったり！

記念すべき最初の1さじには、アレルギーの心配が少なく消化吸収のよい米がゆ（10倍がゆ）がおすすめです。米がゆに慣れ、安定して食べるようになったら野菜を足します。最初は液体に近いポタージュ状で慣らし、徐々にプレーンヨーグルトのような、なめらかでポッテリとした形状にしていきましょう。野菜は皮をむいてやわらかくゆで、種を除き、ペースト状にすりつぶします。繊維の多い葉野菜などは、裏ごし器でなめらかに裏ごしを。それでも食べにくそうなら、水分を加えてゆるめたり、とろみをつけたりして、のどごしをよくしてあげましょう。ベビーフードの米がゆや野菜ペーストを試してみるのも手です。

ただ、なんとか食べさせようとがんばりすぎなくても大丈夫。べぇ～っと出したり、はじめての味にしかめっつらをしたりしながらも、赤ちゃんは少しずつ離乳食に慣れていきます。調理に工夫しても食べたがらないときは、無理せず「ごちそうさま」にしてかまいません。

スプーンで線をかくと あとが残るポタージュ状

皿に盛ってスプーンをすべらせるとあとが残り、まもなくすーっと消えるくらいのなめらかなゆるゆる状が目安。

赤ちゃんのペースを大切にゆっくり食べさせて

ママはたくさん食べてほしい気持ちから、ついスプーンの運びが速くなりがち。赤ちゃんが口をとじて離乳食をとり込むのを待つことを心がけましょう。スプーンを上唇にこすりつけたり、離乳食を口の中に流し入れるような食べさせ方では、赤ちゃんが自分で食べる練習になりません。赤ちゃんの口に合ったスプーンを選ぶことも大切です。

【スプーンを水平に引き抜くのがポイント】

下唇にスプーンをトントン！
スプーンで下唇に軽くふれて、赤ちゃんにサインを送ります。

唇ではさんで、

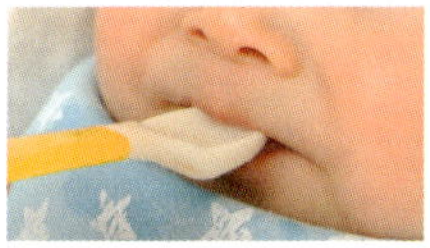

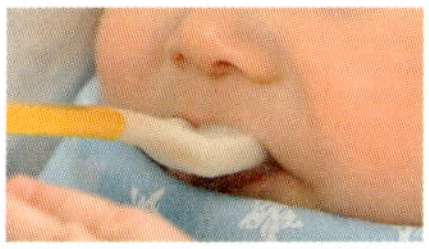

上唇でとり込みます
口をあけたらスプーンを水平に下唇において。赤ちゃんは上唇で離乳食をとり込もうとします。

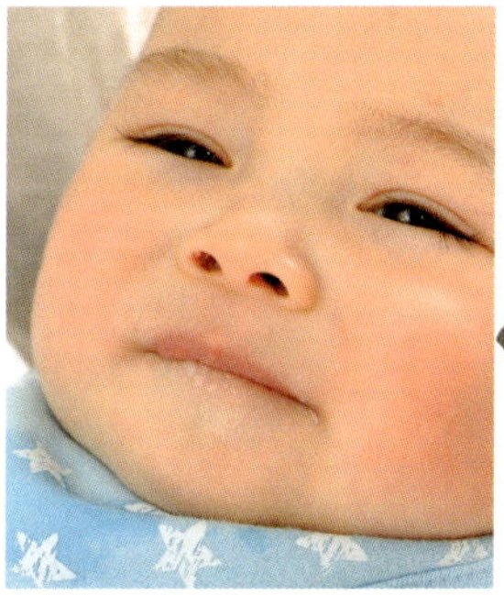

スプーンを水平に引き抜きます。
スプーンはゆっくり水平に引き抜いて、赤ちゃんが自分で食べる練習を。口からこぼれたら、スプーンで口にすくい入れて。

ゴックン期前半の飲み＆食べタイムスケジュール例

赤ちゃんとママがゆったりできる時間を、離乳食タイムとしましょう。午前、または午後の授乳時間のうち、1回を離乳食におきかえます。

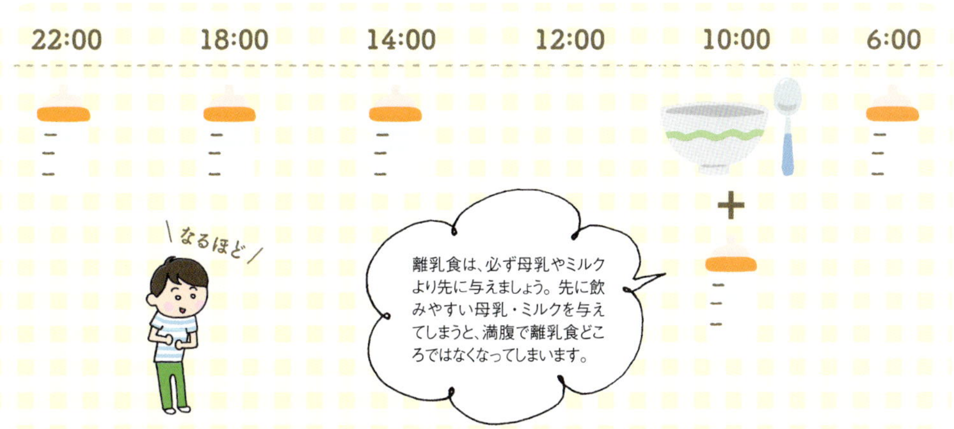
22:00
18:00
14:00
12:00
10:00
6:00
+
なるほど
離乳食は、必ず母乳やミルクより先に与えましょう。先に飲みやすい母乳・ミルクを与えてしまうと、満腹で離乳食どころではなくなってしまいます。

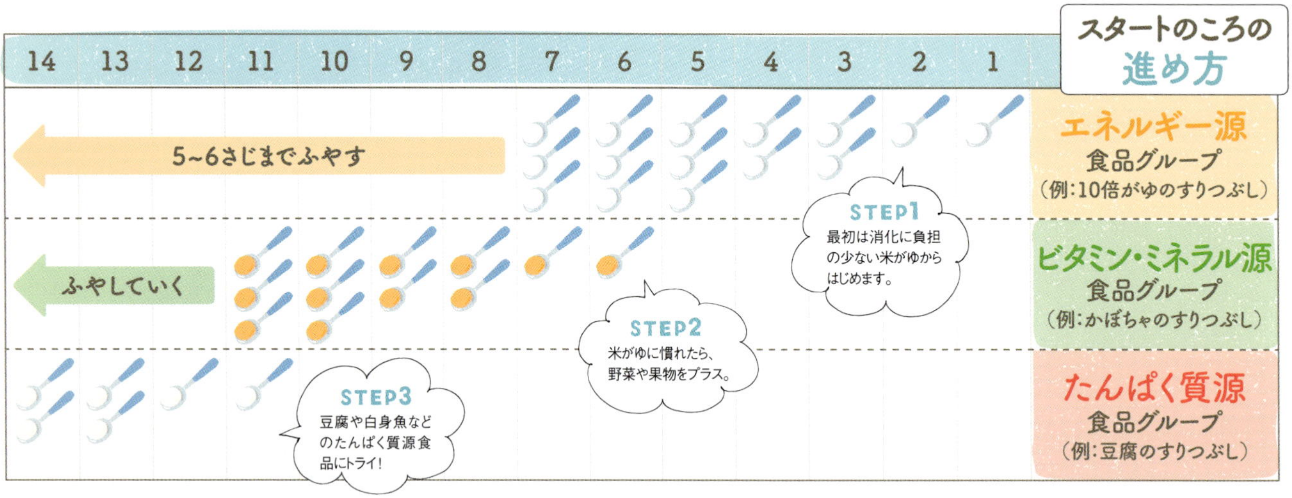
スタートのころの
進め方
14 13 12 11 10 9 8 7 6 5 4 3 2 1
エネルギー源
食品グループ
（例：10倍がゆのすりつぶし）
5~6さじまでふやす
STEP1
最初は消化に負担の少ない米がゆからはじめます。
ビタミン・ミネラル源
食品グループ
（例：かぼちゃのすりつぶし）
ふやしていく
STEP2
米がゆに慣れたら、野菜や果物をプラス。
たんぱく質源
食品グループ
（例：豆腐のすりつぶし）
STEP3
豆腐や白身魚などのたんぱく質源食品にトライ！

はじめての食材は、1さじからゆっくりスタート

米がゆ1さじからはじまる赤ちゃんの新しい食生活。2日目も同じものを1さじ。3日目になったら2さじと、1日おきに量をふやすくらいのゆっくりペースで。米がゆに慣れたら、野菜に挑戦。野菜も1さじからのスタートです。3週目には豆腐をプラス。約1カ月かけて3つの栄養源に慣らしていきましょう。このころになれば、おかゆや野菜は、赤ちゃんが欲しがるだけ与えても大丈夫。ただし、たんぱく質源食品はたくさん食べすぎると、赤ちゃんの未熟な内臓に負担がかかります。目安量を守り、与えすぎに注意して。

また、この時期に新しい食品を与える場合は、1さじからはじめて徐々にふやしていくのが基本。たとえば2週目の途中でかぼちゃに加えて、にんじんも食べさせたいと思ったときは、食べ慣れたかぼちゃを数さじ、にんじんを1さじと調節します。

ステップアップアドバイス

たんぱく質は種類と量に注意して進めます

どんどん食べる赤ちゃんなら白身魚や、卵黄などをとり入れても。卵はあげる時期を遅らせるよりも、早めに食べさせるほうが食物アレルギー予防になることがわかっていますが、もし症状が出たときにも軽くすむように、「ごく少量」から始めることが大切です。

3つの栄養源が食べられるようになったら…

こんな献立がおすすめ

とろっとなめらかな舌ざわりに仕上げるのが最大のポイント。
そのまま食べさせても、おかゆにまぜて与えても。

10倍がゆ

［作り方］
10倍がゆ（P.22参照）40gを器に盛る。

かぼちゃのトロトロ

［材料］
かぼちゃの黄色いところ…10g（1㎝角1個）

［作り方］
かぼちゃはゆでてすりつぶし、ゆで汁でなめらかにのばす。

とろみ豆腐

［材料］
絹ごし豆腐…15g（2㎝角1と1/2個）
だし…適量　水どきかたくり粉…少々

［作り方］
絹ごし豆腐はゆでてすり鉢でなめらかにし、だしでのばす。小鍋に入れて火にかけ、水どきかたくり粉でとろみをつける。

離乳食 はじめて物語

どうやって進める？　じょうずに食べられる？　育児雑誌「Baby-mo」の読者ママ＆ベビーの離乳食デビューに密着した、1カ月ダイアリーです♪

5カ月と17日目からスタート！

1日目 10倍がゆを用意

はじめてのスプーンに不思議そうな顔。そして、スプーンを引き抜くと、おかゆがよだれとまざって口からダ～ッ！　こぼれたおかゆをスプーンですくおうにも、手を口に入れられてしまってお手上げ～。初日はこれにて終了！

孝太朗くんのはじめてDATA

3200gで生まれた孝太朗くん。おすわりが安定してきた5カ月半ばから離乳食をスタートします！

体重	おっぱい
5850g	10回

離乳食タイムは9時に

毎朝6時半に起きる孝太朗くん。朝のお散歩後の9時を離乳食の時間とすることにしました。

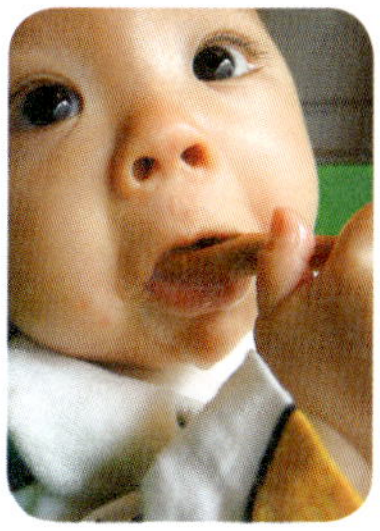

2日目 どうしてもスプーンを離さない！

最初のひと口を口に入れると同時に、スプーンをガシッと握って離しません。口からはみるみるおかゆがこぼれ……。その後もスプーンを離さないので、そのまま無理やりすくって食べさせていたら、泣きだしました。おっぱいにチェンジ！

3日目 ちょっとポッテリにしてみた

サラサラの10倍がゆだと、口からどんどん流れ出してしまうので、今日はポッテリ状に。食べやすかったらしく、大さじ1杯くらいをペロリとたいらげました。

4日目 口をあけて待つように

おかゆをすくって口の前に持ってくると、お口をアーンとあけて待っています。食べるということが、少しわかってきたのかな。

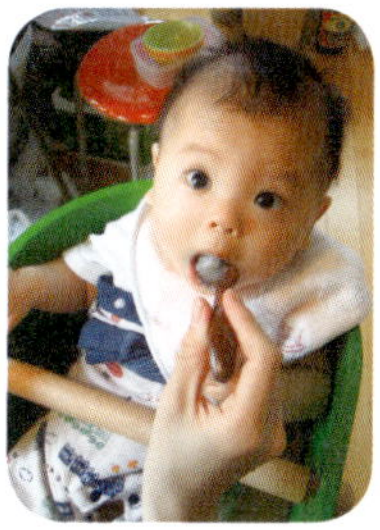

9日目 はじめて野菜を食べた！

おかゆに、すりおろして電子レンジでチンしたにんじん少々をまぜたら、おいしそうにパクパク完食。

11日目 ブロッコリーの穂先がイヤみたい

ブロッコリーの穂先をこまかく刻んでおかゆにまぜながらあげたら、笑顔で口から出していました。つぶつぶした口あたりにびっくりしたのかも……。

12日目 はじめての外ごはん♪

おかゆと、野菜をポタージュ状にしたものをそれぞれ密閉容器につめて外出。環境が変わると食べないかと思いましたが、よく食べました！

16日目 しらす干しを食べてみた

はじめてのたんぱく質は、冷蔵庫にあったしらす！　湯通ししておかゆといっしょにすりつぶし、そら豆のマッシュをのせました。お気に召した様子です。

17日目 トマトと豆腐が気に入った

豆腐にトマトピューレをまぜたものが好みの味だったよう。反対に、おかゆは味けなく感じたのか、ほとんど食べませんでした。

19日目 食べる量がふえてきた

食べる量は日によってまちまちですが、それでも少しずつふえ、いつも使っている小さな木のお椀に1杯は食べられるように。

22日目 ほうれんそうのおかゆ、おいしい♡

ほうれんそうの葉をゆでてすりつぶし、おかゆにまぜて。おかゆの甘みが加わったせいか、青菜を喜んで食べてくれて安心！

23日目 にんじんのおかゆも大好物！

色のきれいなにんじんがゆは、甘みもあってよく食べるメニュー。今日は、しらすのすりつぶしをのせ、かつおぶしもトッピング。

30日目 夕食をいっしょに食べたら、うれしそう

日中はほとんど食べなかったので、夕食のときに大人といっしょに再チャレンジ。ひとりで食べるよりも楽しいらしく、完食でした！

1カ月を終えて

From ママ

よく食べて、ふっくらしました！

最初はおかゆが口から流れ出てしまっていたけど、10日ほどでちゃんと飲み込めるように。2週間ほどで顔がふっくらして、体重がふえたのが一目瞭然！　食事の力ってすごいですね。

From 上田玲子先生

ポッテリ状のほうが食べやすいようですね

最初のころ、米がゆを食べないときは、今まで飲んでいた母乳やミルクを少し加えて味をつけると、すんなりいくことも多いですよ。孝太朗くんは、サラサラ状よりポッテリしたもののほうが食べやすかったようですね。ママ、よく観察して赤ちゃんに合わせていますね。この調子で、2回食へ進みましょう！

ゴックン期後半

離乳食をはじめて1カ月たったら、2回食にステップアップしても。決まった時間に食べさせて

2回目を与えるなら、1回目の半分以下でもOK

スタートから1カ月ほどたち、おかゆ、野菜、豆腐の3品に慣れたら、2回食に進んでも。ただし、回数が2回になったからといって、急に量も2倍にする必要はありません。2回目の離乳食は、1回目の半量以下でも大丈夫。2回の食事のリズムに慣れてきたら、徐々に量をふやしていきましょう。赤ちゃんに食欲があり、もっと食べたそうなそぶりをするなら、食欲に合わせて食べたいだけ与えてかまいません。目安量はあくまで参考程度と考えて。ただし、たんぱく質のとりすぎは体に負担がかかります。おかわりする場合は、炭水化物と野菜類に。

また、2回目を与えるなら、できるだけ決まった時間にあげるようにして、食事のリズムをつくっていきましょう。1回目と2回目を続けて設定しても、下の図のように2回の離乳食の間に授乳をはさんでも、どちらでもOK。ただし、深夜、早朝は避け、離乳食の間隔は4時間以上あけるのが基本です。

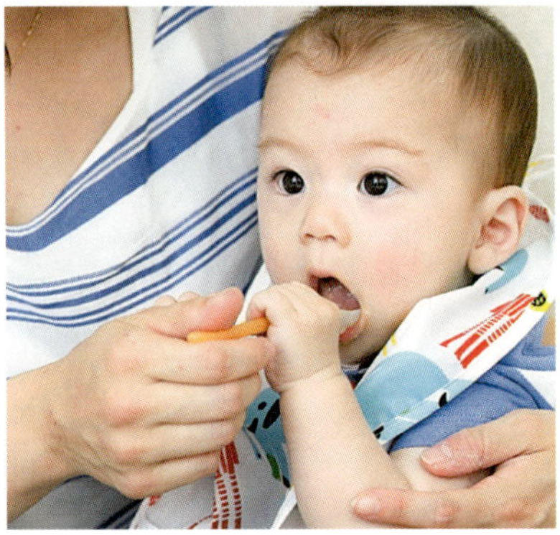

スプーンを自分で握りたがって食べさせづらいときは、赤ちゃんに持たせるためのスプーンを別に用意するのもおすすめです。

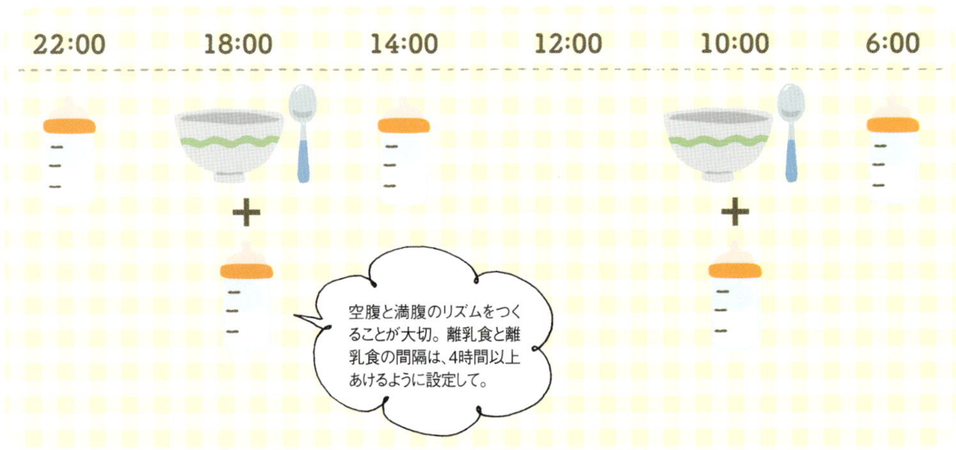
22:00
18:00
14:00
12:00
10:00
6:00
+
+
空腹と満腹のリズムをつくることが大切。離乳食と離乳食の間隔は、4時間以上あけるように設定して。

ゴックン期後半の飲み&食べタイムスケジュール例

2回目の離乳食も、1回食のときと同様、授乳のタイミングを離乳食におきかえましょう。1回目の離乳食から4時間以上間隔をあけるのがポイント。

ゴックンするのに慣れたら…

こんな献立がおすすめ

苦手ベビーが多い青菜は、だしでのばしてうまみをプラスし、とろみづけで口あたりよく。ママのひと手間で、食べやすさがアップします。

10倍がゆ

【作り方】

10倍がゆ（P.22参照）40gを器に盛る。

かぼちゃ豆腐

【材料】

絹ごし豆腐…20g（2㎝角2個）
かぼちゃの黄色い部分…10g（2㎝角1個）

【作り方】

1 鍋に湯を沸かし、豆腐をさっとゆでて、すりつぶす。同じ湯でかぼちゃもやわらかくゆで、すり鉢ですりつぶし、ゆで汁を加えてなめらかにのばす。
2 1をまぜ、器に盛る。

ほうれんそうのすり流し

【材料】

ほうれんそうの葉…5g（葉1枚）　だし…少々
水どきかたくり粉…少々

【作り方】

1 鍋に湯を沸かしてほうれんそうをやわらかくゆで、すり鉢ですりつぶし、だしでのばす。
2 小鍋に1を入れて火にかけ、水どきかたくり粉少々でとろみをつける。

栄養バランスも意識しましょう

飲み込むのがじょうずになってきたら、徐々に水分を減らし、かたさを増していきます。ゴックン期後半のかたさのお手本は、マヨネーズのようなベタベタ状。また、なめらかな食感ばかりでなく、少しざらつきのある食感にも挑戦しましょう。ゆでてすりおろした大根やにんじんなどがおすすめです。とろみがなく食べにくい食材は、おかゆの上ずみを加えたり、水どきかたくり粉でとろみをつけたりして、口あたりよく仕上げましょう。

2回食を与えるなら、少しずつ栄養バランスも意識して。主食（エネルギー源）、野菜類と果物（ビタミン・ミネラル源）、豆腐や白身魚などのたんぱく質源がそろっていれば、ばっちり！　離乳食の量がふえると、うんちの様子が一時的に変わったり、便秘や下痢ぎみになることも。でも、機嫌がよく、食欲もあるのなら、心配ありません。

ステップアップアドバイス

舌でつぶす練習をしてモグモグ期に移行します

水分を減らしたベタベタの離乳食をじょうずに飲み込めるようになると、唇をしっかりとじ、ほっぺに力を入れている様子が見られるはず。こうなれば、そろそろゴックン期も卒業。ときどき、さっとゆでた絹ごし豆腐をスプーンで薄くすくって食べさせてみて。スプーンにのせて下唇におくと、上唇でとり込み、舌でつぶして食べる動きが促されます。

ゴックン期に おすすめの食材で 実物大

スタートして1カ月くらいの 1回分の目安量

1回の離乳食で、それぞれのグループから1種類を食べたときの目安量です。同じグループから2つ以上組み合わせるときは、半量ずつにするなど調整を。

ビタミン・ミネラル源食品グループ

ほうれんそう 10g

ビタミンや鉄、カロテンなどが豊富で、積極的に食べさせたい野菜の代表選手。ゆでたら、水にさらしてアクをとりましょう。ゴックン期はやわらかな葉のみを使い、裏ごししてペースト状に。

野菜

にんじんやかぼちゃなど、甘みのある野菜はベビーに人気。はじめてのビタミン・ミネラル源食材としてもおすすめです。

かぼちゃ 10g

カロテンや食物繊維のほか、ビタミンC、Eも豊富。かぼちゃのビタミンCは、加熱しても壊れにくいのが特徴です。強い甘みとねっとりした食感で、ほかの食材をまぜ込んで食べさせるのにも便利。

トマト 10g

トマトの皮は消化しづらく、のどにぺたっと貼りついてしまうこともあるため、離乳食の時期はとり除きます。湯むきして、種をとってから調理を。加熱すると酸味がやわらぎ、うまみが引き立ちます。

にんじん 10g

肌や粘膜を守るカロテンの含有率は、野菜のなかでもトップクラス。皮をむいてやわらかくゆで、なめらかにすりつぶします。鮮やかなオレンジ色が、ベビーの好奇心を刺激します。

果物

フルーツの甘みやさわやかな酸味は、離乳食の風味づけとしてもおすすめ。加熱するとさらに甘みが増して、ベビー好みの味わいに。

りんご 5g

加熱して、なめらかにすりつぶして使います。ラップに包んでレンジでチン！ すれば、下ごしらえも簡単。ペクチンを含むりんごは、うんちがゆるいときにもおすすめの食材です。

バナナ 20g

炭水化物を多く含むバナナは、ゴックン期には「エネルギー源食品」としても使えます。その場合は、40gが目安。アレルギー予防のため、加熱してから食べさせましょう。

エネルギー源

たんぱく質源食品グループ

魚

動物性のたんぱく質源は、魚からスタート。アレルギーの恐れが少ない白身魚からはじめます。刺し身用なら、骨や皮を除く手間がなく便利。

真鯛 10g（刺し身1切れ）

淡泊でクセがなく、ほかの食材とも合わせやすい鯛は、ゴックン期におすすめの白身魚。鯛のほか、ひらめ、かれいなども◎。たらは9カ月までは控えます。

しらす干し 10g（大さじ1）

塩分が多いため、熱湯に5分ほどつけて塩抜きをする下準備を忘れずに。ゴックン期はなめらかにすりつぶし、おかゆや野菜にまぜながら食べさせます。少量でも使いやすく、離乳食に便利な食材です。

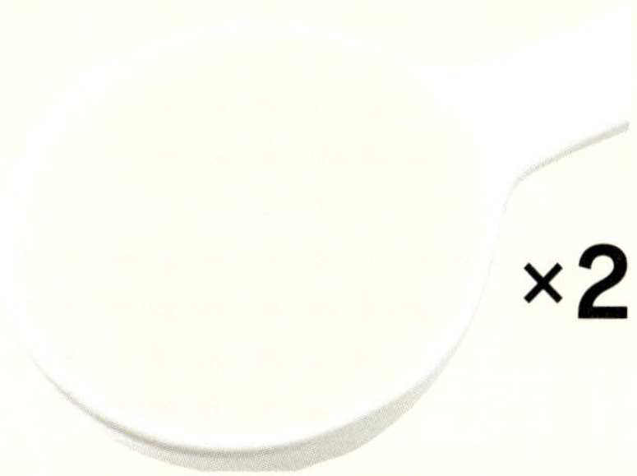

豆乳 30mℓ（大さじ2）

手軽にまろやかなコクをプラスできる豆乳。離乳食に使うときは、必ず無糖で大豆だけを使った無調整タイプを選んで。砂糖が多く含まれる調製豆乳は、離乳食には不向きです。

きな粉 3g（小さじ1）

大豆をいって粉末状にしたもので、消化吸収にすぐれます。ただし、そのまま食べると誤《ご》嚥《えん》の恐れが。必ずおかゆや野菜などにまぜ、しめらせてから与えます。

大豆製品

植物性の良質なたんぱく質を多く含む大豆製品。消化吸収にすぐれ、離乳食向きの食材です。まずは絹ごし豆腐からトライしてみて。

絹ごし豆腐 25g

なめらかな食感とやわらかな口あたりで抜群の食べやすさ！ 最初に食べさせるたんぱく質源としてもおすすめです。大人は冷ややっこでも食べますが、赤ちゃんには加熱してから与えて。

乳製品

牛乳、ヨーグルトなどの乳製品も、この時期はまだ食べさせません。ミルク味のメニューにしたいときは、育児用粉ミルクで代用して。

まだ食べさせません

卵

卵の食物アレルギーは乳幼児期に最も多いため、かたゆでにした卵から卵黄のみとり出し、ごく少量を食べさせる。

肉

脂質が多い肉類は、ゴックン期の赤ちゃんの未熟な内臓にとっては負担に。この時期は豆腐や白身魚に十分に慣れさせて。

まだ食べさせません

ゴックン期の（5～6カ月ごろ）献立レシピ

主食とおかずを組み合わせて、3つの栄養源をバランスよく食べられる献立メニューに。

うまみたっぷりのおかゆに、ほんのり甘いスープを添えて

なめらかなおかゆに、しらすのうまみをプラス！　だしの風味をきかせたにんじんと豆乳のポタージュは、まろやかでコクのある味わいです。

しらすのおかゆ

エネルギー　たんぱく質

[材料]

10倍がゆ（P.22参照）…30～40g
しらす干し…5g（ふんわり入れて大さじ1）

[作り方]

1. 鍋に湯を沸かしてしらす干しをゆでてざるにあけ、水けをきってすりつぶす。
2. 10倍がゆを器に盛り、1をのせる。

にんじんポタージュ

ビタミン・ミネラル　たんぱく質

[材料]

にんじん…10g（2cm角1個）
豆乳…大さじ1
だし…大さじ2

[作り方]

にんじんは皮をむいてやわらかくゆでてすりつぶし、豆乳、だしを加えてなめらかにのばす。

完食間違いなし♡の あとひくおいしさ

メインディッシュは、紅白が目にも楽しいトマトと鯛。エネルギー源にはとろっと甘いバナナをチョイスした、ベビーに人気の献立です。

バナナきな粉

エネルギー　たんぱく質

[材料]

バナナ…20g(小1/5本)
きな粉…小さじ1/4

[作り方]

バナナはすり鉢でつぶしてなめらかにし、湯少々でのばし、きな粉をふる。まぜながら与える。

POINT

きな粉はそのままで与えるとむせてしまいます。よくまぜてから与えて。

トマトと鯛のトロトロ

ビタミン・ミネラル　たんぱく質

[材料]

鯛…5g
(刺し身用1/2切れ)
トマト…10g

[作り方]

1 トマトは皮を湯むきして種をとってこまかく刻む。
2 鍋に湯を沸かして鯛をゆで、すり鉢でなめらかにすりつぶし、ゆで汁でのばす。
3 1と2を盛り合わせる。

豆腐のりんごあんかけ

ビタミン・ミネラル　たんぱく質

[材料]

絹ごし豆腐…20g
(2㎝角2個)
りんご…10g(1㎝幅のくし形切り1個)

[作り方]

1 鍋に湯を沸かして豆腐をゆで、すり鉢でなめらかにすりつぶして、ゆで汁でのばす。
2 りんごは皮をむいてラップをかけ、電子レンジで10秒ほど加熱し、すり鉢でなめらかにすりつぶす。
3 1に2をのせる。

小松菜ポテト

エネルギー　ビタミン・ミネラル

[材料]

じゃがいも…15g
小松菜の葉先…5g
(葉1枚)

[作り方]

1 じゃがいもは皮をむき、やわらかくゆでる。同じ鍋で小松菜もやわらかくゆで、水けをきってすりつぶす。
2 1のじゃがいもをつぶし、ゆで汁少々を加えてなめらかにのばし、小松菜と盛り合わせる。

もったり食感のポテトで 小松菜も食べやすい!

やわらかな豆腐に甘ずっぱいりんごあんをかければ、ベビーの好みに直球ストライク! 主食は、じゃがいもの自然な甘みに、アクの少ない小松菜を合わせてシンプルに。

※マークの見方　エネルギーはエネルギー源食品、ビタミン・ミネラルはビタミン・ミネラル源食品、たんぱく質はたんぱく質源食品の略で、材料に含まれる主な栄養素を示しています。
また、卵、乳(乳製品)、小麦(小麦粉)が含まれるものを明記しています。

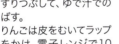

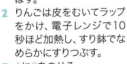

リアルレポート

ゴックン期の離乳食シーンに密着!!

どこで食べてる? ごはんにかかる時間はどのくらい? はじめたてほやほやのゴックン期ベビーの離乳食タイムに、潜入調査!

ゴックンできているかな? 様子を見ながらゆっくりと

野菜はにんじんやさつまいも、かぼちゃなどの甘みのあるもののほか、ほうれんそうなどの青菜にもチャレンジしています。たんぱく質源は、しらすと白身魚にトライずみで、次は豆腐を試してみる予定。すでに好みがでてきて、ツブツブとした舌ざわりやほうれんそうなどの甘みの少ない野菜はどうやら苦手みたいです。おかゆにまぜたり、しらすなどでうまみを足したり、とろみをつけたりして工夫しながら与えています。

抱っこで食べさせると、娘の顔をのぞき込むような感じになり、ちゃんと飲み込めているか確認しづらいのが悩み。また、しばらく食べるとずるずると体が沈み込んで、スプーンや食器をつかんだりと、あまり集中力は続きません。かといって、あせって食べさせようとするとうまく飲み込めずむせてしまいます。ひと口ずつゆっくり、けれど、リズムよく。なかなかむずかしいです!

File 1

6カ月ベビー
離乳食スタートから14日目

廣野 桜《さくら》ちゃん
沙耶香ママ

DATA
【身長】66cm 【体重】8000g
【母乳】7回 【ミルク】0回
【離乳食】1回(15時)
【歯の本数】0本

15時のメニュー

10倍がゆ25g、ほうれんそうとしらすのトロトロを大さじ2。苦手な緑の野菜にチャレンジしてみました!

Start

ママのひざの上で

ママのひざにすわって、抱っこで離乳食スタート。「抱っこだと口元が見えにくい〜」とママ。

ゴックンできた

ほうれんそうがのったスプーンをじーっと見ていましたが、お口に運ぶとしっかり口をあけてゴックン。

ちょっと食べたら、あきてきた!

しばらくすると食器に手を伸ばしたり、体が沈み込んできて、すっかりあきてしまった様子。

Finish

7分後

しらすをまぜたのが功を奏したみたい! ほうれんそうもほぼ完食。ただし、このあとむせてしまい、食べたものをほとんど吐いてしまいました……。

先生教えて!

むせて、食べたものを吐いてしまいました。吐いた分だけ、あらためて食べさせたほうがいい?

From 上田玲子先生

A 明日に仕切り直ししましょう

「栄養がとれていないから、また食べさせなきゃ」と考えることはありません。無理をして与えても、ママも赤ちゃんも疲れてしまうだけ。まだゴックン期なので、日をあらためて食べればいいですよ。ただ、体調や離乳食の形状など、状況を確認することは大切です。

沙耶香ママのこだわりポイント

1 フリージングを活用

そのつど作るのは大変なので、離乳食の本を参考に1週間分をまとめて作って冷凍。手軽さを実感!

2 とろみづけは手軽に

舌ざわりが苦手な食材には、とろみづけを。離乳食に振りかけるだけでとろみがつく「とろみちゃん」が便利。

3 スケールは必需品

材料の分量をはかるほか、冷凍するときにも1回分をはかって小分けに。はじめたてなので、慎重にはかるようにしています。

File 2

袴田瑶一郎《よういちろう》くん
友佳梨ママ

5カ月ベビー
離乳食スタート
から21日目

DATA

【身長】66cm 【体重】7500g
【母乳】7回 【ミルク】0回
【離乳食】1回(11時)
【歯の本数】0本

リズムよく「あーん!」完食できるように

5カ月の誕生日を機に離乳食をスタート。はじめたばかりのころは、指しゃぶりに夢中でなかなかスプーンを口に運べませんでしたが、唇にスプーンをやさしくあてると口を大きくあけてくれることを発見! それからは、唇をスプーンでトントンすると、口をあーんとあけて食べる態勢はばっちり。トントン作戦のおかげで、リズムよくあきずに離乳食を食べ切れるようになりました。

今は、食材ひとつひとつの味を大切にしたいと思い、おかゆに食材をまぜることはあまりせず、できるだけ単品で与えるようにしています。食べる食材によって顔の表情が変わる息子。きっと「これは何だろう」「食べたことない味だ」と味わって食べてくれているのかな、と思うとうれしいです。好みの味や形状を観察しながら、離乳食タイムを過ごしています。

11時のメニュー

10倍がゆ30g、トロトロにした鯛にトマトの裏ごしをトッピングしたもの20g、さつまいものペースト20gの3品を用意。

ラックにすわって

離乳食を食べさせるときには、ベビーラックを愛用。ゴックンと飲み込みやすい角度にリクライニングを調節します。

スプーンで唇をトントン

スプーンに離乳食をのせ、唇をやさしくノックするようにあてます。すると口をあけて、じょうずに飲み込みます。

あきてくると指しゃぶり

指しゃぶりがはじまると、そろそろあきてきたサイン。指をはずして、ちょっとかけ足で残りを食べさせます。

10分くらいなら集中して食べられるように。白身魚を食べるのは3回目。はじめのうちはしぶい顔でイマイチな感触でしたが、今日はきれいにたいらげました!

友佳梨ママのこだわりポイント

1 製氷皿にフリージングストック

野菜や鯛をトロトロにして、製氷皿に流し込んで冷凍。1週間分をまとめて作るので、冷凍庫はパンパン!

2 おかゆはいつもできたてを

実家で作っているお米で、いつもできたてのおかゆを。小さな片手鍋は、少量のおかゆ作りにぴったり。

3 ミニサイズのミキサーが便利

少量サイズのミキサーが、食材をトロトロに調理するのに大活躍! 時短調理に欠かせないアイテムです。

先生教えて!

味覚の発達にいいと聞き、単品で食べさせるようにしています。これって意味はある?

From 上田玲子先生

A 味のハーモニーも大切です

「食材を1品ずつ与えると味覚が発達する」というのは、とくに根拠のある説ではありません。素材そのものの味を味わうのはよいことですが、まぜたときの味のハーモニーもいいものです。はじめての食材は様子を見るためにも1品ずつ与える意味がありますが、慣れた食材ならまぜて与えるのもラクですよ。

離乳食の「こんなとき、どうする?」Q&A

ゴックン期（5～6カ月ごろ）

Q スプーンを口に入れても舌でべぇ～っと押し出しちゃう!（5カ月）

A 離乳食の形状を見直してみましょう

離乳食がトロトロになっているか見直してみて。赤ちゃんによっては少しのツブツブも嫌がって、出してしまう子もいます。すりつぶして、さらに裏ごしをするとすんなり食べられることも。また、赤ちゃんが持って生まれた反射に「舌突出反射」というものがあります。これは、固形物を口に入れると反射的に押し出すというもの。おっぱいやミルク以外のものを不用意に口に入れないようにと備わった、大切な反射反応です。多くの場合、生後4カ月ごろには自然に消失しますが、5カ月になっても反射が残っている場合も。ほどなく消えるはずなので、4～5日待って再チャレンジしてみましょう。

Q 食べ残した離乳食は、冷蔵庫で保管して次にあげてもいい?（6カ月）

A 雑菌の繁殖が心配。食べ残しは捨てましょう

食べ残した離乳食を翌日にあげるのは厳禁！　内臓が未発達な赤ちゃんに与える離乳食は、大人以上に食品衛生に気をつけることが大切です。離乳食は栄養豊富で水分もたっぷり。おまけにやわらかくて薄味。細菌のふえる条件がそろっています。ほとんど口をつけなかったとしても、ぐっとこらえてゴミ箱へ。ただし、多めに作って、あらかじめ冷凍保存しておくのならかまいません。与えるときはしっかり再加熱し、1週間を目安に使い切って。

Q 離乳食をはじめたら、うんちがゆるゆるになっちゃった!（5カ月）

A 機嫌がよく、食欲もあるなら心配ありません

元気があり、機嫌よく離乳食を食べているなら、そのまま続けてかまいません。離乳食をはじめると便がゆるくなるのは、多くの赤ちゃんに見られること。おっぱい、ミルクだけを飲んでいたのが、乳汁以外の離乳食を食べるようになり、腸内細菌のバランスが変化しつつあるのです。慣れると、普通の便になります。ただし、元気がなくぐったりして、水様便をくり返す場合は、医師の診察を受けて。かぜなど、ウイルスに感染している可能性があります。

Q ママの手作りより、ベビーフードのほうが好きみたい……（6カ月）

A ゴックン期は、ベビーフードだけでもOK

ゴックン期の赤ちゃん向けのベビーフードは、完全になめらかなトロトロ状。ママの手作りより口あたりがよく、食べやすいのかもしれませんね。この時期は、ベビーフードだけでも大丈夫。モグモグ期になったら手作りも加えて、時期に合ったかたさの離乳食を作ってあげて。

Q 少量の野菜や白身魚のとろみづけが面倒です……（6カ月）

A おかゆの上ずみを利用してみて

ちょっぴりの離乳食のとろみづけに活躍するのが、とろりとしたおかゆの上ずみです。クセがなくてまろやかな味わいだから、野菜や魚など、どんな食品にまぜても大丈夫。赤ちゃんもなじみやすくて、すんなり食べてくれます。

離乳食の「こんなとき、どうする?」Q&A

Q 離乳食の前に、ミルクを欲しがって大泣きします(6カ月)

A 食事のタイミングを早めてみましょう

5カ月ごろなら、離乳食を少しお休みして、6カ月に入ってから再チャレンジするのでもかまいません。ただし、6カ月になっているのなら、離乳食をしっかり食べられるように進めていきたいもの。食事のタイミングが合わず、おなかがすきすぎていると、赤ちゃんは不慣れな離乳食ではもどかしく、飲み慣れたおっぱいやミルクを求めます。離乳食の時間を30分ほど早め、空腹になりすぎないうちに食べさせてみましょう。

Q はじめて1カ月。数さじしか食べませんが、2回食にしてもいい?(6カ月)

A ベタベタ状が食べられればOK

1カ月ほどして、水分を減らしたベタベタ状の離乳食をじょうずに飲み込めれば、2回食に進んでも。2回食にすることで、食べる量が全体としてふえ、ミルクの量が減る子も多いものです。おなかがすいている授乳の時間帯を離乳食タイムに設定し、規則正しいリズムをつくっていきましょう。離乳食の間隔は4時間以上あけるのがポイントです。食べる量も飲む量もまだ安定しませんが、大らかな気持ちで進めましょう。

Q かぼちゃやりんごは好きだけど、緑の野菜は苦手みたい……(6カ月)

A 甘みのある食材にまぜてみましょう

赤ちゃんは、甘み、うまみは安心して食べますが、苦みや酸味は苦手。苦みは毒、酸味は腐ったものの味として本能的にインプットされているため、何度も経験することで、少しずつ食べられるようになっていくものです。葉野菜の苦みや独特の香りが苦手な赤ちゃんが多いのは、このためです。よく食べるかぼちゃやにんじん、甘みのあるおかゆなどにまぜて、徐々に慣らしていきましょう。また、葉野菜は繊維質で食べづらいことも。とろみづけなどの工夫で、ゴックンと飲み込みやすく調理しましょう。

Q ママが味見したスプーンで離乳食をあげるのはダメ?(5カ月)

A むし歯の原因になるので絶対にやめましょう

大人の口の中には、むし歯菌をはじめとして、歯周病菌、口内炎を起こすヘルペスウイルスなど、さまざまな菌がすんでいます。大人がかみくだいたものを与えるのはもちろん厳禁ですが、だ液がついたスプーンを使うのもNG。さまざまな菌を赤ちゃんにうつしてしまう心配があります。ママが温度確認用に使った味見スプーンなども、赤ちゃんの食事用には使わないこと。赤ちゃんに食べさせるときは、くぼみが浅いフィーディングスプーンを使うのがおすすめです。

column

かぜのときの離乳食は……?

かぜによる発熱、下痢などで食欲がないときには、無理に離乳食を食べさせないで大丈夫。病気になると、赤ちゃんの体はウイルスや病原菌に立ち向かうのに全力を使うため、消化吸収まで手が回らなくなってしまいます。こまめに水分補給をして、脱水症を起こさないように気をつけましょう。食欲が回復してきたら、消化のよい離乳食を。食欲が出てきたら、できるだけ早くいつもの離乳食に戻します。

1日2回の
離乳食で食生活の
リズムをつくる

モグモグ期（7〜8カ月ごろ）の進め方

離乳食をはじめて1〜2カ月がたち、食べることにも慣れてきました。少しずつ水分を減らし、新しい食材にもトライしていきましょう。

モグモグ期 前半

舌で食材をつぶし、モグモグと食べるように。水分を減らして、ツブツブ状にもチャレンジ！

赤ちゃんの様子を見ながら形状をステップアップ

離乳食にも少しずつ慣れてくるころです。そろそろ2回食にして食事のリズムをつくっていきましょう。徐々に水分を減らし、ツブツブのみじん切りやマッシュ野菜などのメニューもとり入れます。急激にかたさ・大きさをステップアップすると、モグモグと舌と上あごでつぶすことができず、丸飲みしてしまうことも。1品だけかたさを増して様子を見るなど、赤ちゃんの食べ方をチェックしながら、ゆっくり進めていきましょう。

食べられる食材もグンとふえます。まぐろなどの赤身魚や鮭、鶏ささ身肉、牛乳やヨーグルトなどの乳製品と、たんぱく質源食品のバリエーションが豊かに。肉や魚、乳製品などのコクやうまみで、離乳食の味わいもグレードアップ。野菜やおかゆと組み合わせて、いろいろなメニューにチャレンジしていきましょう。ただし、はじめての食材を与えるときは1さじ程度にとどめ、日中の食事に出すようにして。新しい味を嫌がる赤ちゃんもいますが、何度もくり返し経験することで、だんだんと食べられるようになっていきます。

舌と上あごで押しつぶして口を閉じてモグモグ

この時期の目標は「離乳食を舌と上あごでつぶし、だ液とまぜ合わせて味わって食べる」こと。ゴックン期よりも水分を減らした、やわらかなかたまりがまじるメニューを用意しましょう。赤ちゃんは、口の中で舌を前後上下に動かし、舌で食べ物を上あごに押しつけてつぶして食べます。

しっかりモグモグするためには、足に力を入れて踏ん張れる姿勢が重要。ママの抱っこでの食事は卒業し、食事いすに座らせましょう。床や足置き台にしっかり足がつくように、高さを調節してあげて。

ステップアップの目安をチェック

- □ **水分を減らしたベタベタ状の離乳食を、口をモゴモゴ動かして食べている**

最初はやわらかなかたまりがまじるジャム状で慣らし、徐々にみじん切りや小さな薄切りにトライします。

- □ **主食とおかずを合わせて、1回に子ども茶わん半分以上食べる**

モグモグ期の食べる分量の目安は、主食と野菜+たんぱく質のおかずで、子ども茶わん半分以上。

- □ **離乳食を喜んで食べている**

離乳食の時間を決めて、できるだけ毎日同じ時間に2回の食事を与えるようにしましょう。

口の動きは…？

舌は前後に加え、上下にも動くように。舌で上あごに押しつけ、つぶして食べます。左右の口角が同時に伸び縮みしていれば、舌でつぶして食べている証拠。

どんなところで食べる？

ひとりで座れるようになったら、足が床や足置き台につくいすを準備しましょう。赤ちゃんがあごや舌に力を入れられる姿勢をとらせることが大切です。

モグモグ期（7〜8カ月ごろ）の進め方

指でつまむとラクにつぶれる豆腐をお手本に

すりつぶしや裏ごしをしていない離乳食も食べられるようになります。力を入れなくてもつぶせる、絹ごし豆腐くらいのやわらかさが目安。かたまりを嫌がる赤ちゃんには、最初はほとんどすりつぶし、やわらかなツブツブが少し残る程度のジャム状に作ってあげて。また、口をモグモグと動かさずに飲み込んだり、ベーっと吐き出すときは、「かたすぎる」のサイン。形状を見直して、やわらかめに調理しましょう。

この時期のメニューにおすすめなのが「おじや」です。舌でつぶすのにちょうどいいやわらかさで、栄養バランスもとりやすいのが魅力。おかゆに、野菜やたんぱく質源食品を加えていっしょに煮込めば、赤ちゃんの体に必要な3つの栄養源もクリア！　とろみづけをしないと食べづらいほうれんそうのみじん切りなども、おじやにすればすんなり食べられます。

モグモグ期からは、少量の調味料もOKに。塩なら指先にチョンとのる程度。ごく薄味が基本です。

絹ごし豆腐のふわふわ状で ツブツブは指でつぶせるくらい

絹ごし豆腐のやわらかさは、舌とあごでつぶすのにぴったり。おかゆや刻んだ野菜も、指でつぶせるやわらかさに。

モグモグ、ゴックン！をゆっくり待ちます

食べさせるときは、赤ちゃんの口の動きに注目！　口角が動いていれば、モグモグしながら味わって食べている証拠です。次から次へとスプーンを運ぶと、赤ちゃんは味わう間もなく、飲み下すように食べなくてはなりません。「モグモグしてる？」「おいしいね」などと声をかけ、ゆっくりとスプーンを運ぶように意識しましょう。

スプーンを口の奥まで入れないこともポイントです。スプーンは下唇に軽くのせ、赤ちゃんが口をとじたら、水平に引き抜きます。こぼさないようにと口の奥までスプーンを入れると、自分で食べ物をとり込む練習にならず、流し込むように食べる原因にも。赤ちゃんのペースに合わせ、ママは忍耐づよく待つことが大切です。

【スプーンはゆっくり！ 飲み込んでから次へ】

モグモグしているかな？

赤ちゃんが数秒間、モグモグして飲み込むのを確かめて。口の中がからっぽになってから、次の1さじを与えるようにします。

まずはひと口食べさせる

平らに近い浅めのスプーンを、下唇に軽くのせ、離乳食をとり込もうと口をとじたら、水平に引き抜きます。

モグモグ期前半の飲み＆食べタイムスケジュール例

2回食のリズムをしっかり定着させていきましょう。離乳食と離乳食の間隔は4時間以上あけて。食後の母乳・ミルクは欲しがるだけ飲ませましょう。

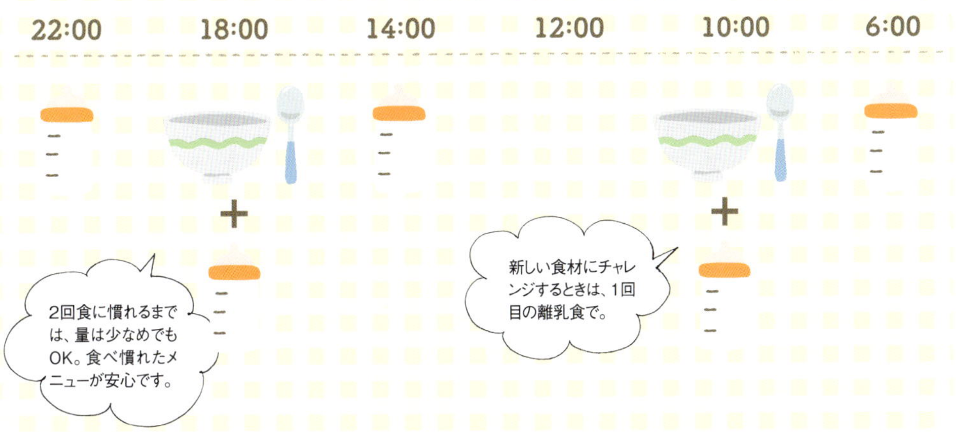
22:00
18:00
14:00
12:00
10:00
6:00
+
+
2回食に慣れるまでは、量は少なめでもOK。食べ慣れたメニューが安心です。
新しい食材にチャレンジするときは、1回目の離乳食で。

【かたさ・大きさの目安をチェック！】

後半

やわらかくゆでて薄切りにし、こまかくつぶします。慣れてきたら、3〜5㎜角ぐらいのあらいみじん切りにしても食べられます。

前半

にんじんなら、ゆでて薄切りにし、小さいツブツブが残る程度にすりつぶします。刻んでからゆでると、やわらかくならないので注意。

モグモグ期に
ステップアップして
1カ月がたったころから♪

モグモグ期 後半

やわらかなかたまりにも慣れてきたころ。ゆっくりひと口ずつ食べる習慣をつけましょう。

自分で食べたい！という意欲が出てきます

離乳食を舌でつぶして食べるのにも慣れてきました。前半よりも少し大きめにつぶしたメニューもとり入れ、少しずつステップアップしていきましょう。ゆっくりひと口ずつ食べられるように、リラックスした楽しい雰囲気づくりを心がけて。

ただ、このころから、離乳食を手でこねたり、スプーンを持ちたがったりと、「ゆっくり楽しんで」とも言っていられない場面も……。ママにとっては大変ですが、これも自分で食べられるようになるためには避けて通れないプロセスです。食べ物を手でさわり、ときには落としたり、投げたり、汚れた手で顔じゅうをベタベタにしたりしながら（！）、赤ちゃんは「この食べ物はどんなもの？」「どうやって食べたらいいのかな」と研究しているのです。ある程度自由にさせて、赤ちゃんの意欲を育てていきましょう。床に新聞紙を敷くなどの食べこぼし対策をして、あと片づけがママのストレスにならないように工夫して。

おすわりがしっかりできるようになったら、安定感のあるベビー用いすを用意して。床や足置き台に足がきちんとつくように、高さを調節します。

モグモグ期後半の飲み＆食べタイムスケジュール例

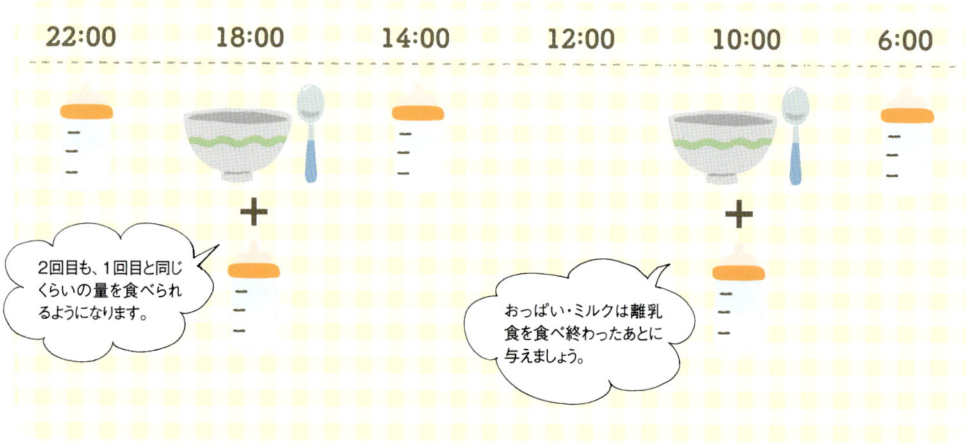
22:00
18:00
14:00
12:00
10:00
6:00
2回目も、1回目と同じくらいの量を食べられるようになります。
おっぱい・ミルクは離乳食を食べ終わったあとに与えましょう。

タイムスケジュールは、前半と同じく午前中に1回目を、午後に2回目を。離乳食の時間が定まると、起床や就寝、お昼寝、お散歩など1日のリズムがつくりやすくなります。

2回食にすっかり慣れたら

こんな献立がおすすめ

食べる量がふえ、おかゆなら子ども茶わん1杯くらいが目安に。おかずメニューは、とろみをつけて食べやすく仕上げると、完食率がアップ！

5倍がゆ

［作り方］

5倍がゆ（P.22参照）80gを器に盛る。

豆腐とほうれんそうのとろみ煮

［材料］

絹ごし豆腐…25g（1/10丁）
ほうれんそう…5g（葉1枚）
だし…大さじ1～2
水どきかたくり粉…少々

［作り方］

1 豆腐は3㎝角に切る。ほうれんそうはやわらかくゆでてすりつぶす。
2 鍋に1とだしを加えて火にかけ、あたたまったら水どきかたくり粉でとろみをつける。

かぼちゃヨーグルト

［材料］

かぼちゃの黄色い部分…15g（2.5㎝角1個）
プレーンヨーグルト…30g

［作り方］

1 かぼちゃはゆで、ツブツブが少し残る程度につぶす。
2 器にヨーグルトを盛り、1をのせる。

中だるみによる食欲ダウンは家族で囲む食卓で乗り切って

体の発達はもちろん、精神的な発達も目覚ましい赤ちゃん。離乳食に慣れてくると、もっと新鮮で目新しいことに興味が向かって、一時的に食欲が落ちることがあります。機嫌がよく元気なら心配することはありませんが、新しい素材をとり入れたり、少しだけ調味料を使って味つけしてみたり、赤ちゃんの興味をひく工夫をしてみて。「おじや」メニューだけでなく、おかずと主食を分けて盛りつける「単品食べ」にトライしてみるのもおすすめです。また、家族みんなで食卓を囲んだり、ママ友同士で集まっていっしょに食事をするなど、思わず食べたくなる雰囲気づくりも有効。ママ・パパがおいしそうに食べている姿を見ることで、赤ちゃんにも自然に「食べたい」という気持ちがわいてくるのです。

ステップアップアドバイス

かためめの食材にも少しずつトライ！

モグモグ期から次のカミカミ期に移るときが最大の山場。モグモグ期の終盤ごろからは、小さめの角切りにしたゆで野菜を使ってみるなど、スムーズな移行の準備をしましょう。すべてを急にかたくするのではなく、やわらかめ、かためのメニューを組み合わせるのがおすすめです。ただし、赤ちゃんが嫌がるようなら無理はせず、元のかたさに戻して。

モグモグ期に おすすめの食材で 実物大

1回分の目安量

1回の離乳食で、それぞれのグループから1種類を食べたときの目安量です。同じグループから2つ以上組み合わせるときは、半量ずつにするなど調整を。

ビタミン・ミネラル源食品グループ

野菜

1回分の目安量は20～30g。旬の野菜は栄養価も高く、おいしさも格別です。季節の野菜を積極的にとり入れて。

×2

ブロッコリー 20g（小房2個）

ビタミンCやカロテンなどが豊富な緑黄色野菜。茎の部分は除き、やわらかい花蕾のみを使います。前半はすりつぶしますが、後半は花蕾を薄くそいで、ツブツブを残しても。

キャベツ 20g

ビタミンCが豊富な淡色野菜。どんな食材とも合わせやすいクセのない味わいです。とくに春に出回る春キャベツは、葉がやわらかくて甘みがあり、離乳食向きです。

かぼちゃ 20g

かぼちゃの下ごしらえは、電子レンジが便利。皮ごとラップに包んで加熱し、黄色い部分をスプーンなどでこそげとると、栄養豊富な皮の近くまでムダなく使えます。

大根 20g

ビタミンCやカリウムのほか、消化を促す酵素も含まれます。水からゆでるのが、甘みを引き出すポイントです。皮の近くは筋っぽくかたいので、皮は厚めにむいて。

海藻

焼きのりや青のりなど、手軽にトッピングできる海藻類は、常備しておくと便利。香ばしい風味で、赤ちゃんの食欲も増進！

焼きのり8つ切り 1枚

カロテンなどビタミンやミネラルが豊富。おかゆなどにまぜて与えます。ちぎってしばらく水にひたしてから水けをきり、電子レンジで加熱すれば、手作りのつくだ煮に。

果物

赤ちゃんの好きな甘みを利用して、苦手食材の克服に活用するのも◎。食べづらい野菜も、フルーツとまぜれば完食できるかも！

いちご 10g

甘くてジューシーないちごは、ベビーに大人気のフルーツ。つぶしてヨーグルトにまぜたり、パンがゆに加えたり、離乳食の味に変化をつけるのにもおすすめ。

たんぱく質源食品グループ

魚

白身魚に加え、生鮭や赤身魚、ツナ水煮缶なども食べられるようになり、作れるメニューもぐんと広がります。

生鮭 10g

白身魚の仲間ですが、アスタキサンチンという赤い色素を含むため、身の色はオレンジ色。DHAが豊富ですが、脂質も多いのでモグモグ期からスタートします。

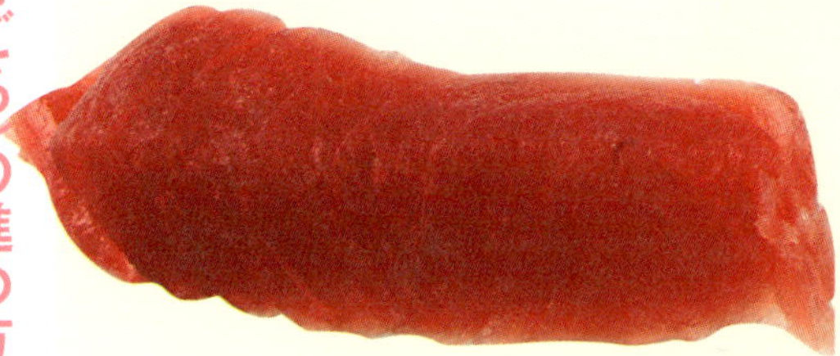

まぐろ

10g（刺し身1切れ）

鉄やDHAが豊富に含まれています。脂質の少ない赤身を選んで。加熱するとかたくなるので、とろみをつけたり、おかゆにまぜるなど調理に工夫を。

ツナ水煮

10g（大さじ1弱）

常備できて、手軽にコクとうまみがプラスできる便利食材。塩分、油分が気になるので、汁けをきってから使いましょう。食塩無添加のものがベストです。

大豆製品

モグモグ期からは、納豆が解禁。ねばねば食感で、ほかの食材ともよくからみます。いろいろな食材とあえてみて。

絹ごし豆腐

40g

豆腐は舌でつぶして食べる練習にぴったり。やわらかくつぶした状態に慣れたら、あらみじん、こまかめの角切りと形状を大きくしていきましょう。

ひき割り納豆

15g（大さじ1）

大豆を発酵させて作る納豆は、大豆より栄養価が高く、消化吸収にもすぐれています。モグモグ期は、こまかく刻んであるひき割り納豆が便利。加熱してから与えます。

乳製品

多くの乳製品が食べられるようになります。プレーンヨーグルトやカテージチーズは、加熱せずそのまま使える手軽さも魅力。

カテージチーズ

15g（大さじ1）

たんぱく質が多く、脂質と塩分は少ないカテージチーズは、離乳食におすすめの食材。なめらかな裏ごしタイプが使いやすい。ほのかな酸味とコクで、手軽にうまみアップ！

卵

比較的アレルギーを起こしにくいかたゆで卵の黄身からはじめ、慣れてきたら卵白も含めた全卵を与えてもOK。完全加熱が鉄則。

卵 卵黄1個または全卵1/3個

卵白に含まれる「オボムコイド」という成分が、アレルギーを引き起こす主な原因に。最初は、卵白が混入しないようにかたゆで卵にした黄身だけを与えましょう。

肉

良質なたんぱく質の宝庫ですが、脂質も多く含まれている肉類。お肉デビューのモグモグ期は、鶏ささ身肉から。少しずつ慣らします。

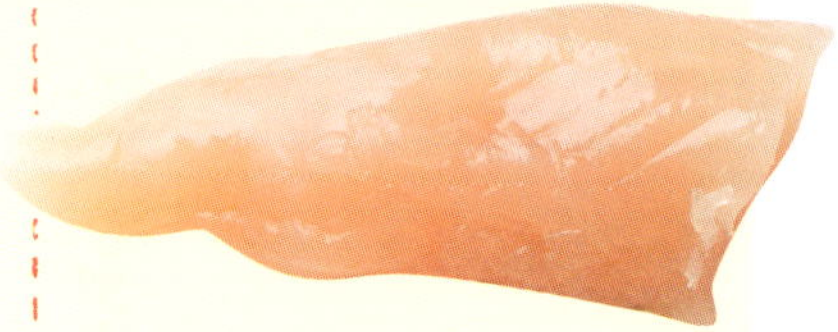

鶏ささ身肉 10g

脂質が少なく、消化吸収もいいので、肉類のスタートにぴったりです。水からゆでて火が通ったらとり出すと、肉がかたくならずしっとり仕上がります。

モグモグ期の（7～8ヵ月ごろ）献立レシピ

素材の組み合わせしだいで、離乳食だってテイスト豊かに。和・洋・中、今日はどんな気分？

ほっと落ち着く、正統派の和風離乳食

火を通すとじんわり甘みが増す大根おろしをおかゆにたっぷり。鮭のうまみをトッピングしたごちそうおかゆです。おかずには、納豆のねばねばがポイントのシンプルなあえものを。

鮭と大根のおろしがゆ

エネルギー　ビタミン・ミネラル　たんぱく質

［材料］

生鮭…5g
大根…30g（3㎝角1個）
7倍がゆ（P.22参照）…50g
青のり…少々

［作り方］

1. 鮭はゆで、皮と骨を除き、こまかくほぐす。大根は皮をむいてすりおろす。
2. 鍋に7倍がゆを入れて火にかけ、あたたまったら大根おろしを加えてひと煮する。
3. 器に2を盛り、鮭をのせ、青のりを振る。

ブロッコリーの納豆あえ

ビタミン・ミネラル　たんぱく質

［材料］

ブロッコリー…20g（小房2個）
ひき割り納豆…大さじ1/2
しょうゆ…ごく少々

［作り方］

1. ブロッコリーはやわらかくゆで、こまかく刻む。納豆は熱湯をさっと回しかける。
2. ボウルに1としょうゆを入れ、まぜ合わせる。

まろやかなコクが
ベビー好みの洋風献立

ミルク仕立てのパンがゆは、とろ～りふわふわ。やさしい甘みのキャベツとうまみの強いツナを合わせて。バターの香りが食欲をそそる、にんじんのグラッセを添えます。

にんじんのグラッセ

ビタミン・ミネラル

［材料］

にんじん…15g（2.5㎝角1個）　バター…少々
砂糖、塩…各少々

［作り方］

1 にんじんは皮をむき、鍋に入れてかぶるくらいの水を注ぎ、中火でやわらかくゆでる。
2 にんじんがやわらかくなったら一度ゆでこぼし、水大さじ1、バター、砂糖、塩を加えて煮て、へらなどでつぶす。

キャベツとツナのミルクパンがゆ

エネルギー　ビタミン・ミネラル　たんぱく質　卵　乳　小麦

［材料］

キャベツ…10g（中1/5枚）　ツナ水煮缶…10g
食パン（耳は除く）…15g　牛乳…1/4カップ

［作り方］

1 キャベツはやわらかくゆで、こまかく刻む。ツナは熱湯を回しかけ、汁けをきる。パンはこまかくちぎる。
2 鍋にパン、水1/4カップ（分量外）を入れて、ふやけてきたら火にかけ、煮立ったら牛乳を加える。ふつふつしてきたらキャベツ、ツナを加え、ひと煮する。

鶏ささ身と青菜のうどん

エネルギー　ビタミン・ミネラル　たんぱく質

［材料］

鶏ささ身肉…5g　ほうれんそう…10g（大1枚）
ゆでうどん…40g（1/5玉）　だし…2/3カップ
しょうゆ…ごく少々　水どきかたくり粉…少々

［作り方］

1 鍋に湯を沸かし、ほうれんそうをゆで、やわらかくなったら水けをしぼって、こまかく刻む。同じ鍋で鶏肉もゆで、とり出してこまかくほぐす。
2 鍋にだしを沸かし、1のほうれんそう、鶏肉とうどんを加えてひと煮し、しょうゆで味をととのえ、水どきかたくり粉でとろみをつける。

いちごのカテージチーズあえ

ビタミン・ミネラル　たんぱく質　乳

［材料］

いちご…10g（1/2個）
カテージチーズ…大さじ1/2

［作り方］

いちごはフォークなどでつぶし、カテージチーズとあえる。

甘い香りのデザート
もついてます♡

体の芯からあたたまる、とろみうどん。鶏肉のうまみがしみだしたつゆは、絶品です。ヘルシーなカテージチーズは、いちごとあえてデザート風に。満面の笑みが見られるはず！

※マークの見方　エネルギーはエネルギー源食品、ビタミン・ミネラルはビタミン・ミネラル源食品、たんぱく質はたんぱく質源食品の略で、材料に含まれる主な栄養素を示しています。
また、卵、乳（乳製品）、小麦（小麦粉）が含まれるものを明記しています。

リアルレポート

モグモグ期の離乳食シーンに密着!!

食べることに慣れてきたモグモグ期のベビー。集中力が続かないベビーにしっかり食べてもらうべく、ママはあの手この手で試行錯誤！

いすと抱っこの2段階で。気分が変わると食欲アップ

8時と15時と決めている離乳食の時間が近づいてくると、うちの子はそわそわしはじめてごはんを待っている様子。食事のリズムが定着してきたように感じています。ベビーチェアにすわって食べられるようになったことも大きな成長。離乳食をはじめたばかりのころは、姿勢が安定せず抱っこで食べさせていたので、体もぐんぐん発達しているな〜とあらためて目を見張る思いです。

機嫌がもたなかったり、食事の進みぐあいが悪いときには、いすで食べることにこだわらず、潔く抱っこに切り替えます。気分が変わるとまた食べる意欲がわくのか、集中力が回復！「あーん」と口をあけてくれるようになります。スプーンが目の前に近づくと、自分で柄を持って口へ運ぶ、という流れが定着してきました。積極的にごはんを食べてくれる姿勢が頼もしいです。

File 1

7カ月ベビー
離乳食をはじめて2カ月半

石橋 凛《りん》くん
奈月ママ

DATA

【身長】69.3cm 【体重】7975g
【母乳】7〜8回 【ミルク】1回（120㎖）
【離乳食】2回（8時、15時）
【歯の本数】0本

15時のメニュー

いすにすわってスタンバイ

離乳食の時間がわかるようになって、「ごはんだよ」といすにすわらせるとおとなしく待っていてくれます。

Start

野菜入りのおじや50gに、かぼちゃと白身魚のマッシュ20g、サーモンとポテトのマッシュ50gをトッピング。

スプーンの柄を握って

スプーンが近づくと柄を握り、いっしょに口へ運びます。自分で食べたいという気持ちのあらわれかな？

あきてきたら抱っこに切り替え

1/3ほど食べたところで、スプーンで遊びはじめて気が散ってしまった様子。抱っこに切り替えると、また気分を持ち直して食欲復活！

15分後

Finish

同じ味が続くとあきてしまうみたい。「ポテトを食べたから、次はおじや」というふうに、2〜3さじごとに味を変える「三角食べ」作戦で、しっかり完食♪

先生教えて！

15時の離乳食は、外出時間と重なって食べさせられないことが。スキップしても大丈夫ですか？

A 離乳食の時間をずらして規則的に

From 上田玲子先生

2回食は時間を決めにくく、タイミングがむずかしいですね。スキップしたり、その日だけ遅い時間に与えるよりも、毎日同じ時間に食べさせるのが理想です。15時の離乳食を、外出と重なりにくい夕方〜夜に移行してみては？ 時間は、早朝や夜遅くでなければ問題ありません。

奈月ママのこだわりポイント

1 すわりやすいソフトチェア

姿勢が安定し、体にフィットしてすっぽりとおさまるソフトチェアを愛用。すわり心地もよさそう！

2 小分け容器で冷凍

アカチャンホンポのフリージンググッズ「離乳食保存名人」は、1食分ずつ小分けにできるのが便利。

3 調理セットは電子レンジOKのものを

コンビの離乳食調理セットは、調理にも保存にも使えるスグレモノ。電子レンジもOKです。

File 2

8カ月ベビー
離乳食をはじめて3カ月

本多 菫《すみれ》ちゃん
枝里ママ

DATA

【身長】66.2cm【体重】7000g
【母乳】8回　【ミルク】0回
【離乳食】2回（8時、15時）
【歯の本数】6本
（上4本、下2本）

冷めたら再加熱しておいしさをキープ！

離乳食スタートは5カ月になってすぐ。はじめのころはほとんど食べてくれず、どうしたら食が進むのか試行錯誤の連続でした。そんななか発見したのが「電子レンジでもう一度チン！」と「好物ののりをまぜる」という作戦。食べるのに時間がかかると離乳食が冷えてしまいますが、冷めたごはんは大人だって食べたくないもの。そこで、電子レンジで軽くあたため直してみたら、驚くほど食べてくれるように。また、苦手なメニューは、のりをちぎって水でふやかしてまぜ込むと、パクパク食べることも発見！　栄養豊富で、簡単にトッピングできるのりは、わが家の離乳食のマスト食材になりました。

少食なのが心配でしたが、この3カ月で好みや食べ方のリズムがつかめてきて、いろいろな「完食作戦」を繰り出すこともできるようになりました。この調子で、食べるのが好きな子に育ってくれたらいいな。

15時のメニュー

鶏肉をのせた7倍がゆ80g、玉ねぎとにんじんのだし煮20g、納豆10gとほうれんそうペースト10g。

ラックにすわっていただきます！

食べはじめはお行儀よく、スプーンを口に運ぶと大きな口をあけて順調！

食欲が落ちてきたら

ぶーっと唇をふるわせておかゆを飛ばしたりと、あきてきた様子が見えたら、ラップをかけずに10秒ほど電子レンジで再加熱。

あったかいって大切

ほどよいあたたかさになった離乳食に、食欲が回復！ また笑顔で食べはじめました。

集中力の限界！

しばらくすると、食器をつかんだり、足をいじったり、そろそろ集中力が切れそう！ 急ぎます！

30分後

白いおかゆにおかずをまぜ、少しずつ味を変えながら与えています。あたため直し作戦の効果もあり、7～8カ月の目安量は食べ切れるように。

枝里ママのこだわりポイント

1 ベビーフードをかしこく活用

鉄分をはじめ栄養が豊富なレバー。食べさせたいけれどなかなか調理しづらいので、ベビーフードを活用しています。

2 味に変化をつける、のり使い

のりをちぎって水にひたし、電子レンジで加熱したものを、途中で離乳食にまぜまぜ。風味が変わって食欲アップ。

3 ねばねば納豆が大活躍！

納豆のねばねばは、野菜などとまぜ合わせやすく、口に運びやすい！ ひきわり納豆は刻む必要もなく重宝しています。

先生教えて！

やわらかいものが好き。少しずつかたいものもふやしていきたいけれど、どうすればいい？

A かたいものは、まぜずに単品で与えてみて

From 上田玲子先生

モグモグ期になると、かたさや食感の違いに敏感になります。やわらかいメニューにかたい野菜などが入っていると、違和感を感じてかたいものだけを出してしまうことも。まぜずに与えたり、とろみをつけるなど、食べさせ方を工夫してみましょう。

離乳食の「こんなとき、どうする?」Q&A

モグモグ期（7～8カ月ごろ）

Q 与えるだけ食べてしまい、「もっと!」と欲しがって怒ります（8カ月）

A 丸飲みしていないか注意してみて

赤ちゃんの食欲には個人差があります。ごはんや野菜は、欲しがるだけ与えても大丈夫。おかわりをするときは、たんぱく質以外のおかゆや野菜を足して。

ただし、スプーンを口に入れたとたんに飲み込んでいるようなら、かまずに丸飲みしている恐れが。流し込むようにどんどん食べてしまうと、満腹感が得られません。また、かたすぎても舌でつぶせずに丸飲みに。しっかりモグモグして食べるためには、食べさせ方も重要です。スプーンは下唇の上に軽くのせ、赤ちゃんが自分で食べ物をとり込むようにします。モグモグして飲み込むのを確認してから次の1さじを。

Q にんじんやほうれんそうがそのままうんちに出てきた!（8カ月）

A 栄養は吸収されているので安心して

食べたものがそのままうんちに出てくるのは、よくあること。とくに、にんじんは消化されていても、色素が便に出る場合があり、目立ちます。便が下痢状で、いつもと違うのであれば消化不良の心配がありますが、そうでなければ大丈夫。赤ちゃんの機嫌がよく、モグモグと口を動かして食べているなら、かたさも大きさも問題なし。今以上にやわらかくする必要はありません。食べさせていくことで、赤ちゃんの消化吸収力もついていきます。

Q 新しい食材を食べさせるときに、気をつけることは?（7カ月）

A 新しい食材は1日1種類に。少量からスタートします

新しくチャレンジする食品は、1日1種類に限定することがポイント。まずは少量からスタートし、ほかの食材は今まで慣れ親しんでいるものに。こうして様子を見ることで、その食品に対するアレルギーの有無も確認できます。問題がなければ、翌日以降に少しずつ量をふやし、3～4日ほど続けて様子を見ます。はじめての味にとまどう赤ちゃんもいます。好きな食材にまぜ込むなど、調理に工夫して慣れさせて。

Q フルーツの酸味が嫌いみたい。食べなくても問題ない?（8カ月）

A 無理に食べさせる必要はありません

果物を嫌がる場合、アレルギーが隠れていることもあり、無理に与える必要はありません。ただ、さわやかな甘みと香りで、離乳食の味つけにもなるフルーツは、使えれば便利。加熱すると酸味がやわらぐので、りんごや桃などを煮てから与えてみても。

Q 急に食べる量が減りました。元気なのになぜ……?（8カ月）

A 離乳食に慣れたころによくあることです

精神的な発達によって興味が広がり、慣れてきた離乳食に気持ちが向かないのかも。離乳食に慣れたころに、ぱったり食べなくなる赤ちゃんは珍しくありません。新しい食材や味つけなどで目先を変えたり、外で食べさせるなどの気分転換を。しばらくすると、また食べるようになりますよ。

離乳食の「こんなとき、どうする?」Q&A

Q 2回食になってメニューがマンネリ。毎回同じではダメ?(8カ月)

A 食材を替えてレシピをアレンジして

いつもおじやが多いなら、ごはんをそうめんやオートミールに替えてみるだけでも、まったく違うメニューに。ミルクやきな粉、トマトなどを加えて、味に変化をつけるのもおすすめです。モグモグ期は使える食材がぐんとふえるので、卵や鶏ささ身肉、鮭や赤身魚、チーズなどを入れてもバリエーションは広がります。同じメニューでも、食材を替えるだけでまったく別のものに変身するので、むずかしく考えず試してみて。

Q 食事中に食べ物に手を伸ばして遊んでしまいます(8カ月)

A 食への興味のあらわれ、できるだけ自由にさせて

食べ物にさわってみようとするのは、赤ちゃんの好奇心のあらわれ。食に興味を持ち、どんなさわり心地なのか、どうやって食べたらいいのか、手指や唇をセンサーにして感じとっています。しからずに、できるだけ自由にさせましょう。防水のエプロンをつけたり、いすの下に新聞紙を敷くなど、ママの負担を少なくする工夫をしながら、大らかな気持ちで見守って。ただし、食事の時間がダラダラと続かないように、ある程度させたら、時間を区切って片づけましょう。

Q 最近、うんちがかたくなってコロコロに。どうしたらいい?(7カ月)

A 水分をしっかりとるように意識して

2回食になって母乳やミルクの量が減ると、水分が不足して便秘になることも。湯冷ましや麦茶などを与えて、水分をとらせましょう。腸内環境の状態を改善するために、乳酸菌などの善玉菌を含むヨーグルトや、腸で善玉菌のエサになるオリゴ糖などを与えるのもよいでしょう。果物や野菜、いも類などで、食物繊維を意識してとり入れるのもおすすめです。また、離乳食の内容のほかに重要なのが生活リズム。起床や就寝、食事の時間をととのえると、うんちのリズムもよくなります。

Q 前歯が生えてきました。離乳食のかたさを増したほうがいい?(8カ月)

A 急にかたくするのはNG、ゆっくりステップアップを

前歯は食べ物をかじりとったり、かみ切ったりするためのもの。前歯が生えたからといって、かむ力がついたということではないのです。離乳食を食べる経験を積むなかで、だんだんとかむための口の動かし方を覚え、食べ物のかたさや大きさに合ったかみ方ができるようになっていきます。急にかたくするのではなく、目安を参考にしながらゆっくりステップアップしていきましょう。モグモグ期は、舌と上あごでつぶして食べる時期。指で簡単につぶせる豆腐くらいのやわらかさが目安です。

column

離乳食にはちみつや黒砂糖がNGなのはなぜ?

乳児ボツリヌス症予防のため、1才未満の乳児にははちみつを与えてはいけません。ボツリヌス菌が混入している可能性があるからです。普通の細菌は十分に加熱すれば死滅しますが、ボツリヌス菌は100度でも死なないのです。黒砂糖にはボツリヌス菌の報告はありませんが、製造過程で混入する恐れがあるので、1才までは使用しないほうが安心。

column ①

フリージング&解凍のキホン

離乳食は毎回イチから作るより、まとめて下ごしらえ&小分け冷凍が効率的！　おいしく冷凍保存→解凍・加熱するキホンを紹介します。

フリージング6つのルール

Rule 1 食材が新鮮なうちに調理する

食材は鮮度が落ちれば味も落ちるし、味が落ちたものを冷凍しても、おいしい離乳食は作れません。新鮮なものを選んで、なるべく買ったその日に、味がよく栄養価が高い状態で冷凍します。

Rule 2 すぐ食べられるように加熱調理する

冷凍庫から出してチン♪してすぐ食べられるのが、フリージングのメリット。食材はすべて食べやすい形状に下ごしらえしてから、冷凍しましょう。加熱した食材は、必ず冷ましてから冷凍すること。湯げが出ていると凍って霜になり、味が落ちるうえ、庫内の温度が上がってほかの食品が傷む原因になります。

冷ましてから
小分けする

Rule 3 霜を防ぐにはしっかり密閉する

冷凍の大敵はズバリ、空気。袋に空気が入ると、食材の水分が抜けて乾燥したり、酸化したりして、味が落ちてしまいます。平らにして空気を抜きにくいときは、ストローで吸うと密閉状態に。

ストローで
吸うと万全！

Rule 4 離乳食の冷凍は1週間で使い切る

冷凍すると冷蔵より長期保存ができるとはいえ、少しずつ劣化は進みます。味に敏感で抵抗力も弱い赤ちゃんに食べさせるので、冷凍保存は1週間以内に。日付を書くと使い忘れを防げます。

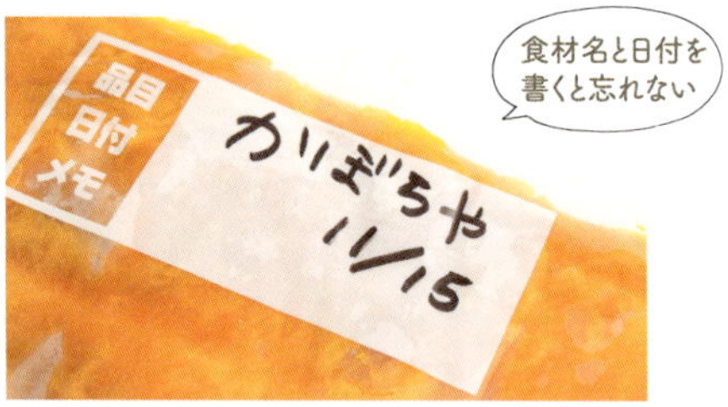
食材名と日付を
書くと忘れない
品目
日付
メモ
かぼちゃ
11/15

Rule 5 食べさせるときは再加熱する

加熱調理してフリージングしても、冷凍中に雑菌が繁殖しないとは限りません。再度、加熱してから食べさせるのが安心。凍った状態から、電子レンジで一気に解凍→加熱すれば簡単です。

解凍と加熱を
同時に！

Rule 6 安全第一だから調理器具は清潔に

細菌は冷凍しても死滅するわけではありません。食材の下ごしらえをするときは、手や調理器具をよく洗って清潔に。細菌が繁殖しやすいまな板や包丁、スポンジは、熱湯をかけて消毒しましょう。

熱湯を
かければOK

アイテム別 小分け冷凍のキホン

ジッパーつきだと開閉がラク フリーザーバッグ

ゴックン期は筋をつけて1回分を小分け

ゴックン期のおかゆやかぼちゃ、いも類は、フリーザーバッグに平らに入れ、菜箸で筋をつけて冷凍がおすすめ。凍ったら1回分を折って出せます。

食材を直接入れて、好きな分量ずつ出す

ゆでて刻んだ野菜、ほぐした魚、ひき肉などは、よく水けをきってフリーザーバッグに入れて冷凍を。凍ったらもみほぐすと、パラパラになります。

ラップで包んだ食材も袋で保存がベター

ラップは目には見えない穴があり、空気を通します。そのため、ラップで包んだ食材も、さらにフリーザーバッグに入れると劣化を防げます。

製氷皿の食材が凍ったら、袋に移して保存

製氷皿で凍らせただしやスープ、おかゆ、うどんなどは、凍ったらとり出し、フリーザーバッグに移して。劣化を防げるし、毎回のとり出しがラク！

ふたつきが保存に便利！ 製氷皿

しっかりタイプ

だしや野菜ピューレを少量ずつキューブ状に

だしやスープ、ゴックン期のトロトロ食材を小分けするのに最適。小さじ1、大さじ1など、容量をはかって冷凍すると使いやすいです。

やわらかタイプ

おかゆやめん類も底を押してラクにはずせる

薄くてやわらかいタイプの容器は、粘りがあって出しにくいおかゆや、うどん、そうめんなども、力いらずで底から押し出してとり出せます。

離乳食にはミニサイズを ラップ

どんな食材もぴっちり包める小分けの万能選手

液体状でなければなんでも小分けOK！ 少量の食材は、小さめのラップがおすすめ。食材をラップの中央におき、上下→左右の順に折ります。

「冷凍&電子レンジ可」を確認 小分け容器

1食分のおかゆなどをはかって小分けできる

おかゆなどの主食や、煮込みうどん、具だくさんスープなどを1食分ずつ冷凍したいときに。重ねやすい形で、冷凍&電子レンジOKのものを選んで。

100均でバリエが豊富♪ シリコンカップ

液体も固形もOK！ 形をくずさず保存できる

耐冷耐熱性にすぐれたシリコン製なので、フリージング&レンジ調理が得意！ ゆで野菜などの形もくずれません。保存は専用のふたつき容器が便利。

電子レンジ解凍 5つのルール

Rule 1 自然解凍でなく 凍ったまま加熱する

自然解凍すると霜がとけて水っぽくなり、かえって栄養やうまみが落ちることも。離乳食用のフリージング食材は少量なので、凍ったまま電子レンジにかけても数十秒～長くて3分ほど。一気に解凍・加熱するのがラクだし、おいしさも復活します。

Rule 2 ねっとりする食材は 水を足すとやわらかくなる

少量の食材を解凍・加熱すると、水分が蒸発してしまいがち。とくにねっとりしたおかゆや、かぼちゃ、いも類は、水少々を加えて加熱すると、しっとり仕上がります。だし、牛乳、トマトなど水分の多い野菜を加えてもかまいません。

Rule 3 ラップはふんわりかけて 空気の通り道を作る

フリージング食材は熱々に加熱することが大切。ただし、ラップで密閉された空気は加熱するとふくらみ、冷めるときに急激に縮むので注意！真空状態になるのを防ぐには、「ふんわりとラップをかけて、空気の通り道を作ること」がコツ。

蒸気が逃げていく
ラップをぴっちりかけすぎ！
加熱のしすぎ

小分け容器のときは…

ふたが電子レンジNGなら ふんわりラップをかけて

表示は「冷凍OK・電子レンジOK」でも、ふたは電子レンジNGの場合が。ふたをはずし、ラップをかけて。

ふたが電子レンジOKなら ふたを少し開けて

密閉すると「パン！」とはじけることがあるので、ふたを少し開けるか、少しずらして空気の通り道を作って。

Rule 4 加熱後にまぜて 熱々になっているか確認

電子レンジでは、均一に加熱するために「まぜる」ことも重要なポイント。食材の内側から熱くなるので、加熱が不十分だと、外側が冷たいことがあります。スプーンで全体をまぜて加熱ムラをなくし、再度、熱々になるまで加熱しましょう。

Rule 5 ラップをしたまま 蒸らすことで水分をキープ

加熱後は、人肌に冷まして食べさせます。ラップを表面にぴったりとつけて蒸らしながら冷ますと、水分が逃げず、やわらかい仕上がりに。腹ぺコで「待てな～い！」というときは、ラップの上に保冷剤をのせると急冷できます。

急ぐときは保冷剤をのせて

じょうずに解凍するのがフリージングのキモなのね

ママ★ラク 器にポン！レンジでチン！で　カンタン離乳食♪

冷凍庫の食材を器にポン！　と合わせて、電子レンジでチン！　して、あっという間に完成。フリージング離乳食は、ママの心強い助っ人です.

7倍がゆ50g

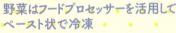

＋

かぼちゃ10g

それぞれ凍ったまま、耐熱容器へ。

→

器にポン！

水少々を足し、ラップをふんわりかけ、電子レンジで1分30秒〜2分加熱する。

レンジでチン！

→

かぼちゃがゆの完成！

スプーンでまぜてでき上がり。

ブロッコリー10g

＋

にんじん10g

＋

野菜キューブ1個

それぞれ凍ったまま、耐熱容器へ。

→

器にポン！

ラップをふんわりかけ、電子レンジで40秒〜1分加熱する。

レンジでチン！

→

野菜のスープ煮の完成！

スプーンでまぜてでき上がり。

私もフリージングに助けられています

シリコンカップに野菜煮とホワイトソースを小分け

お弁当用に使っていたシリコンカップが、離乳食にもぴったり。根菜の煮物や、ホワイトソースを小分けしています。カップごとレンジ解凍できるから、助かる！

上の2つをチンしてまぜ合わせるだけで、野菜のクリーム煮が完成。パンに合いますよ♪

宇治真弓ママ
陽《ひ》菜《な》子《こ》ちゃん（11カ月）

野菜のおかず2〜3種類とおかゆの冷凍を常備♪

野菜のペーストとみじん切りは、ハンドミキサー&フードプロセッサーが大活躍。2〜3種類作っておくと、単品も組み合わせもできるので便利です。

野菜としらすのあんかけがゆ、かぼちゃミルク、きな粉バナナ。甘い味が大好き！　きな粉はお気に入りアイテム。

奥山春香ママ
頼《らい》人《と》くん（8カ月）

野菜はフードプロセッサーを活用してペースト状で冷凍

2才の上の子がいて、離乳食をゆっくり作れない！　フードプロセッサーのおかげで野菜をつぶす重労働から解放されました。にんじん、ほうれんそうなどをペーストに。

子どもなりに好みがあるらしく、かぼちゃは苦手みたい。この日はほうれんそうと、野菜ジュース入りさつまいも。

勝吉しおりママ
湊《みな》大《と》くん（5カ月）

3回食になり、
離乳食が栄養の
メインに！

カミカミ期（9～11カ月ごろ）の進め方

離乳食は1日3回へ。いろいろな食べ物を見て、さわって、味わって、赤ちゃんの食の世界は一段と大きく広がります。

カミカミ期 前半

歯ぐきでラクにつぶせるかたさの離乳食で、そしゃく力を育てていきましょう！

3回食にステップアップ！ 栄養バランスにも気をつけて

カミカミ期になると、いよいよ離乳食は3回食へ。決まった時間帯に食べさせ、食生活のリズムをととのえていきましょう。おっぱい・ミルクを飲む量は減り、栄養のメインは離乳食にスイッチします。エネルギー源、ビタミン・ミネラル源、たんぱく質源の3つの栄養源を意識して献立を考えましょう。とくに9カ月以降になると、母乳に含まれる鉄分量がグンと減るため、おっぱい好きの赤ちゃんに鉄欠乏性貧血が見られます。赤ちゃん時代に3カ月以上貧血の状態が続くと、脳の発育にも悪影響が出るといわれています。大豆や卵、緑黄色野菜、ひじき、赤身の魚やレバーなど、鉄分豊富な食材を積極的にメニューにとり入れて。

好き嫌いの悩みも出てくるころですが、この時期の「嫌い」の多くは、食べづらさによるものです。繊維がかみ切りづらい葉物野菜や、パサパサしがちな肉や魚などは、とろみづけなどで食べやすく調理して。食べない食材があっても、ときどき食卓にのぼらせることも大切です。

つぶす力は弱いけれど 大人とほぼ同じかみ方に

口のまわりの筋肉が発達し、舌でつぶせない食べ物は左右に寄せて歯ぐきでつぶして食べるように。これは、大人のかみ方と同じです。ただし、つぶす力はまだまだ弱いので、急にかたくしすぎないように気をつけましょう。

また、大きめのものは前歯でかじりとり、ひと口量を覚えていきます。口につめ込みすぎて「おえっ！」となってしまうこともありますが、そうした経験をくり返して、赤ちゃんは学習していきます。ママはそばで見守ってあげて。

ステップアップの目安をチェック

□ **豆腐くらいのやわらかなかたまりを、口を動かして食べる**

急にかたくすると丸飲みの習慣がついてしまうので、口を動かして食べているかをよく観察して調整を。

□ **1食で、合わせて子ども茶わん軽く1杯くらいを食べている**

カミカミ期の食事量の目安は、主食とおかずを合わせて、子ども茶わん1杯程度です。

□ **バナナの薄切りを食べさせると、歯ぐきでつぶせる**

歯ぐきがかたくなり、完熟バナナのようなかたさなら、前歯でかみ切り、歯ぐきでつぶせるように。

口の動きは…？

舌は前後、上下に加えて左右にも動くように。舌でつぶせないものは、歯ぐきでつぶして食べます。歯ぐきでかめないと丸飲みしてしまうこともあるので注意。

どんなところで食べる？

手づかみ食べがしやすい、やや前傾した姿勢がとれるように、いすとテーブルの位置を調整します。足は床か足置き台について力が入る状態に。

カミカミ期（9〜11カ月ごろ）の進め方

丸飲みに注意して かたさを少しずつアップ

この時期のかたさのお手本は、指でつまんで軽く力を入れるとつぶれるバナナ。やわらかすぎると舌でつぶれ、かたすぎると歯ぐきでつぶせないため、どちらも丸飲みの原因になります。とくにモグモグ期からカミカミ期へとステップアップするときには、急激にかたさを増さないように気をつけましょう。左右どちらかのほっぺと唇ががモグモグと動いて、しっかりかんでいることを確認しながら、徐々にかたさ・大きさをアップしていきます。

また、食材によって、あらみじん切り、コロコロの角切り、薄切りなど、切り方にもバリエーションを持たせて。いろいろな形の食材を食べることが口の動きのトレーニングとなり、かむ力が育まれます。ほとんどのものが食べられるようになるので、大人の料理を薄味&やわらかめにして取り分けるのもおすすめです。離乳食作りがラクになるのはもちろん、汁もの、いためもの、煮物、おひたしなど、調理法にバラエティが出るのも魅力！

指でぐにゅっとつぶれる バナナくらいが目安

親指大のバナナが、前歯でひと口量をかじりとり、歯ぐきでつぶして食べるのに最適なかたさです。

やや深めのスプーンで、唇で食べ物をとり込むレッスンを

口のまわりの筋肉がよく動くようになり、上唇にも力がついてきます。今までよりも少しくぼみの深いスプーンに替えると、唇をとじて食べ物をとり込む力をつけるのに役立ちます。食べさせるときは、スプーンを下唇の上にそっと置いて、赤ちゃんが唇をとじて食べるのを待って。こぼれないようにと、スプーンを口の奥まで入れてしまうと、そしゃくの練習になりません。とくに、食欲旺盛で「もっと！」と欲しがる赤ちゃんには、スプーンから流し込むように食べてしまっている子が多いようです。しっかりかまないとそしゃく力が発達しないだけでなく、満腹感も得られません。よくかんで味わって食べられるよう、食べさせ方を見直してみましょう。

【よくかんでいるか ほっぺの動きをチェック！】

しっかりカミカミしているかな？

かんでいるほうのほっぺが動いていれば、歯ぐきでつぶして食べている証拠。口の中のものがなくなったら、次の1さじを。

口の奥までスプーンを入れない

スプーンは、前歯よりも奥に入れないことがポイント。奥までスプーンを入れると、食べ物を流し込むように食べてしまいます。

カミカミ期前半の飲み＆食べ タイムスケジュール例

いよいよ3回食に。食事と食事の間は4時間以上あくように設定しましょう。3回目の食事は、慣れるまでは量が少なめでもかまいません。

6:00
10:00
12:00
14:00
18:00
22:00
+
+
+
カミカミ期からOKになる新しい食材を食べさせるときは、ここで。1さじから慣らします。
食べ慣れたものを中心にメニューを考えて。量は1回目の1/3〜1/2くらいから徐々にふやします。
家族といっしょに食卓を囲めば、ベビーもご機嫌！ ただし、夜遅くならないように注意。

【 かたさ・大きさの目安をチェック！ 】

後半

やわらかくゆでたにんじんは、7㎜角くらいの角切りに。5〜6㎜厚さのいちょう切りもおすすめ。主食になるごはんは、軟飯が目安です。

前半

やわらかくゆでたにんじんを、4㎜角くらいの角切りに。薄いいちょう切りに切っても◎。主食となるごはんは、4倍がゆが目安です。

カミカミ期 後半

離乳食の時間を大人と同じ朝、昼、夕にして、家族でいっしょに食卓を囲んで。

手づかみ食べを十分にさせて食べる意欲を育てましょう

手指が発達し、指先がセンサーとなって食べ物の温度やかたさを感じとるように。食べ物に興味を持って、ぐちゃぐちゃにかき回したり、つかんで床に落としたりと、ママにとってはちょっぴり困る「遊び食べ」も盛んになるころです。ママは大変ですが、赤ちゃんにとっては大事な学習。手でさわり、こねたり落としたりすることで、食べ物を「どうしたら自分で食べられるか」研究しているのです。ある程度は赤ちゃんの自由にさせてあげて。食事いすの下に新聞紙などを敷いて、食べこぼしがママのストレスにならないように工夫しましょう。

手づかみ食べしやすいメニューをとり入れることも大切です。手づかみ食べは、目で見て、手でつかんで口に運ぶという、目と手と口の協調運動。ゆで野菜やパンなど、小さな手でも持ちやすいひと口サイズのメニューで、赤ちゃんの「自分で食べたい気持ち」を応援してあげて。

食べこぼし対策には、新聞紙や小さなレジャーシートが人気。食事いすの下に敷いておけば、ママのイライラが減ります。よその家に行くときも、あると安心。

カミカミ期後半の飲み＆食べタイムスケジュール例

3食を食べることに慣れてきたら、少しずつ食事の間隔をあけて、大人の食事リズムに近づけていきましょう。午後の食事の間に、おやつを加えてもOK。

20:00
18:00
15:00
13:00
9:00
6:00
+
+
+
3回目の離乳食は、家族で食卓を囲んで食べる楽しさを伝えましょう。
夜の離乳食までもたなければ、おにぎりやバナナなど、エネルギー源になるものをおやつとして与えて。
午前中にたっぷり遊んだら、お昼ごはんです。
朝の離乳食タイムを少し早め、9時ごろに。「早寝早起き朝ごはん」の習慣をつくっていきましょう。

＼ 3回食にすっかり慣れたら、／

こんな献立がおすすめ

食事のボリュームもふえ、形状も大人にまた一歩近づきました。手づかみ食べメニューも1品用意できると◎！

軟飯

［作り方］

軟飯（P.22参照）80gを器に盛る。

豆腐と鶏ひき肉のハンバーグ

［材料］

豆腐…10g（2㎝角1個）
鶏ひき肉…15g
塩…少々
かたくり粉…少々
植物油…少々

［作り方］

1 ボウルにすべての材料を入れてよくまぜ合わせ、薄い小判形に成形する。
2 フライパンに油を熱して1を入れ、両面色よく焼く。

かぼちゃとわかめのみそ汁

［材料］

かぼちゃ…30g（3㎝角1個）
乾燥わかめ…少々
だし…1/4カップ
みそ…小さじ1/4弱

［作り方］

1 かぼちゃは皮とわたと種を除き、サイコロ状に切る。わかめは水でもどし、水けをきってこまかく刻む。
2 鍋にかぼちゃ、だしを入れて中火で煮て、かぼちゃがやわらかくなったらわかめを加え、みそをとき入れてひと煮する。

大人ごはんからの取り分けを活用するとラク

朝昼夕の食事リズムができ、家族と同じタイミングで食事をとれるようになります。青背魚や赤身肉なども食べられるようになり、大人のごはんを赤ちゃん用に取り分ける「取り分け離乳食」が便利になるころです。主菜、副菜から取り分け、味を薄めたり、小さく切ったりして赤ちゃん向けにアレンジしましょう。一汁二菜という理想的な献立バランスも作りやすくなり、ママの離乳食作りの手間もグンと軽減されます。

また、赤ちゃんにとっては「大好きなママ、パパと同じものを食べている！」ということが、大きな喜び。あちこちに興味が散りがちな時期ですが、家族と食卓を囲むことで、集中して食べることができるように。「おいしいね」「これは何かな？」などと声をかけながら、家族団らんの食卓を楽しみましょう。

ステップアップアドバイス

コップの練習をして、パクパク期に備えましょう

1才を過ぎたら哺乳びんは卒業し、コップで牛乳を飲めるようにしたいもの。そろそろ練習を始めましょう。赤ちゃんの口のカーブに合った小さめのおちょこなどでレッスンスタート。ママが手を添えてあげながら、上唇に水がふれるようにコップを傾けると、唇で口に入る水の量をコントロールすることを覚え、だんだん上達していきます。

ビタミン・ミネラル源食品グループ

カミカミ期におすすめの食材で実物大

1回分の目安量

1回の離乳食で、それぞれのグループから1種類を食べたときの目安量です。同じグループから2つ以上組み合わせるときは、半量ずつにするなど調整を。

野菜

カミカミ期前半は野菜や海藻で20g＋果物10g、後半は野菜や海藻で30g＋果物10gが目安。緑黄色野菜をしっかりとりましょう。

小松菜 30g

やわらかい葉だけでなく、茎まで食べられるように。アクが少なく、ほうれんそうが苦手な子でも食べやすい青菜です。カルシウムの含有量は、野菜のなかでもトップクラス！

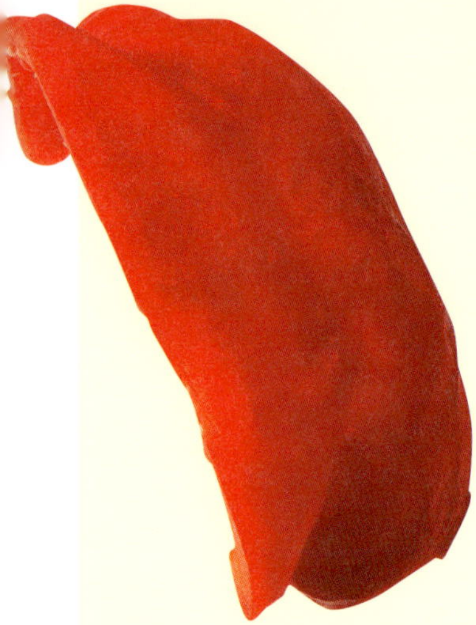

パプリカ 30g

鮮やかな赤や黄色が赤ちゃんの好奇心を刺激！ビタミンCが豊富で、肉厚で甘みが強いので、離乳食にも使いやすい野菜です。湯むきして皮を除いて調理して。

にんじん 30g

直径3.5cm、1cm厚さくらいの輪切り1枚が目安。皮の近くに栄養があるので、なるべく皮は薄めにむいて。にんじんのような根菜は、水からゆでるのが基本です。

なす 30g

火を通すとトロッとやわらかく、甘みが増します。大人は皮のまま調理することが多いですが、1才前までは皮をむいて。クタクタにやわらかく煮る場合は、皮つきでもOKです。

海藻

体の調子をととのえてくれるミネラルが豊富。保存もきく乾燥ひじきや乾燥わかめなどは、手軽に栄養をプラスできるお役立ち食材です。

ひじき 5g（大さじ1）

カルシウムや鉄分、食物繊維が豊富。水でもどすとやわらかくなり、煮物やいため物に活躍。大豆や鶏肉など、良質なタンパク質といっしょに料理すると、栄養の吸収率が高まります。

果物

ビタミン類が豊富に含まれますが、糖分も多いため、与えすぎに注意。モグモグ期と同じく、1回の目安量は10gです。

みかん 10g

薄皮をむけば、そのまま手づかみで食べられます。はじめて与えるときは、加熱してからのほうが安心。慣れてきたら、加熱せずに与えても。

たんぱく質源食品グループ

魚

鮭や赤身のかつお、まぐろなどに慣れたら、カミカミ期からは青背魚もプラスしていきましょう。1回の目安量は15gです。

たら 15g

クセがなく調理しやすい白身魚ですが、アレルギーの心配があるため、白身の中では例外的に9カ月以降からOKに。甘塩ではなく、生を使いましょう。

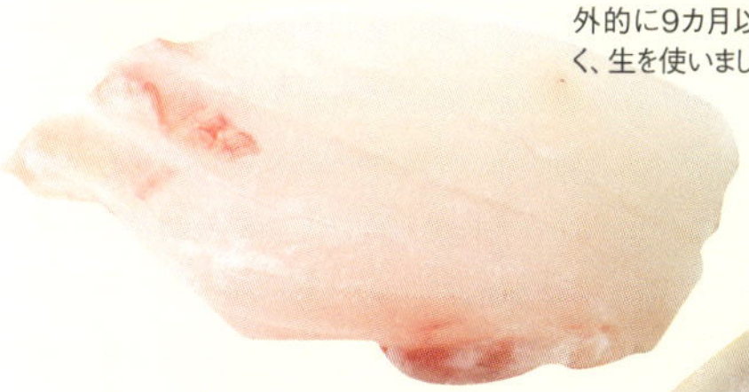

あじ 15g

あじやいわしなどの青背魚にもチャレンジしましょう。EPAやDHAなど、脳の働きを高める栄養素も豊富。小骨が多いので、よく注意してとり除いてから与えます。

大豆製品

たんぱく質は、鉄分の吸収を高める効果も。消化吸収にもすぐれた大豆製品は、カミカミ期以降、とくに意識してとり入れたい食品。

木綿豆腐 45g

絹ごし豆腐より水分が少なく、ギュッとつまった食感。コロコロ状にカットしてフライパンでソテーすれば、この時期にぴったりの手づかみ食べの1品が簡単に。

納豆

15g強(大さじこんもり1)

刻まず、そのままでも食べられるように。独特のねばりで、ほかの食材によくからみます。ねばねばが苦手な子は、納豆チャーハンなど火を通したメニューがおすすめです。

乳製品

牛乳を発酵させたヨーグルトやチーズは、発酵の働きでたんぱく質やカルシウムがより吸収されやすく変化。プレーンヨーグルトなら80gが目安。

プロセスチーズ 12g

手軽にコクとうまみがプラスでき、離乳食の味つけにも活躍。ただし、脂肪分や塩分が多いので、食べすぎに注意しましょう。ピザ用のチーズなら、大さじ1くらいが目安です。

卵

良質なたんぱく質のほか、ビタミンやミネラルもバランスよく含まれた栄養の宝庫です。

卵 全卵1/2個

全卵1/2個まで食べられるように。卵のまろやかな味わいとコクは、赤ちゃんも大好き。しっかり火を通して使いましょう。

肉

食べられる肉類の種類もグンとふえます。脂肪の少ない部位を選んで、いろいろな種類にトライしましょう。

鶏ひき肉 15g

鶏ひき肉のほか、鶏胸肉、もも肉も食べられます。いずれも1回の目安量は15gです。もも肉は皮を除き、ひき肉は皮なしの胸肉やささ身のものを。

レバー 15g

鉄分が豊富で、この時期からぜひ食べさせたい食材。鶏、牛、豚のどれでもOKですが、鶏レバーがやわらかくて扱いがラクです。

牛赤身ひき肉 15g

牛肉、豚肉ともに、赤身肉、赤身のひき肉が解禁！ まずは牛肉に慣れてから、豚肉にトライするのがおすすめです。

海の恵みたっぷりの お魚定食を召し上がれ

だしを吸ったにんじんとひじきの煮物をごはんにまぜて、滋味深いおいしさのまぜごはんに。あじの照り焼きは、かたくり粉をまぶして焼いて、つるんと食べやすい食感に仕上げます。

カミカミ期の（9～11カ月ごろ）献立レシピ

形状もボリュームもグンと大人に近づきました。さまざまなメニューで、味覚を育てましょう。

ひじきとにんじんのごはん

エネルギー　ビタミン・ミネラル

［材料］

ひじき…1g　にんじん…10g（2㎝角1個）　軟飯…70g（P.22参照）　だし…大さじ2　しょうゆ…小さじ1/4

［作り方］

1 ひじきは水でもどし、水けをしぼっておく。にんじんは皮をむいて5㎜角に刻む。
2 鍋に1、だし、しょうゆを入れ、中火でにんじんがやわらかくなるまで煮る。
3 ボウルに軟飯を入れ、2を加えてまぜる。

あじの照り焼き おいも添え

エネルギー　ビタミン・ミネラル　たんぱく質

［材料］

あじ…15g　さつまいも…20g
かたくり粉…少々　Aしょうゆ、みりん…各少々　植物油…少々

［作り方］

1 あじは皮と骨を除き、かたくり粉をまぶす。さつまいもはやわらかくゆでて、小さめのいちょう切りにする。
2 フライパンに油を熱し、1のあじを両面色よく焼き、Aを回し入れて味をからめる。器に盛り、1のさつまいもを添える。

トマトのおかかサラダ

ビタミン・ミネラル　たんぱく質

［材料］

トマト…20g（中1/8個）
かつおぶし…少々
しょうゆ…少々

［作り方］

1 トマトは湯むきして種を除き、1㎝角くらいに切る。
2 ボウルに1、かつおぶし、しょうゆを入れ、まぜる。

やさしい味で、食欲がない日にもおすすめ

鶏肉のうまみがじんわりしみわたる、あったかそうめん。副菜には、鉄分やカルシウムが豊富な小松菜を、なめらかな豆腐であえて。ごまの香りがきいています。

なすと鶏ひき肉のあんかけそうめん

エネルギー　ビタミン・ミネラル　たんぱく質

[材料]

なす…20g(中1/4個)　鶏ひき肉…10g　そうめん…20g　だし…1/2カップ　しょうゆ…少々　水どきかたくり粉…小さじ1/2

[作り方]

1. なすは皮をむき、5㎜角に切る。そうめんはゆでて、2㎝長さに切る。
2. 鍋にだしを沸かし、なす、鶏肉を加え、鶏肉に火が通ったらそうめんを加え、しょうゆで味をととのえ、水どきかたくり粉でとろみをつける。

小松菜の白あえ

ビタミン・ミネラル　たんぱく質

[材料]

小松菜…20g(中1/2株)　木綿豆腐…20g(1/8丁)
だし…小さじ1
しょうゆ…少々
すりごま…小さじ1/2

[作り方]

1. 小松菜はゆでて、水けをきってこまかく刻む。豆腐はさっとゆでる。
2. すり鉢で豆腐をなめらかにすりつぶし、だし、しょうゆ、すりごまを加えてまぜ、小松菜とあえる。

みかん

ビタミン・ミネラル

みかん2粒は薄皮をむき、器に盛る。

スティックトースト

エネルギー　卵　乳　小麦

[材料]

食パン(耳は除く)…25～35g

[作り方]

食パンは1cm幅、3cm長さに切って、トースターでこんがり焼く。

牛肉のトマト煮込み

ビタミン・ミネラル　たんぱく質

[材料]

牛もも薄切り肉…15g　トマト…10g　ブロッコリー…10g(小房1個)　ケチャップ…小さじ1/2　塩…少々　水どきかたくり粉…少々　植物油…少々

[作り方]

1. 牛肉は包丁の背でたたいてから、細切りにする。トマトは湯むきして種を除き、さいの目に切る。
2. ブロッコリーはあらく刻む。
   フライパンに油を熱し、牛肉を入れてサッといため、トマト、水大さじ2～3を加えてひと煮する。ケチャップ、ブロッコリーを加え、ブロッコリーに火が通ったら塩で味をととのえ、水どきかたくり粉でとろみをつける。

パプリカの粉チーズあえ

ビタミン・ミネラル　たんぱく質　乳

[材料]

パプリカ…20g(1/6個)
粉チーズ…小さじ1/2

[作り方]

1. パプリカは皮をむき、細切りにして、やわらかくゆでる。
2. 1を粉チーズであえる。

ハヤシ風の煮込みをパンにつけてどうぞ♡

コトコトうまみを引き出したごちそう煮込みに、手づかみで食べやすいこんがりトーストを添えて。彩りもきれいなパプリカのサラダは、ゆでて粉チーズとあえただけ。さっぱりジューシーで箸やすめにぴったりです。

※マークの見方　エネルギーはエネルギー源食品、ビタミン・ミネラルはビタミン・ミネラル源食品、たんぱく質はたんぱく質源食品の略で、材料に含まれる主な栄養素を示しています。
また、卵、乳(乳製品)、小麦(小麦粉)が含まれるものを明記しています。

リアルレポート

カミカミ期の離乳食シーンに密着!!

つかまり立ちや伝い歩きができるようになり、食事中に脱走したり、途中で遊びはじめてしまうことも。食事時間は長くなる傾向に。

最近の悩みは、食べる量が安定しないこと

はじめのころはおかゆが苦手で、好みの食材に偏りがあった息子。最近はめん類やパン、野菜、肉、魚、乳製品など、いろいろな食材を食べられるようになって、ひと安心しています。3回食になった最近の悩みは、そのときどきで食べる量が安定しないこと。また、1日3回の離乳食作りで、離乳食メニューがマンネリになってきていることです。食べやすいやわらかさでと思うと、似たようなメニューが続いてしまってレパートリー不足に。本やネットなどを活用して、新しいレシピにもチャレンジしています。

　最近では、手づかみで食べたがっている様子も見えるように。手づかみ用にとカットしたバナナを出してみましたが、持ちやすい大きさだと、口に入れるには大きすぎるみたい。手づかみ食べのメニューも研究しなきゃ！と思っています。

File 1

9カ月ベビー
離乳食をはじめて3カ月半

高橋 零《れい》くん
美樹ママ

DATA
【身長】72.2cm
【体重】8700g
【母乳】3回
【ミルク】4回（各100mℓ）
【離乳食】3回
（7時、12時、18時）
【歯の本数】8本
（上4本、下4本）

美樹ママのこだわりポイント

1 ブレンダーが大活躍です

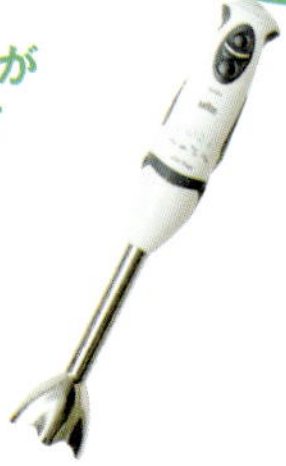

愛用しているのはブラウンのブレンダー。鍋にそのまま入れてつぶせるので、洗い物が少なくてすむのも◎。

2 お出かけ先でも重宝するカッティングマッシャー

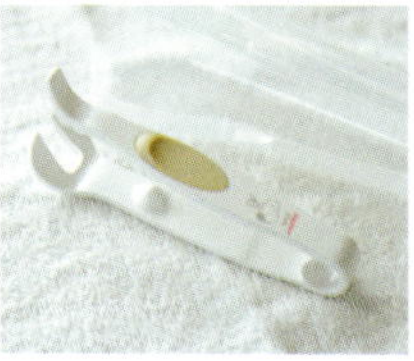

ゆでた野菜などを食べやすくつぶせるカッティングマッシャー。外出のときも必ず持っていきます。

12時のメニュー

Start

なすとそうめんのだし煮100g、かぶとひき肉の煮物50gと、デザートにバナナ1/2本を準備。和のあっさりメニューです。

ずっと愛用しているバウンサーで

離乳食をはじめたころから、ずっとこのバウンサーで食べさせていますが、そろそろ食事いすを用意するべきか悩み中。

あきてきた!

スタイをぐちゃぐちゃにしたり、バウンサーから出たいとアピールするように足をバタバタ……！

パパ登場！ たっちで再スタート

パパが助っ人に参上！ つかまり立ちの姿勢で気分が変わり、食べる意欲がアップしました。

Finish

30分後

「食べ切れないかな」と心配しましたが、途中の気分転換がよかったのか、たいらげてくれました。パパがいるほうが、離乳食がスムーズに進む気がします。

先生教えて!

バウンサーでは落ち着いて食べないことも。そろそろ食事いすに変えないとダメでしょうか？

A 足をついて踏ん張れる姿勢が大切

From 上田玲子先生

食べる姿勢はとても大切です。食べ物をかむときには足をつっぱるので、モグモグ期からは、背筋が伸びて、足を床や足置き台につけてぐっと力を入れられる姿勢で食事をさせましょう。ベビー用でも、足がブラブラしてしまういすは避けたいですね。

カミカミ期の離乳食シーンに密着!!

File 2

11カ月ベビー
離乳食をはじめて6カ月

平藤真愛《まな》ちゃん
千佳ママ

DATA
【身長】67cm 【体重】7000g
【母乳】5回 【ミルク】0回
【離乳食】3回
（7時、11時半、18時）
【歯の本数】7本
（上3本、下4本）

いろんな味を用意して離乳食を楽しい時間に

離乳食をはじめたころから少食タイプ。少しでも多く食べられるよう、食べやすいメニューを工夫するほか、離乳食の時間を楽しく演出することを心がけています。手づかみが大好きなので、ごはんはおにぎりにし、ひと口ハンバーグや野菜スティックなど、つかめるメニューを多めに用意。また、残してしまうこともあるけれど、品数をそろえることで、いろいろな味や栄養をとれるようにしています。見た目にも楽しく、少量ずつ味が変わるのであきずに食べられます。

また、テレビはつけず、ママが隣にすわって見守るのもわが家のルール。最近は、いっしょに食事をできるようになってきたのもうれしい成長です。大人がいっしょに食べると、娘のテンションも上がるようでご機嫌に。ごちそうさままでは時間がかかるけれど、娘の反応が見られて、親にとっても大切な時間になっています。

18時のメニュー

おにぎり100g、パンケーキ40g、豆腐と鶏肉のハンバーグ60g、ツナのブロッコリーあえ50g、にんじんスティック3本、コーンスープ30g。

手づかみ食べもじょうずです！

「いただきます」をしたら、さっそくおにぎりを手づかみ食べ。スープ類はママがスプーンで食べさせます。

落としたり、手でコネコネも

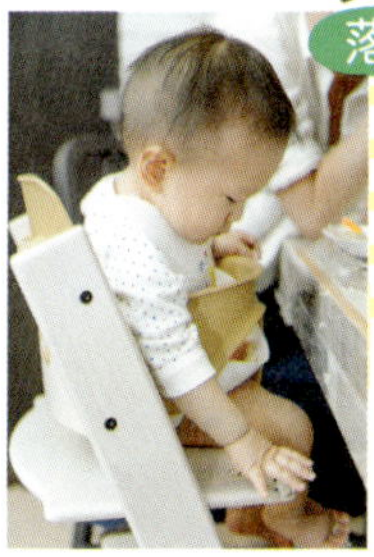

ある程度食べると、おにぎりを突然落としたり、お皿を手でぐちゃぐちゃしはじめました！

いったん休憩

まだ残っているけれど、機嫌が悪くなる前にいったん切り上げます。おむつを替え、おもちゃで遊んで気分転換。

もう一度テーブルへ

食べたそうなそぶりをするので、もう一度食卓へ戻って再開。

45分後

おにぎりやハンバーグは食べやすく、ほぼ完食。ご機嫌なうちに、野菜のあえものを食べさせておけばよかったかも！ でもだいたい食べられたから、よしとします。

千佳ママのこだわりポイント

1 100均グッズの便利アイテムで簡単おにぎり

100均グッズの「おにぎりメーカー」を使えば、手づかみサイズのおにぎりが手軽にできます。

2 野菜フレークが大活躍！

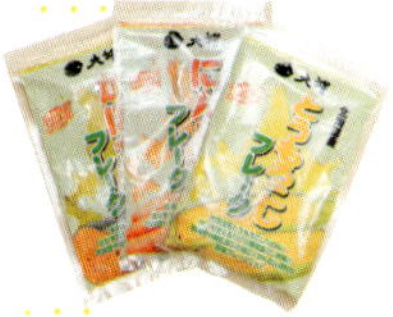

娘が大好きなコーンスープ作りには、缶詰のコーンクリームを使うより、フレークが便利。

3 フリージングにはコストコの保存袋

ハンバーグやホットケーキなどの完成品もフリージング。コストコの大きな保存袋が便利です。

先生教えて！

食事を中断して、おむつ替えや休憩をすることがあります。これって、あまりよくない？

A 気分がすっきりすると、食欲も回復

From 上田玲子先生

赤ちゃんは食べるとすぐにうんちをしたくなるもの。離乳食の途中でおむつを替えるのは手間がかかりますが、すっきりすれば食べる意欲は増すはず。ごちそうさままで時間がかかることもありますが、気分転換をまじえて完食を目指すのもアリですよ。

離乳食の「こんなとき、どうする?」Q&A

カミカミ期（9〜11カ月ごろ）

Q 食欲旺盛で、かまずにどんどん飲み込んじゃう！（9カ月）

A 離乳食の形状を見直しましょう

かまない原因として、スプーンの与え方と形状の問題が考えられます。スプーンは下唇に置き、上唇がおりてきたら引き抜いて、赤ちゃんが自分で食べ物をとり込むように気をつけて。形状の問題は3通り。まず、かたくて歯ぐきでつぶせないとき。食欲があれば丸飲みしてしまいます。反対にやわらかすぎても、舌でラクにつぶせるため、歯ぐきでかむ必要はありません。もうひとつは、とろみづけのしすぎ。かまなくてもつるんと入ってしまいます。食べる様子を観察して原因を見つけ、形状を見直しましょう。

Q おっぱい大好きで、離乳食を全く食べない日も（10カ月）

A 鉄欠乏性の貧血が心配！3回の食事を大切にして

10カ月であれば、もう母乳だけでは栄養不足。母乳に含まれるたんぱく質と鉄分が減っているため、鉄欠乏性の貧血が心配です。おっぱいの回数が多く、体重がふえていたとしても安心してはダメ。離乳食をしっかり食べられるよう、食事のタイミング、メニューの内容を見直しましょう。その子の好むかたさ・大きさに調理し、少し味つけをするなどして変化をつけてみてもいいですね。ママもいっしょに食卓について、楽しい雰囲気づくりで赤ちゃんの食べる意欲をサポートして。

Q 離乳食の時間に寝てしまうことが。起こして食べさせるべき？（9カ月）

A 起きたら食べさせ、次の食事を少し遅らせて

3回食になると、お昼寝にぶつかってタイミングを逃してしまうケースがよく見られます。寝てしまった場合は、起こさなくてOK。起きたら食べさせ、次の離乳食タイムは少し遅らせましょう。眠そうなときは、パンなどすぐに出せる手づかみアイテムを利用するのも手。主食だけを食べて寝てしまっても、ほかの食事でバランスをとればいいのです。ただ、いつも昼寝と重なるようなら、時間の設定を見直して。

Q 忙しいときは、3食作るのが大変です……！（9カ月）

A フリージングや大人からの取り分けを活用して

よく使う野菜は、時間のあるときに下ごしらえをし、冷凍保存しておくと便利です。また、9カ月以降になると食べられる食材もぐんとふえるので、大人のごはんからの取り分けもしやすくなります。ママ・パパのごはんを味つけ前に取り分けるか、倍以上薄めて赤ちゃん用に。

Q 歯が生えてこなくても、目安どおりに進めていい？（10カ月）

A 歯ぐきでつぶせるかたさに調理しましょう

歯の生える時期には個人差があります。歯が生えていない子でも、赤ちゃんの様子を見ながら、徐々にかたさを増していきましょう。カミカミ期の目安は、完熟バナナ程度のやわらかさ。歯が生えていなくても、歯ぐきでつぶして食べるので大丈夫です。

離乳食の「こんなとき、どうする？」Q&A

Q 青魚を食べさせてもいい時期ですが、アレルギーが気になります（9カ月）

A 新鮮なものなら心配ありません

いわしやさんま、あじなどの青背魚が9カ月からOKとされるのは、実はアレルギーの心配からではなく、赤ちゃんの体に負担をかける脂質が多いためです。魚の油には、脳の働きよくするDHAやEPAが豊富に含まれています。消化吸収能力が発達する9カ月ごろからは、積極的にとり入れましょう。ただし、魚の油は酸化しやすいのが欠点。新鮮なものを選び、買ったその日に手早く調理しましょう。

Q 手づかみ食べをさせると、食卓が汚れて大変です（10カ月）

A スティック野菜やパンなど、こぼれにくいものでもOK

手づかみ食べをすると、食べる意欲が育ち、食器やスプーンをじょうずに使うことにもつながります。赤ちゃんにとっては大切な学習。ゆで野菜のスティックやパンなど、握ってもベタベタしにくく、こぼれにくいものなら、ママの大変さも軽減されます。1品を簡単な手づかみメニューにし、思う存分練習させて。あとはママがスプーンで食べさせてあげてもOKです。また、防水マットや、いすの下に新聞紙を敷くなど、あと片づけをラクにする対策もとり入れて。

Q 食事中にいすから立ち上がって危険。集中して食べません（11カ月）

A ローテーブルにつかまり立ちで食べさせても

赤ちゃんが集中できる時間は短いもの。少し食べると、別のことに興味をひかれて立ち上がったり、脱走しようとする子も多いですね。食事いすを嫌がる場合は、たっちで食べさせてもかまいません。ただし、ふらふら移動したがる赤ちゃんを追いかけて食べさせようとしてはダメ。さらに動き回って、完全な遊びになってしまいます。「食べようね」と根気よく声をかけ、テーブルに戻ってきたら食べさせる習慣が大切です。また、20～30分しても食べないようなら、すっぱりと片づけましょう。

Q 離乳食もミルクもたっぷり。肥満の心配はない？（10カ月）

A 成長曲線に沿っているなら心配ありません

母子健康手帳にある成長曲線に沿って体重がふえているなら大丈夫。ビッグな赤ちゃんでも、将来生活習慣病につながる悪性肥満になる心配はまずありません。離乳食は赤ちゃんの食欲にまかせるのが基本です。赤ちゃんにダイエットは必要ありません。「栄養バランスがよく、たんぱく質は多すぎず、野菜がたっぷりとれるメニュー」を心がけて。ただし、急激にグンと体重がふえているなら、保健センターや医療機関に相談して。また、糖分の多い果汁を哺乳びんでどんどん飲ませるようなことはやめましょう。

column

頭がよくなる食材があるってホント？

栄養素は複合的に組み合わさって強化されるもの。炭水化物、たんぱく質、脂質、ビタミン、ミネラルという5大栄養素をバランスよくとることが大切です。そのうえで、9カ月以降には、脳の機能をアップする育脳食材を。脳の働きをよくするDHAやEPAが多い青背魚や、鉄分が豊富な赤身肉や緑黄色野菜、大豆製品などを積極的に食べさせて。

column 2

1才ごろからおやつデビュー！
赤ちゃんにもおやつって必要なの？

食事の時間が大人に近づいてきたら、おやつをプラス。栄養を補うための「第4の食事」と考え、甘いものに偏らないように注意して。

3回の食事でとり切れない栄養を、おやつで補います

はいはいやあんよでよく動くようになると、赤ちゃんはたくさんのエネルギーや栄養素を必要とするように。でも、赤ちゃんの胃腸は小さくて一度にたくさんの量を食べ切れません。そこで、3度の食事で足りない栄養を、おやつで補う必要が出てくるのです。

日中の授乳もあるカミカミ期はまだ与える必要性はないので「プレおやつ」として少量をたまに。パクパク期から1日1～2回のおやつをはじめます。赤ちゃんにとっては「お楽しみ」ではなく、「第4の食事」。栄養になるメニューを心がけましょう。ダラダラ食べないように、しっかり時間と量を決めることも大切。

あげるときの目安量

成長に合わせ、おやつの適量は変わります。目安を参考に、食事に響かないよう調整を。

カミカミ期 9～11カ月ごろ おやつは1回以下

ビスケットなら

or

バナナなら

ベビー用のビスケットなら6枚48kcal＋麦茶が目安。ベビーフードのおやつは甘さもひかえめで、食べやすいかたさに工夫されています。バナナなら1/2本43kcal＋麦茶が目安です。

パクパク期 1才～1才6カ月ごろ おやつは2回

1回目

男の子なら　1日150kcal以下が目安

ビスケット5枚40kcal＋牛乳100mℓで、合わせて107kcalに。1回目のおやつは、朝食と昼食の間の10時くらいがおすすめ。

女の子なら　1日90kcal以下が目安

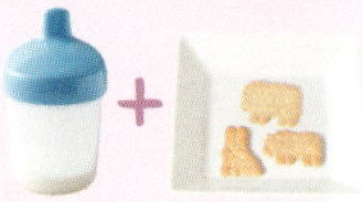

ビスケット3枚24kcal＋牛乳100mℓで、合わせて91kcalに。一般的に、女の子は男の子よりも量が少なめですが、体格や運動量にあわせて加減して。

2回目

男の子も女の子も、バナナ1/2本43kcal＋麦茶が目安。2回目のおやつは、昼食と夕食の間の15時ごろに設定しましょう。

パクパク期 市販おやつの上限量

市販のおやつの食べられる量を写真で示しました。目安は1日50kcal。合わせる飲み物は麦茶や白湯などにしましょう。

カステラ

1/2

1/2切れまでならOK。のどにつまらせないよう、水分といっしょに与えましょう。

チョコチップクッキー

1枚で約50kcal。1日1枚までに。少量で高エネルギーなので、あげすぎないように。

ベビーフードの赤ちゃんせんべい

7枚で50kcal。カルシウム入りや野菜をプラスしたものなども。薄味なのも安心。

プリン

1/4

約1/4個で50kcal。口あたりがやわらかく、ベビーが好む味ですがあげすぎには注意。

ポテトチップス

9gで50kcal。塩分、脂肪分が多いのが特徴。食べ過ぎると肥満の原因にも。

ベビーフードのたまごボーロ

13gで約50kcal。口の中でとける食感が人気。ただし卵アレルギーのベビーにはNGです。

カンタン手作りおやつレシピ

パクパク期
1才～1才6カ月
エネルギー
ビタミン・ミネラル
たんぱく質
1回分
40kcal
小麦
乳

ふんわりもちもちの蒸しパンが3分で完成!

にんじんのレンジ蒸しパン

[材料]

ホットケーキミックス…1/2カップ　牛乳…1/4カップ　にんじんすりおろし…大さじ1
砂糖…小さじ1
植物油…小さじ1/2

[作り方]

1. ボウルに、ホットケーキミックス、牛乳、にんじん、砂糖、植物油を加えてまぜる。
2. 製菓用カップか耐熱容器に入れ、電子レンジで2分程度加熱する(蒸し器なら15分)。

カミカミ期
9～11カ月
エネルギー
たんぱく質
1回分
47kcal
小麦
卵
乳

外はカリッと、中はフワフワの幸せ食感

パンのヨーグルト焼き

[材料]

ロールパン…1/4個(15g)
A プレーンヨーグルト…大さじ1
牛乳…大さじ1
砂糖…小さじ1

[作り方]

ロールパンは薄切りにして耐熱皿に入れ、よくまぜ合わせたAをかけ、オーブントースターで2～3分焼く。

パクパク期
1才～1才6カ月
エネルギー
たんぱく質
1回分
47kcal
乳

濃厚チーズのうまみをからめて

ポテトのチーズ焼き

[材料]

じゃがいも…1/4個(30g)
スライスチーズ…1/3枚(7g)
植物油…小さじ1/3

[作り方]

1. じゃがいもは皮をむいて7～8㎜厚さの食べやすい大きさに切って水にさらす。
2. フライパンに油を引き、水けをふいたじゃがいもを入れ、両面が薄いきつね色になるまで焼く。
3. 2にチーズをのせ、水少々を落としてふたをし、チーズがとろけるまで蒸し焼きにする。

カミカミ期
9～11カ月
エネルギー
ビタミン・ミネラル
1回分
44kcal

とろっとしていて、食べさせやすい

りんごのくず湯

[材料]

りんごのすりおろし…1/8個分
水どきかたくり粉…小さじ2

[作り方]

鍋に水1/4カップを沸かして水どきかたくり粉を加え、とろみがついたらりんごを加えてひと煮する。

※マークの見方　エネルギーはエネルギー源食品、ビタミン・ミネラルはビタミン・ミネラル源食品、たんぱく質はたんぱく質源食品の略で、材料に含まれる主な栄養素を示しています。
また、卵、乳(乳製品)、小麦(小麦粉)が含まれるものを明記しています。

自分で食べる意欲を伸ばしていきましょう

パクパク期（1才〜1才6カ月ごろ）の進め方

卒乳するベビーも多く、離乳食のゴールも目前！　食材の種類や調理法の幅を広げて、いろいろなものをバランスよく食べさせて。

パクパク期 前半

離乳食卒業に向けて、自分で食べる意欲をさらに伸ばしていきましょう！

3食＋おやつの時間を決め、メリハリのある生活を

1日3回の離乳食がすっかり定着し、大人と同じ食事リズムへと移行するころです。朝、昼、晩と決まった時間に食事をとるように心がけましょう。食事のリズムがきちんと整うと、昼寝やおふろなどの時間も自然に定まり、メリハリのある生活リズムの土台に。朝ごはんをしっかり食べて午前中から元気いっぱいに活動できれば、夜はぐっすり眠れて、早寝早起きの習慣づくりにも一役買います。

パクパク期以降の赤ちゃんは、たくさんのエネルギーを必要としますが、一度に食べられる量はそれほど多くありません。足りない栄養は、おやつで補いましょう。この時期のおやつは、楽しみや息抜きのためのものではなく、栄養を補うための補食、いわば第4の食事です。すぐにエネルギーとなるパンやごはん、うどんなどの炭水化物を中心に、食事とのバランスを考えて、栄養となるものを与えましょう。おやつの時間もしっかりと決め、ダラダラ食べで食事に響かないように注意して。

いろいろな食感のメニューでかむ力を育てていきます

口の動きは安定して自由自在になりますが、かむ力はまだ不十分。発達に合ったかたさ・大きさの離乳食で、かむ練習をしていきましょう。さらに食べ物をおいしく、じょうずに食べるためには、かみつぶす力に加えて調整力が必要です。ふわふわ、もちもち、カリカリなど、いろいろな食感を体験することで、食べ物の形態に合わせてかみ方を調整する力が身につきます。やわらかめの肉だんごや、大きめにカットしたゆで野菜など、歯ぐきでかめるかたさのメニューでそしゃくを促して。

ステップアップの目安をチェック

- □ **朝昼夕の3食をしっかり食べている**

毎日決まった時間に食事をすることで、消化酵素が出て体内リズムができ、規則正しい生活に。

- □ **自分で手づかみして食べている**

手づかみ食べは、目と手と口の協調運動。脳の発達の証しでもあります。積極的に手づかみメニューを。

- □ **肉だんごくらいのかたさのものを、歯ぐきでつぶして食べられる**

つなぎが多めのやわらかな肉だんごがかたさの目安です。歯ぐきでかめるかたさに調理しましょう。

口の動きは…？

表情が豊かになって口のまわりの筋肉も発達し、自由自在に動くように。ただ、奥歯はまだ生えそろわないので、肉だんごくらいのかたさが精いっぱい。

どんなところで食べる？

足が足置き台などにしっかりつく姿勢で、まっすぐに座らせます。ひじがテーブルにつく位置に高さを調節し、赤ちゃんが自分で食べやすい状態に。

手づかみ食べを積極的にとり入れて

赤ちゃんが自分で食べられる、手づかみ食べを多くとり入れましょう。かたさの目安は、スプーンで押すとつぶれるやわらかめの肉だんご。前歯でかじりとれるように、平べったい形がおすすめです。スプーンにも興味を示すようなら、持たせて。一度につめ込みすぎてむせたり、うまく口に運べずにこぼすこともありますが、それもすべて学習です。手づかみ食べをたっぷり経験することで、だんだんと自分のひと口量を覚え、スプーンもじょうずに使えるようになっていきます。ママは赤ちゃんの「食べたい気持ち」を大切に見守りながら、タイミングを見てスプーンを口に運んであげる程度に。

食べ物を握ってつぶしたり、投げたり、口に入れたものを出して確認したり、赤ちゃんの好奇心がママにとっては困った形であらわれることも。でも、これも赤ちゃんが自分で食べることができるようになるための大切なステップ。できるだけ自由にやらせてあげましょう。

軽く力を入れるとつぶれる平べったい肉だんごがお手本

厚みの少ない肉だんごくらいのかたさが、歯ぐきでかみやすくて◎。手づかみしやすいスティック状やサイコロ状でも。

食後のミルクは減らし、牛乳にスイッチしましょう

必要な栄養の大半、約8割を離乳食からとるようになります。食後のおっぱい、ミルクはあまり飲まなくなりますが、それは自然なこと。徐々に減らしていきましょう。その分、1才を過ぎたら飲んでもOKになる牛乳に切り替えて。1日あたりの目安量は300～400㎖。食後やおやつのときなどに、コップで飲ませましょう。哺乳びんはそろそろ卒業です。

また、1才を過ぎても味つけは薄味を守りましょう。大人ごはんからの取り分けもしやすくなりますが、そのままの味つけでは濃すぎます。濃い味を覚えると、薄味では物足りなくなってしまいます。将来の生活習慣病予防のためにも、素材の味を生かした薄味を守って。

【手づかみ食べでひと口量を覚えます】

よくかんで食べているかチェックして

かむ力をつけたい時期。唇が左右非対称に動いて、奥の歯ぐきでかみつぶして食べているかを確認しましょう。

自分で持ちやすい大きさのメニューを

おにぎりや、長さ5cmくらいのスティックきゅうり、サンドイッチなどが、この時期の手づかみ食べにぴったりです。

パクパク期前半の飲み&食べタイムスケジュール例

「1日3食＋おやつを1～2回」を定着させ、決まった時間に食事を。一番のポイントは、朝食を7時か8時くらいまでに食べさせることです。

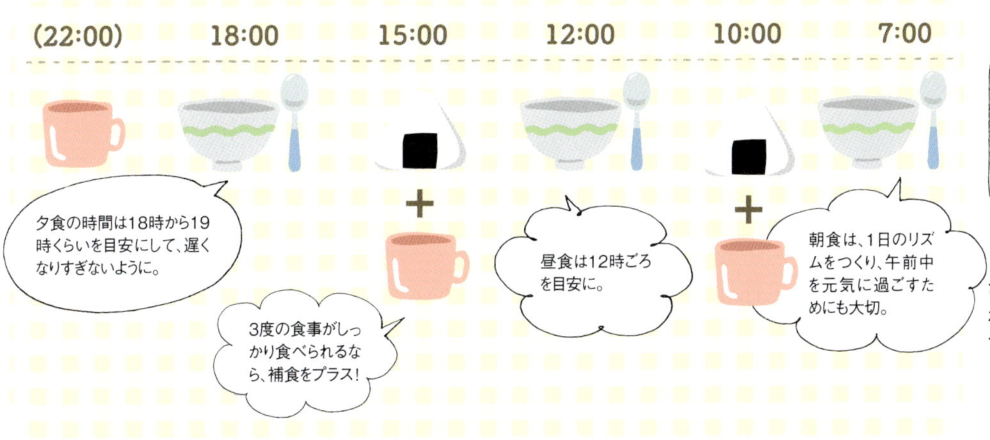
7:00
10:00
12:00
15:00
18:00
(22:00)
朝食は、1日のリズムをつくり、午前中を元気に過ごすためにも大切。
昼食は12時ごろを目安に。
3度の食事がしっかり食べられるなら、補食をプラス！
夕食の時間は18時から19時くらいを目安にして、遅くなりすぎないように。

【 かたさ・大きさの目安をチェック！ 】

後半

厚さ5㎜くらいのいちょう切りか、8～10㎜くらいの角切りに。食材の大きさ、かたさは、赤ちゃんのかむ様子を見ながら少しずつアップして。

前半

角切りなら、6㎜角ぐらいのコロコロ状が目安です。スプーンでラクに切れるくらいの、肉だんごのかたさを目指しましょう。

パクパク期 後半

いろいろな調理法で、バラエティ豊かな食卓を。薄味の食事で味覚の土台をつくって。

親子で囲む食卓で食べる喜びを伝えて

発達につれて、興味の対象がぐんぐん広がっていく赤ちゃんたち。新しい食感や味わい、カラフルな盛りつけ、かわいい型で抜いた見た目など、ちょっとした工夫で食事にますます興味を持ち、楽しく食べられるように。「じょうずに食べたね」と、ママが大いにほめるのも大切で効果的！「うれしい」という気持ちが、赤ちゃんの意欲をさらに伸ばしていきます。

ほとんどの食品を使えるようになり、煮物、いため物のほか、揚げ物もOKに。大人の料理を薄味、やわらかめにして取り分けるのもおすすめです。ごはん、汁物、おかず、副菜という「一汁二菜」の献立が作りやすくなって、自然に栄養バランスもととのいます。ママ・パパと同じ見た目のごはんが並ぶことで、赤ちゃんもテンションアップ！「ママ・パパといっしょ」という誇らしい気持ちが、赤ちゃんの食欲を高めます。

1才半近くになると、スプーンですくって口に運ぶのもかなり上達します。フォークではかむ練習にならないため、この時期はまだ使わなくても。

パクパク期後半の飲み＆食べタイムスケジュール例

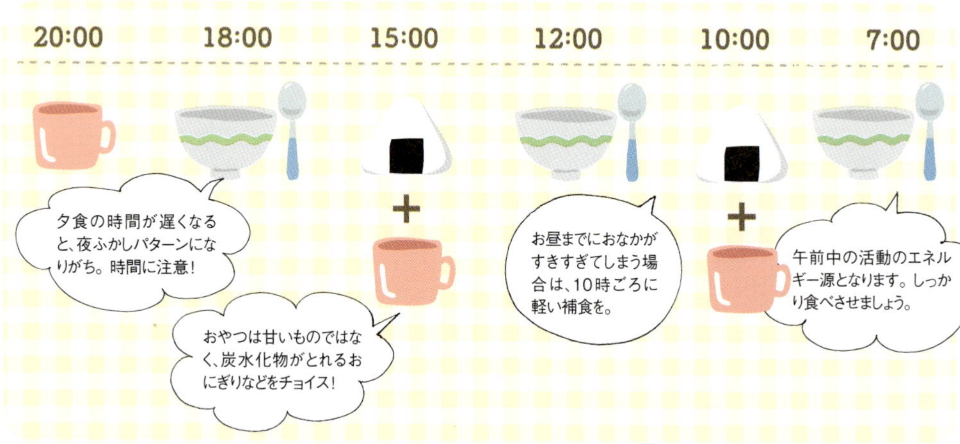
20:00
18:00
15:00
12:00
10:00
7:00
夕食の時間が遅くなると、夜ふかしパターンになりがち。時間に注意！
おやつは甘いものではなく、炭水化物がとれるおにぎりなどをチョイス！
お昼までにおなかがすきすぎてしまう場合は、10時ごろに軽い補食を。
午前中の活動のエネルギー源となります。しっかり食べさせましょう。

大人と同じ食事時間ですが、大人の食事が不規則になり、朝食抜きや深夜の食事になる場合は例外。赤ちゃんは別に、規則正しく食べさせましょう。

大人と同じ食事リズムになったら、

こんな献立がおすすめ

トロトロの10倍がゆから、ついに普通のごはんにまでステップアップ! 食材の切り方も工夫し、いろいろな食感を味わって食べましょう。

かための軟飯、またはごはん

[作り方]

やわらかめに炊いたごはん(P.22参照)80gを器に盛る。

ほうれんそうとひき肉のあんかけ豆腐

[材料]

豆腐…30g(1/10丁弱)　豚赤身ひき肉…10g　ほうれんそう…5g(葉1枚)　だし…大さじ3　しょうゆ…少々　水どきかたくり粉…少々

[作り方]

1 豆腐は1㎝角に切る。ほうれんそうはゆでてこまかく刻む。豚ひき肉は、水小さじ2を加えまぜる。
2 鍋に1の豚ひき肉とだしを入れて中火にかけ、火が通ったらしょうゆ、1の豆腐、ほうれんそうを加えてひと煮し、水どきかたくり粉を加えてとろみをつける。

かぼちゃの素揚げ

[材料]

かぼちゃ…35g(3㎝角2個弱)
揚げ油…適量

[作り方]

1 かぼちゃは種を除き、薄いいちょう切りにする
2 フライパンに油を1㎝くらい入れて170度に熱し、1をカラリと揚げる。

スプーンの練習も少しずつはじめます

手づかみ食べと並行して、スプーンを使って食べることも練習していきます。フォークのほうがこぼさず口に運べて使いやすいようですが、フォークでは実はそしゃくの練習にはなりません。スプーンにのせた食べ物を唇をとじてとり込み、形態に合わせたかみ方を調整することがとても大切。2才ごろまでには、かなりじょうずに使えるようになります。

奥歯が生えはじめ、かたいものも奥歯ですりつぶして食べられるように。歯の生え方もチェックしながら、かたさ、大きさを調整していきましょう。手づかみ食べ&スプーン食べを十分にし、自分で食べるペースができあがったら、いよいよ離乳食は卒業です。その子に合ったペースで離乳食を完了し、幼児食へとステップアップしていきましょう。

ステップアップアドバイス

必要な栄養のほとんどを食事からとれるようになったら幼児食へ

前歯で食べ物をかみ切って歯ぐきでつぶして食べ、必要な栄養の大部分を食事からとることができるのが、離乳食完了の目安です。さらに牛乳やミルクがコップで飲めれば理想的。次は、大人と同じではなく、「幼児食」へとステップアップします。薄味でやわらかめの食事を用意しましょう。

パクパク期に おすすめの食材で 実物大

1回分の目安量

1回の離乳食で、それぞれのグループから1種類を食べたときの目安量です。同じグループから2つ以上組み合わせるときは、半量ずつにするなど調整を。

ビタミン・ミネラル源食品グループ

野菜

1回分の目安量は40～50g。離乳食向きのおなじみ野菜はもちろん、ごぼうやれんこんなどの根菜類も、調理に工夫しながら登場させて。

きゅうり 40g

水分が多く、さわやかな香りが特徴。スティック状にカットして、生のまま与えても大丈夫。皮が気になるようなら、しま状にむいてあげて。

オクラ 40g

かたいヘタの部分は切り落とし、ゆでてから使います。特有のねばねば成分には、消化を助け、たんぱく質の吸収を助けてくれる働きがあります。

かぼちゃ 40g

かぼちゃの皮は、1才を過ぎればむかなくてもかまいません。やわらかく煮たり、サクッと揚げたりすると、皮も気にならず栄養を丸ごと食べられます。

かぶ 40g

みずみずしく、ほのかな甘みが人気。皮の近くはかたい繊維が多いので、厚めに皮をむいて。葉の部分は栄養豊富な緑黄色野菜です。こまかく刻んで余さず使って。

海藻

ミネラルが豊富で、「海の野菜」といわれる海藻。のりやあおさ、とろろこぶなどは、手軽にトッピングできる便利さもうれしいポイント。

とろろこぶ（ひとつまみ）

やわらかくても実は消化はよくないので、こまかくほぐして使いましょう。独特のトロトロ感とうまみが、離乳食のアクセントに。

果物

たんぱく質を分解して、肉や魚をやわらかくしてくれる効果も。フルーツを薄切り肉で巻いて焼く、変わり肉巻きもおすすめ。

キウイ 10g

ジューシーな甘みと、きゅんとした酸味がおいしい南国フルーツ。アレルギーの心配があるので、はじめて食べさせるときは加熱してから与えましょう。

たんぱく質源食品グループ

魚

魚類のほか、カキやあさり、しじみなどの貝類、いかなども食べられます。えび、かにもパクパク期から様子を見てスタート。

ぶり 20g

脳の働きをよくするDHAやEPAが豊富です。冬が旬の「寒ぶり」は脂が多いので、ゆでたり、網焼きにしてから。

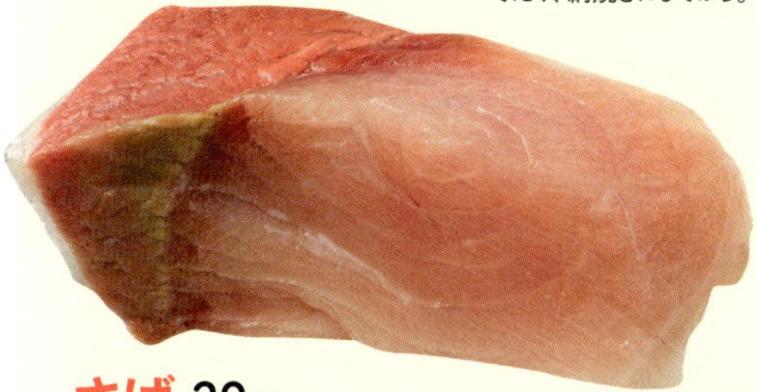

さば 20g

青背魚の仲間で栄養豊富ですが、アレルギーが出やすいので慎重に。鮮度が落ちやすいので、新鮮なものを買い求め、すぐに調理しましょう。

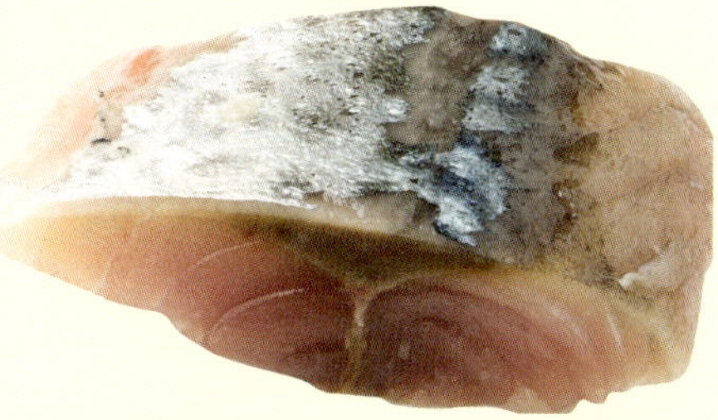

大豆製品

植物性の良質なたんぱく質が豊富。鉄分の吸収を助けてくれるので、貧血予防のためにも意識してとりたい食品です。

高野豆腐

9g（1/2枚）

水でもどして、煮物などに。たっぷりだしを吸って、ジューシーな味わいに。乾燥したまますりおろして使っても。

水煮大豆

20g（大さじ2）

ホクホクの食感が楽しく、和風にも洋風にも使いやすい食材。薄皮は消化しづらいので、必ず除いてから調理して。

×2

乳製品

牛乳を調理用としてだけではなく、飲み物としても与えられるように。1日の目安量は300〜400mℓ。

スライスチーズ

2/3枚

パンにのせてトーストしたり、ゆで野菜にのせてフォンデュ風にしたりと、使い勝手のよい食材。塩分も多いので、1日の目安量は2/3枚程度。

卵

大人は生でも食べますが、乳幼児期は加熱が必須！ 1才以降も、しっかり火を通し、ゆで卵ならかたゆでに。半熟もNGです。

卵 全卵2/3個

アレルギーの心配がなければ、加熱して食べさせましょう。バランスのよい栄養が含まれる優秀食材。うずら卵だったら、5〜6個が目安です。

肉

1回の目安量は20g。脂肪が少ない赤身の部位を選びましょう。加熱しすぎに注意して、やわらかくジューシーに仕上げて。

豚赤身ひき肉

20g（大さじこんもり1）

ハンバーグやミートボールなどの定番料理のほか、スープの風味アップやチャーハンなどにも活躍するお役立ち食材。

豚赤身薄切り肉

20g

カミカミ期からOKですが、スタートは牛肉に十分慣れてからがおすすめ。ビタミンB_1が豊富です。

パクパク期の（1才～1才6カ月ごろ）献立レシピ

うまみのある食材を使ったり、だしをきかせることで、素材の味が際立つ上品テイストに。

かつおぶしの風味が小粋な手づかみお焼きが主役

かつおぶしの香ばしさがポイントのお焼きは、表面はパリッと、中はもちもち。ふたつの食感が楽しい1品です。豆腐とオクラのみそ汁で、ほっとおなかを落ち着けて。

オクラと豆腐のみそ汁

ビタミン・ミネラル　タンパク質

［材料］

オクラ…20g（2本）
木綿豆腐…20g（2cm角2個）
だし…1/2カップ
みそ…小さじ1/3強

［作り方］

1. オクラはヘタをとって、5mm厚さの半月切りにする。豆腐は1cm角に切る。
2. 鍋にだしを入れて火にかけ、沸いたら1を加えて煮て、みそをとき入れる。

キウイ

ビタミン・ミネラル

［材料］

キウイ…10g

［作り方］

キウイは皮をむいて器に盛る。（はじめて食べる場合は加熱を）

ごはんとかつおぶしの卵入りお焼き

エネルギー　タンパク質　卵

［材料］

軟飯…90g
（P.22参照）
（またはごはん80g）
かつおぶし…ひとつまみ
とき卵…大さじ1
しょうゆ…小さじ1/4
植物油…少々

［作り方］

1. ボウルに軟飯、かつおぶし、卵、しょうゆを入れてまぜる。
2. フライパンに油を薄く引いて中火で熱し、1を大さじ1くらいずつを丸く広げて両面を焼く。

手軽に使える缶詰が
豪華なパスタランチに
下ごしらえずみでパパッと調理できる水煮缶を使って、うまみたっぷりのトマトパスタに。かぶのやさしい甘みがクセになる、サラリとしたミルクスープも絶品。

かぶのミルクスープ

［材料］

かぶの実…20g（1/6個）
かぶの葉…10g
牛乳…1/4カップ
塩…少々

［作り方］

1. かぶの実は皮をむき、薄切りにする。
2. 鍋に湯を沸かし、1をやわらかくゆでる。同じ湯でかぶの葉もゆで、こまかく刻む。
3. 別の鍋に牛乳を入れてあたため、かぶ、かぶの葉を加えてひと煮し、塩で味をととのえる。

ビタミン・ミネラル　たんぱく質　乳

さば水煮缶とトマトのショートパスタ

［材料］

さば水煮缶…10g
トマト…20g（中1/8個）　ショートパスタ…30g　オリーブ油…小さじ1/2　しょうゆ…小さじ1/4

［作り方］

1. トマトは湯むきして皮と種を除き、あらみじんに切る。ショートパスタはやわらかめにゆでて1cm長さに切る（ゆで汁はとっておく）。
2. フライパンにオリーブ油を熱し、さば、トマトをいため、パスタのゆで汁を大さじ1〜2加えてしょうゆで味をととのえ、パスタを加えてあえる。

エネルギー　ビタミン・ミネラル　たんぱく質

豚肉とキャベツ、すりおろしにんじんのお好み焼き

［材料］

豚赤身薄切り肉…15g
キャベツ…15g（中1/4枚）
にんじん…15g（2.5cm角1個）
小麦粉…10g
だし…大さじ1
植物油…少々
ケチャップ…少々

［作り方］

1. 豚肉はこまかく刻む。キャベツはやわらかくゆで、1cm長さの細切りにする。にんじんは皮をむいてすりおろす。
2. ボウルに1と小麦粉、だしを入れてまぜる。
3. フライパンに油を薄く引いて中火で熱し、2を丸く広げて両面を色よく焼く。食べやすく切って器に盛り、ケチャップを添える。

エネルギー　ビタミン・ミネラル　たんぱく質　小麦

きゅうりスティック

［材料］

きゅうり…15g（中1/5本弱）

［作り方］

きゅうりは1cm角5cm長さに切り、器に盛る。

ビタミン・ミネラル

手づかみレッスンに
ぴったりです♪
たっぷりの野菜と豚肉をふんわり焼き上げたお好み焼きは、ポロポロとこぼれにくく、食べやすいのもポイント。きゅうりスティックを添えれば、あっという間にでき上がり！

※マークの見方　エネルギーはエネルギー源食品、ビタミン・ミネラルはビタミン・ミネラル源食品、たんぱく質はたんぱく質源食品の略で、材料に含まれる主な栄養素を示しています。
また、卵、乳（乳製品）、小麦（小麦粉）が含まれるものを明記しています。

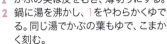

リアルレポート

パクパク期の離乳食シーンに密着!!

すっかり手づかみ食べとスプーン食べが中心に。自分で食べる姿が頼もしい！ ベビーの食べる意欲をじょうずにサポートして。

手づかみをさせつつママもせっせと食べさせる

10カ月で卒乳して以来、食べる量が格段にふえました。また、ある程度かめるようにもなり、食べられる食材もふえてきました。最近は手づかみ食べに夢中で、つまみやすいメニューがあると積極的に手を出してとても満足げ。ただ、手づかみだけだとなかなか食事が進まず、途中で遊びになってしまうことも。手づかみで食べさせつつも、同時にママがスプーンでせっせと口へ運び、集中している間に食べ切れるよう、コントロールしています。

保育園に通い、日中しっかり体を動かして遊ぶので、夕食どきにはおなかがペコペコみたい。帰宅したらすぐにごはんにできるよう、フリージングストックは必須です。休日に1週間分のメニューをまとめて大量に作り、冷凍しています。用意した分をペロリとたいらげて、「もっと！」と要求することもある食いしん坊ベビーです。

File 1

1才ベビー
離乳食をはじめて7カ月半

上田悠真《はるま》くん
優子ママ

DATA

【身長】79cm 【体重】9400g
【母乳】0回
【ミルク】1回（150mℓ）
【離乳食】3回（6時、12時、17時）
【歯の本数】8本（上4本、下4本）

12時のメニュー

軟飯2/3杯、ひじき煮40g、豆腐と大根のみそ汁80mℓ、ゆで卵の黄身1/2個、鮭と野菜のだしあんかけ100g、赤いふちの皿にはきゅうり、にんじん、チーズ、ウインナー。デザートにバナナ。

いただきます

Start

手を合わせて「いただきます」のあいさつをしてから食べはじめます。手づかみで食べられるプレートを手前におくと、さっそくパクパク。

スプーンにも挑戦

スプーンを持つと振り回してしまうので、出番は2〜3口くらい。何回かはきれいに口に運ぶことができるように。

汁ものはママがお手伝い

こぼすと大変なので、今は汁ものはママが手を添えて飲ませています。

30分後

Finish

毎食きっちり食べ切り、足りずにパンを食べることも。今日は気が散ったのかみそ汁やひじき、おかゆを少しずつ残してしまいました。

先生教えて！

食欲旺盛で、目安の量よりも多めに食べている気がします。肥満につながらないか心配です。

A しっかりかんでいるか確認しましょう

From 上田玲子先生

食べる量には個人差があるので、心配はいりません。ただ、「よく食べる」赤ちゃんは、かまずに飲み込んでいることも。かまないと満腹感が得られないので注意が必要。スプーンは唇の上におくと、赤ちゃん自身がかんで食べることにつながります。

優子ママのこだわりポイント

1 カラフルな食器で見た目も楽しく

色のきれいな食器が並ぶと、離乳食の時間が楽しくなり、食べたい気分も上がります。

2 休日にまとめて作りおき

平日は仕事で忙しいので、休日にまとめて作っておきます。冷凍食品もときどき活用！

3 足りないときはパンをプラス

準備した食事でも足りないときは、食べられそうな量だけパンをちぎって渡しています。

パクパク期の離乳食シーンに密着!!

File 2

1才3カ月ベビー
離乳食をはじめて9カ月

荒金なおとくん
えりかママ

DATA
【身長】82cm　【体重】11.6kg
【母乳】4回　【ミルク】0回
【離乳食】3回
(8時、12時、18時)
【歯の本数】15本(上7本、下8本)

スプーン使いが上達！食べすぎがちょっと心配

かぜをひいたとき以外は、食欲旺盛。10カ月ごろからはじめた手づかみ食べに加えて、最近はスプーンを渡すとこぼさずに口に運べるようになり、ひとりでずいぶん食べられるようになりました。食べたくないわけではないようですが、ときどき手に持ってわざと落としたり、一回口に入れたものをブーブー出したりすることも。食が進まなくて「ごちそうさまかな？」と思いきや、また急に食べはじめるなど、気分によって食べ方が変わるのがナゾ。様子を見ながら、スパッと片づけるべきか、もうちょっと粘って完食を目指すべきかを考えています。最近では、ほとんど食べ切れるようになってきて、徐々に食べる量も安定してきています。

もうすぐ離乳食も卒業。幼児食にステップアップしても、引き続き薄味を心がけていきたいです。

12時のメニュー

いただきます

離乳食をテーブルに運ぶと、ワクワクした表情で静かに待っています。最初はママのスプーンで食べさせてもらい、おなかを落ち着けます。

Start

野菜たっぷりのオムライスをお茶わん2/3杯ほど、ゆでブロッコリー2房、ひじき煮15g、ゆでたさつまいも5切れ、鶏だんごスープ。デザートにバナナ&ヨーグルト。

少し食べたら自分で手づかみ

つかみやすいブロッコリーやさつまいものほか、ひじきも指で器用につまんで食べています。

おいしい？

ママはたくさん話しかけて、楽しい雰囲気づくり。

スプーンだって使えます

スプーンですくって、大きな口をあけてこぼさずにパクリ。

でも10分くらいすると……

テーブルにのったり
スプーンもポイ!
口をブーブー

Finish

15分後

10分を過ぎたころからだんだん遊びはじめてしまいましたが、ほぼ完食。大人の味で苦手かなと思ったひじきも、手づかみでよく食べました。和の味も洋の味も好きみたいで安心♪

えりかママのこだわりポイント

1 ピーラーで野菜を食べやすく調理

スープの具にするにんじん、大根などは、ピーラーでひらひらに。火が通りやすく、調理時間の短縮に。

2 すぐ食べられる状態にしてフリージング

フレンチトーストもハンバーグも、チンすればすぐに食べられる状態で冷凍。食べるときは5分ほどで準備完了!

3 外出のときはお弁当を持参

まだ外食メニューは味が濃いので、お弁当を持っていきます。汁けを減らした野菜たっぷりうどんなどが定番。

先生教えて！

離乳食を完了したら、どんなことに注意したらよいのでしょう？　幼児食のポイントを教えて。

A　From 上田玲子先生

薄味は継続！かんで食べるよう促して

離乳食を卒業して幼児食にステップアップしても、離乳食と同様に薄味を続けていきましょう。手づかみのほか、スプーンを使い自分で食べられるようになります。かむことでそしゃく力が増す大切な時期。汁もので流し込んだりせず、しっかりかむように導いてあげてください。

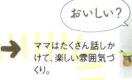

離乳食の「こんなとき、どうする？」Q&A

パクパク期（1才〜1才6カ月ごろ）

Q 「アーン」と口をあけて待つばかり。手づかみで食べません（1才1カ月）

A ベビーフードのおやつなどで手づかみを促して

ママに食べさせてもらうのがあたり前になってしまって、自主性が育っていないのですね。自分で食べることを学習していきましょう。まずは、おなかのすいた食事どきかおやつの時間に、手づかみしやすいメニューを食卓に置いてみて。蒸しパンやふかしいもなどのほか、赤ちゃんの気を引くベビーフードのおやつでもOK。ママは手助けをせず、知らんふりをしていましょう。赤ちゃんが手を伸ばして口に入れたら大げさにほめて、いっしょに喜びます。こうした経験を積むことで、ふだんの食事でも徐々に手づかみ食べをはじめることでしょう。あまり神経質にならずに、見守ることも大切です。

Q なすやトマト、かぼちゃなどの野菜を皮ごと調理してもいいのはいつから？（1才）

A トマトの皮には気をつけましょう

薄いトマトの皮は、煮てもやわらかくなりません。のどにペタッと貼りついたり、つまらせる心配があるため、少なくとも2才まではとり除きます。かぼちゃの皮はかたそうですが、1才を過ぎればむかなくても大丈夫です。1才前でもやわらかく煮てつぶすなど、食べやすく調理すれば、皮つきでもOK。なすは、やわらかく煮て食べやすければ、1才前でも皮をむく必要はありません。いためる場合は、1才以降に。

Q いまだに母乳が大好き。離乳食を食べる量も少なめです（1才2カ月）

A 卒乳すると、食べる量がふえることも

体重のふえが悪い、夜間授乳がある、夜泣きをする、何回も母乳を欲しがる、離乳食が進まない、などがあれば卒乳を考えます。1才を過ぎれば、母乳をやめても栄養面での問題はありません。卒乳すると、驚くほど離乳食を食べるようになったという例も多くあります。また、離乳食の形態もチェックして。発達に合ったかたさ、大きさではないと、そしゃく力が育たないばかりでなく、量が食べられず栄養が不足してしまいます。

Q 外出先でのごはんは、大人用のメニューをあげてもいい？（1才3カ月）

A ベビーフードを持参するのがベター

一般的に外食のメニューは味が濃く、塩分や脂肪分も高めです。赤ちゃんには負担が大きく、取り分けには向きません。どうしても取り分けるときには、味を薄める工夫をし、少量に。赤ちゃんのためには、離乳食を持参したほうがベター。ベビーフードなら、持ち運びもしやすく便利です。

Q 薄味はいつまで続ければいいですか？（1才）

A 離乳食卒業後の幼児食でも薄味が基本

1才半くらいまでは、薄味を守って。それ以降も、多すぎる塩分は体に負担をかけます。一度濃い味に慣れると、薄味のものを食べなくなることも。離乳食を卒業して幼児食に移行したあとも、塩分は控えめにし、家族も薄味を心がけましょう。

Q ワインやお酒を使ったメニュー、赤ちゃんに取り分けても大丈夫？（1才4カ月）

A 隠し味程度のお酒やみりんは問題ありません

風味アップや魚のくさみとりなどに、ワインやお酒、みりんを少量使った程度のものであれば、心配ありません。よく煮ればアルコール分は飛ぶので、まず問題はありません。ほかの料理と同様に、味つけ前に取り分けるか、白湯《さゆ》などで薄めて食べさせましょう。ただし、ワイン煮や酒蒸しなど、大量にお酒を使った料理は、薄味にしても赤ちゃんには向きません。大人だけで楽しんで、赤ちゃんにはほかのメニューを用意しましょう。

Q 葉物野菜やお肉が苦手。好き嫌いを克服したいけど……（1才5カ月）

A かむ力が育つとともに食べられるように

奥歯が生えそろう前は、薄切り肉やペラペラの葉物野菜は食べにくく、刻んでも口の中でまとめられないため、飲み込みづらいもの。赤ちゃん時代は苦手な子が多い食材です。とろみづけなどで、食べやすさをアップする工夫をして。肉は3才過ぎごろからかなり食べられるようになり、小学校高学年では好きになる子が多いのであまり心配しなくても大丈夫。魚や大豆製品、卵、乳製品などをメインに使いながら、ときどきトライしていきましょう。

Q おやつをあげると、ごはんをあまり食べなくなってしまいます（1才2カ月）

A 食事に響くようならおやつは与えないで

おやつはどうしても与えなければならないものではありません。食事の量が減るようなら、与えないで。まずは、2回あげているのなら1回に、1回ならあげないようにしましょう。どうしても欲しがる場合は、おにぎりやうどん、ふかしいもなど、ごはんがわりになるものを。ぐずったときや外出時などに、ほしがるだけ与えるのもNG。ダラダラ食べにならないよう、時間をしっかり決めることが大切です。

Q 刺し身や生卵はまだダメですか？（1才6カ月）

A 乳幼児期は、生ものは与えないのが大原則です

内臓の発達が未熟な乳幼児期は、一部の野菜や果物を除いて加熱調理が原則です。どんなに新鮮でも、生の刺し身や卵は食べさせないで。アレルギーの心配のほか、細菌による食中毒や寄生虫の恐れもあります。必ず中までしっかり火を通してから与えましょう。卵は、アレルギーの心配がなければ、離乳食卒業後は半熟状でも食べられるように。ただし、生の刺し身は幼児期も控えるのが原則です。刺し身を安心して食べさせられるのは、肝機能がほぼ大人並みになる8才以降といわれています。

column

食事マナーのしつけは、赤ちゃんにも必要？

この時期に食事マナーのしつけをしようとしても、身につかないばかりか、食事が苦痛になってしまう心配も。赤ちゃん時代は、食事の前に「いただきます」、食べ終わったら「ごちそうさま」をする習慣をつければ、それで十分。大人が見せていると、自然に赤ちゃんもするようになります。それ以外のマナーは、2才以降に時間をかけて身につけていきます。

column 3

よく作る大人ごはん人気メニューから ラクラク取り分け離乳食

手間がかかる離乳食も、大人の食事から取り分ければラクラク。人気&定番メニューのみそ汁、カレー、鍋を離乳食に変身させましょう！

取り分けのコツは？

Step 1 赤ちゃんが食べられる材料を使う

大人のメニューを考えるときに、材料の一部に赤ちゃんが食べられる食材を使います。ゴックン期やモグモグ期ならいも類、かぼちゃ、根菜類がおすすめ。カミカミ期やパクパク期ならほとんどの肉や魚もOKに。（引き出し参照）

Step 2 赤ちゃん向けに調理しやすいタイミングでとり出す

離乳食に使いやすい状態で取り分けられるように、下ごしらえや味をつける前など、タイミングを見極めましょう。

❶下ごしらえしながら

ゴックン期やモグモグ期は、材料を刻むとき、食材をやわらかく煮たあとなど、下ごしらえの段階で取り分けます。

❷味をつける前にとり出す

カミカミ期以前は、味をつける前に取り分けるのを基本に。市販のスープのもとなど、塩分が濃い調味料で下味をつけた場合は、取り分けNG。

❸完成した料理から食べられるものを

カミカミ期以降なら、熱湯をかけて味を抜いたり、揚げ衣をはずして余分な油脂を除くなど、大人用に調理したあとでも取り分けが可能に。

Step 3 取り分けたものを食べやすくする

取り分けた食材に手を加え、赤ちゃん仕様にしましょう。すりつぶす、刻むなど、発達段階に合わせた工夫が必要です。

❶汁でのばす

裏ごししたり、すりつぶしたりした食材は、湯冷ましやだしなどでのばし、赤ちゃんが食べやすいかたさに調節を。

❷形を変える

モグモグ期以降は、離乳食の段階に合わせた大きさに刻む、つぶすなどして、食べやすい形状にします。

“だし+みそ”のやさしい味はベビーも大好き

大根と豆腐のみそ汁

日本人が昔から親しんできたみそ汁は、離乳食の取り分けにぴったりのメニュー。基本を覚えたら、いろいろな食材でトライ！

【材料】（大人2人分+ベビー分）

大根…200g
（皮をむき、5〜6㎜厚さのいちょう切り）
豆腐…1/2丁（3㎝角に切る）
だしパック…1袋
みそ…大さじ2〜3
青ねぎ…適宜（小口切り）

取り分けのココがPOINT

1 ロングライフ食材を常備する

消費期限の長い豆腐をストックしておくと、いつでも使えて便利！ 大根は、新聞紙に包んでから冷蔵庫に入れると長持ち。

2 つぶしやすさで選ぶ

豆腐の場合、なめらかな絹ごし豆腐が取り分け向き。木綿豆腐はカミカミ期以降、焼き豆腐はパクパク期以降に。

3 大根などの根菜類はいちょう切りにする

煮るとやわらかくなる大根は、取り分けにぴったり。繊維を断ついちょう切りにすると、つぶしやすくなります。

4 汁物はふたをして蒸らして、やわらかく甘く

大根をしんまでやわらかくするには、最後にふたをして10分ほど蒸らすこと。冷めるときにだしがしみて甘みが増します。

① 鍋に大根、だしパック、水2カップを入れる。

② 鍋を中火にかけ、煮立ったらアクをとって弱火にし、大根がやわらかくなるまで煮る。だしパックをとり出す。

カミカミ期 9～11カ月

エネルギー
ビタミン・ミネラル
たんぱく質

これで離乳食に変化！

やわらかくなった大根は、フォークの背でザクザクつぶすのがとってもラク！ 大根があたたかいうちにつぶすのがポイント。

みそがしみ込んだ大根はうまみたっぷり

大根と豆腐のまぜごはん

［材料］

大根…20～30g
取り分け：大人4から6～9枚
豆腐…45g
取り分け：大人4から2個弱
5倍がゆ…90g
のり…少々

［作り方］

1 耐熱容器に大根を入れ、フォークでつぶす。豆腐、5倍がゆを加え、まぜ合わせる。
2 1にふんわりラップをかけ、電子レンジで約40秒加熱する。
3 器に盛り、のりをこまかくちぎってのせる。
＊5倍がゆは、ごはん1：水4、または米1：水5の割合で炊いたものです。

ゴックン期 5～6カ月

ビタミン・ミネラル
たんぱく質

これで離乳食に変化！

大根だけをすりつぶしたあとに豆腐を加えたほうが、全体がなめらか！ 飲み込むのが苦手なゴックン期の前半は、さらに裏ごししても。

だしが大根のやさしい甘みを引き立てる

大根と豆腐のトロトロ

［材料］

大根…10g
取り分け：大人3から3枚
豆腐…25g
取り分け：大人3から1個

［作り方］

1 大根をすり鉢ですりつぶす。
2 豆腐を加え、なめらかになるまですりつぶす。

パクパク期 1才～1才6カ月

エネルギー
ビタミン・ミネラル
たんぱく質
小麦
卵
乳

これで離乳食に変化！

大人から取り分けた大根と豆腐は、汁けをしっかりふくと、こんがりと焼き目がつきます。みその香ばしい香りが広がってベビーも完食!?

こんがりと焼いたみその香りにベビーもとりこ

大根と豆腐のステーキ ロールパン添え

［材料］

大根…30～40g
取り分け：大人4から9～12枚
豆腐…50g
取り分け：大人4から2個
バター…小さじ1/2
青のり…少々
ロールパン…50g（1個）

［作り方］

1 豆腐は半分に切り、大根とともにペーパータオルなどで汁けをふく。
2 フライパンにバターを入れて弱～中火にかけ、豆腐と大根を並べて両面をこんがりと焼く。
3 器に盛り、青のりを振りかけ、パンを添える。

モグモグ期 7～8カ月

エネルギー
ビタミン・ミネラル
たんぱく質
小麦

これで離乳食に変化！

ゆでうどんは、加熱前に切るのがベスト。モグモグ期はみじん切り、カミカミ期は2～3cm、パクパク期は4～5cm長さが目安です。

消化がよく、おなかにやさしいメニュー

大根と豆腐の煮込みうどん

［材料］

大根…15～20g
取り分け：大人3から4～6枚
豆腐…30g
取り分け：大人3から1個強
大根葉…適宜
ゆでうどん…40g（1/5玉）
だし…1/3～1/2カップ
取り分け：大人3から

［作り方］

1 大根、大根葉、うどんはこまかく刻む。
2 小さめのフライパンにだし汁、1を入れ、煮立ったら弱火にし、ふたをしてうどんがトロトロになるまで煮る。
3 豆腐を加え、1分ほど煮たあと、豆腐をくずす。

ゴックン期 モグモグ期に 取り分け

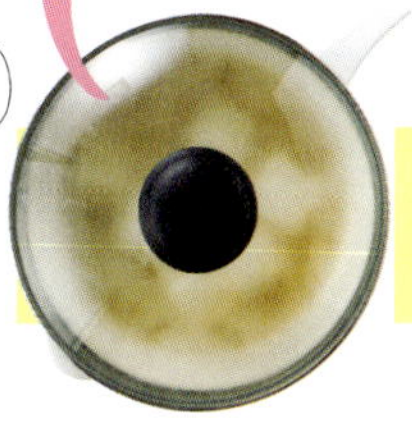

3 豆腐を加え、1分ほど煮て火を止める。ふたをして10分以上おく。

カミカミ期 パクパク期に 取り分け

4 みそ小さじ1をとき入れる（ここで取り分け）。残りのみそをとき入れ、青ねぎを散らす。

※マークの見方 エネルギーはエネルギー源食品、ビタミン・ミネラルはビタミン・ミネラル源食品、たんぱく質はたんぱく質源食品の略で、材料に含まれる主な栄養素を示しています。
また、卵、乳（乳製品）、小麦（小麦粉）が含まれるものを明記しています。

子どもから大人まで
人気の定番メニュー

チキンカレー

おなじみのカレーがあっという間に離乳食に変身! 食材を煮込んで、ルーを加える前に赤ちゃんの分を取り分けます。大人は好みのルーで仕上げて。

[材料]（大人２人分＋ベビー分）

鶏もも肉…大1枚
（皮と脂を除き、ひと口大のそぎ切り）
玉ねぎ…1個（2cm幅のくし形切り）
にんじん…1本
（縦に2〜4等分してから4cm長さ）
じゃがいも…2個（大きめのひと口大）
カレールー…2〜3皿分
白ワイン…大さじ1
ごはん…適量

カレールーは
量の調節がしやすい
フレークタイプが便利

[作り方]

1 鶏肉は白ワインをからめておく。
2 鍋に玉ねぎ、にんじん、水2.5カップ（分量外）を入れて中火にかけ、煮立ったらアクをとって弱火にし、5〜6分煮る。じゃがいもを加え、やわらかくなるまで15分ほど煮る。
ゴックン期、モグモグ期はここで取り分け
3 1を加え、さらに5〜6分煮る。
カミカミ期、パクパク期はここで取り分け
4 カレールーを加え、とろみがついたら火を止める。 器にごはんを盛り、チキンカレーをかける。

取り分けのココがPOINT

1 つぶしやすい いもや野菜を選ぶ

にんじんや玉ねぎ、じゃがいもといった、クタクタに煮えてつぶしやすくなる食材が、取り分けに向いています。じゃがいものかわりにかぼちゃやさつまいもを入れてもOK。

2 たんぱく質（鶏肉）は、鶏ささ身肉→胸肉→もも肉の順に

赤ちゃんは胃腸が未発達なため、たんぱく質の分解・吸収が十分にできず負担がかかります。鶏肉は脂肪分の少ないささ身肉からはじめて、胸肉、もも肉の順に慣らしましょう。

3 鶏肉は皮と脂を除き、そぎ切りにする

鶏もも肉は、カミカミ期から。火を通してから離乳食用に取り分けるので、下準備の段階で皮と脂を除きます。そぎ切りにしておくと、あとでほぐしやすい！

4 ルーや調味料を入れる前に取り分ける

赤ちゃんは腎臓の機能も未熟だから、塩分は負担に。煮込み料理は「味つけする前に取り分け」が基本です。煮汁もとり出しておくと、かたさの調節に使えます。

カミカミ期
9～11カ月

エネルギー
ビタミン・ミネラル
たんぱく質
乳

じゃがいものデンプンでほんのりとろみが!

チキンクリームシチュー

[材料]

じゃがいも…40～50g 取り分け：大人3から
にんじん、玉ねぎ…合わせて20～30g
取り分け：大人3から
鶏もも肉…5g 取り分け：大人3から
牛乳…1/4カップ　粉チーズ…少々

[作り方]

1 小さめのフライパンにじゃがいも、にんじん、玉ねぎを入れ、フライ返しでこまかく切る。鶏肉は手でこまかくほぐして加える。
2 1に牛乳を加えて火にかけ、ひと煮する。器に盛り、粉チーズを振る。

これで離乳食に変化!

フライ返しを使って野菜を切るのがコツ。洗いものが少なくてすむうえ、切り口がざらざらした断面になって味がからみやすい。

ゴックン期
5～6カ月

エネルギー
ビタミン・ミネラル
たんぱく質

まろやかな豆乳の風味が野菜とマッチ

にんじんと玉ねぎのトロトロ

[材料]

じゃがいも…20g
取り分け：大人2から
にんじん、玉ねぎ…合わせて10g
取り分け：大人2から
豆乳…小さじ2～3

[作り方]

1 じゃがいも、にんじん、玉ねぎはなめらかにすりつぶす。
2 豆乳を加え、よくまぜ合わせる。

これで離乳食に変化!

無糖の豆乳を選べば、ゴックン期からのかたさ調節に便利。良質のたんぱく質がとれるうえ、まろやかなコクもプラスできます。

パクパク期
1才～1才6カ月

エネルギー
ビタミン・ミネラル
たんぱく質
乳

バターの香りがベビーの食欲をそそる

ひと口チキンポテト

[材料]

じゃがいも…70～80g 取り分け：大人3から
にんじん、玉ねぎ…合わせて30～40g
取り分け：大人3から
鶏もも肉…15g 取り分け：大人3から
バター…小さじ1/2

[作り方]

1 鶏肉は手でこまかくさく。じゃがいも、にんじん、玉ねぎを加えて手でつぶしながら、ひと口大のボール形にする。
2 フライパンにバターを入れて弱～中火にかけ、1をころがしながらこんがりと焼く。

これで離乳食に変化!

じゃがいもをつぶしてボール形にすれば、赤ちゃんが楽しく手づかみで食べられます。お出かけに持参しておやつがわりにも。

モグモグ期
7～8カ月

エネルギー
ビタミン・ミネラル
たんぱく質

常備食材"ツナ"のうまみが味の決め手

にんじんと玉ねぎのリゾット

[材料]

にんじん、玉ねぎ…合わせて15～20g
取り分け：大人2から
ツナ水煮缶…10g
(汁けをきって大さじ1)
5倍がゆ…50g(大さじ3強)

[作り方]

1 にんじん、玉ねぎはこまかく刻む。
2 耐熱容器に汁けをきったツナ、5倍がゆ、1を入れてまぜ、ふんわりラップをかけて電子レンジで50～60秒加熱する。

＊5倍がゆは、ごはん1：水4、または米1：水5の割合で炊いたものです。

これで離乳食に変化!

電子レンジで加熱するだけで、リゾットが完成。野菜がかためのときは、大人②より取り分けた煮汁大さじ1を加えます。

※マークの見方 エネルギーはエネルギー源食品、ビタミン・ミネラルはビタミン・ミネラル源食品、たんぱく質はたんぱく質源食品の略で、材料に含まれる主な栄養素を示しています。
また、卵、乳(乳製品)、小麦(小麦粉)が含まれるものを明記しています。

鶏と魚のWだしが
とけ出してうまみたっぷり

手羽元とたらの具だくさん水炊き

冬の定番メニューの鍋は、調味料を使わない水炊きにすれば離乳食もいっしょにでき上がり♪　大人は、ポン酢しょうゆ、ゆずこしょうなどの薬味で味に変化を！

［材料］（大人２人分＋ベビー分）

白菜…4～5枚
（軸：縦1㎝幅の短冊切り、葉：ひと口大）
にんじん…1本（皮をむき、7～8㎝長さにけずる）
鶏手羽元…4本　たら…2切れ（ひと口大）
焼き豆腐…1丁（ひと口大）　だしパック…1袋
ポン酢しょうゆ、ゆずこしょう、
ねぎ、ラー油…各適宜
鯛…5～10g（刺し身1/2～1切れ）

ゴックン期には
刺し身を用意

［作り方］

1 ねぎラー油を作る。ねぎは縦半分に切ってから斜め薄切りにし、ラー油をからめる。
2 鍋に水2カップ（分量外）、だしパックを入れて中火にかけ、煮立ったら白菜、にんじん各少々を加えてやわらかく煮る。（ゴックン期は鯛を加え、さらに1分ほど煮る）
ゴックン期、モグモグ期はここで取り分け
3 だしパックをとり出し、鶏肉を加えて2～3分ほど煮る。たら、豆腐、残りの白菜、にんじんを加え、ひと煮して火を止める。
カミカミ期、パクパク期はここで取り分け
4 器に盛り、好みでポン酢しょうゆ、ゆずこしょう、1のねぎラー油を添える。

ゆずこしょう、
ねぎラー油など
大人は薬味で楽しんで！

取り分けのココがPOINT

1 離乳食OKの食材を選ぶ

ゴックン期は、アレルギーの心配が少ない鯛がおすすめ。低脂肪のひらめやかれいも胃腸に負担をかけません。生鮭やまぐろはモグモグ期、たらはカミカミ期以降にします。

ゴックン期
からOK

鯛

カミカミ期
以降に

たら

2 にんじんはピーラーで薄くけずる

にんじんの下ごしらえはピーラーを使えばラクラク。薄いから、鍋に入れるとあっという間に火が通るし、取り分けしたあとに裏ごししたりカットしたりも簡単です。

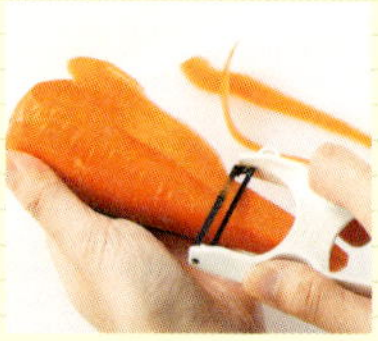

3 白菜の軸は縦1cm幅に切る

鍋に入れるとき、白菜の軸はそぎ切りにするのが一般的。離乳食用に取り分ける場合には、縦1㎝幅に切ると、裏ごししたり、つぶしたり切ったりがしやすくなります。

ラクラク取り分け離乳食

カミカミ期 9～11カ月

エネルギー
ビタミン・ミネラル
たんぱく質

鍋から取り分けで煮込みうどんも簡単♪

白菜とたらのみそ煮込みうどん

[材料]
ゆでうどん…80g(2/5玉)
白菜、にんじん…合わせて20～30g
取り分け:大人3から
たら…15g 取り分け:大人3から
だし…1/2カップ 取り分け:大人3から　みそ…少々

[作り方]
1 うどんは2cm長さに切る。白菜、にんじんははさみでこまかく刻む。たらは骨を除き、こまかくほぐす。
2 小さめのフライパンにだし、1を入れて弱～中火にかけ、5～6分煮てからみそをとき入れる。

これで離乳食に変化!

少量の煮込みは小さめのフライパンを利用すると便利。野菜のうまみがたっぷりとけ出した鍋のだしを取り分けて煮汁にします。

ゴックン期 5～6カ月

ビタミン・ミネラル
たんぱく質

鯛の上品なだしがきいています☆

白菜とにんじんと鯛のトロトロ

[材料]
白菜、にんじん…合わせて10g
取り分け:大人2から
鯛…5～10g(刺し身1/2～1切れ)
取り分け:大人2から
だし…少々
取り分け:大人2から

[作り方]
1 白菜、にんじんは裏ごしする。鯛はすりつぶす。
2 器に盛り、だしを加えて食べやすくのばす。

これで離乳食に変化!

白菜は繊維が多いので、ゴックン期には裏ごししてなめらかにするのがベター。裏ごししにくい鯛は、ていねいにすりつぶして。

パクパク期 1才～1才6カ月

エネルギー
ビタミン・ミネラル
たんぱく質

だしがしみた白菜がほんのり甘い

白菜とたらのあんかけ丼

[材料]
軟飯…90g(子ども茶わん軽く1杯)　白菜、にんじん…合わせて30～40g 取り分け:大人3から
たら…10g 取り分け:大人3から
焼き豆腐…20g 取り分け:大人3から
だし…1/2カップ 取り分け:大人3から
水どきかたくり粉…少々

[作り方]
1 白菜、にんじんははさみでこまかく刻む。たらは骨を除き、あらくほぐす。豆腐は1cm角に切る。
2 フライパンにだし、1を入れて弱～中火にかけ、水どきかたくり粉でとろみをつける。
3 器に軟飯を盛り、2をかける。

＊軟飯は、ごはん1:水2～1.5、または米1:水3～2の割合で炊いたものです。

これで離乳食に変化!

水どきかたくり粉がだまにならないようにするには、煮立つ前に加えるのがポイント。とろみをつけると苦手な野菜もペロリ。

モグモグ期 7～8カ月

エネルギー
ビタミン・ミネラル
たんぱく質
卵

たっぷり野菜と卵で栄養満点メニュー

白菜とにんじんのおじや

[材料]
白菜、にんじん…合わせて15～20g
取り分け:大人2から
5倍がゆ…50g(大さじ3強)
卵…1/3個

卵はモグモグ期から。
卵黄1さじから(必ず加熱)
少しずつ慣れさせて

[作り方]
1 耐熱容器に白菜、にんじんを入れ、はさみでこまかく刻む。
2 5倍がゆ、卵を加えてまぜ合わせ、ふんわりラップをかけて電子レンジで約1分加熱する。
＊5倍がゆは、ごはん1:水4、または米1:水5の割合で炊いたものです。

＊7カ月の場合はかたゆでの卵黄を使うこと。

これで離乳食に変化!

白菜の繊維を断つには、はさみが便利。こまかく刻めば、モグモグ期の赤ちゃんもスムーズに食べられます。

※マークの見方　エネルギーはエネルギー源食品、ビタミン・ミネラルはビタミン・ミネラル源食品、たんぱく質はたんぱく質源食品の略で、材料に含まれる主な栄養素を示しています。
また、卵、乳(乳製品)、小麦(小麦粉)が含まれるものを明記しています。

離乳食を卒業したら「幼児食」をスタート！

幼児食期のはじめのころ（離乳完了～3才ごろ）の進め方

離乳食が順調に進んで、奥歯で食べ物をかみくだくことができるようになったら、より大人の食事に近い「幼児食」をはじめましょう。

この時期の前半

離乳完了～2才ごろ

2才半ばごろまでは、離乳食のパクパク期のメニューを少し大きく、かたくします。

幼児食のHINT

献立は主食＋主菜＋副菜＋飲み物が基本の形

主食3：主菜1：副菜3くらいの割合が理想的。3食でとりきれない栄養をおやつタイムに補食としてとれば、自然にバランスがととのいます。

栄養バランスは離乳食と同じ「黄」「赤」「緑」で

炭水化物、たんぱく質、ビタミン・ミネラルの3種類を、メニューにとり入れるようにすること。この基本はずっとキープしていきましょう。（P.14参照）

「食事って楽しい」と思えるように

家族みんなで「おいしいね」と笑顔で食べる機会をできるだけ持ちましょう。食事マナーは、大人がしっかりよいお手本を見せて。

体の成長に応じて食べ方にも変化が

1才～1才半ごろの離乳完了の時期までは、おっぱいやミルク以外の新しい味を受け入れ、そしゃくして飲み込むことの基礎を覚えてきました。そんな離乳食時代を卒業したら、5才代までは「幼児食」の期間。離乳食から少しステップアップして、大人の食べ方により近づきます。

1才半ごろには奥歯が生えはじめ、2才代でほとんどの乳歯が生えるといわれますが、あくまでも目安の話。歯の生え方は個人差がとても大きく、また上下が生えそろわなければ正しくかめません。2才半～3才半になると奥歯8本がすべて生えそろい、子どもの歯並びが完成。上下の歯ですりつぶしができるようになり、大人とほぼ同じようにかたいものをかんで食べられるようになります。

食べたい気持ちはあっても、奥歯が生えそろう3才まではそしゃく力はまだ弱く、離乳食の延長と考えます。2才になるとスプーンを使って自分で食べられるようになるので、その時期を前半、奥歯が生えそろい、本格的なそしゃくができるようになる3才以降を後半と考えます。

味つけは薄味、素材本来のおいしさを教えてあげて

幼児食の時期は、一生続く食生活の基礎がつくられる大切な時期。離乳食を卒業したからといって、いきなり大人と同じものを食べさせてはいけません。甘みや塩けの強い食品、刺激の強い香辛料、食品添加物には注意しましょう。もちやこんにゃく、ナッツ類などはのどに詰まらせたり、気管に入ることもあり危険です。

幼児期は腎臓をはじめとする内臓の機能が未発達なので、塩分は控えめに。将来の生活習慣病予防のためにも、脂肪分や塩分控えめ、薄味の煮物など、和食中心の食事にしたいものですね。

口の動きは…？

乳歯が生えそろってきますが、すぐにじょうずに食べられるわけではありません。いろいろなものを食べる経験をくり返して、かむ力はアップしていきます。

どんなところで食べる？

前半は手づかみ食べが主。後半はスプーンやフォークの使い方が上達しますが、1食全部を自分で食べることはむずかしく、大人の補助が必要です。

夕ごはん

この時期の前半は

こんな献立がおすすめ

ごはんとみそ汁は大人と同じですが、手づかみ食べしやすいひと口サイズのおかずを。食べる量には個人差があるので、無理じいしないこと。

ひと口鶏ささ身焼き

［材料］

大人2人＋幼児1人分

鶏ささ身肉…3本

しょうゆ、かたくり粉…各小さじ1/2

のり…適量

油…少々

［作り方］

1 ささ身はひと口大のそぎ切りにしてしょうゆを振り、かたくり粉を振ってまぜる。

2 のりを1㎝幅に細長く切り、1に1切れずつ巻きつける。

3 フライパンに油を熱して2を並べ入れ、両面を焼く。

えびとブロッコリーのサラダ

［材料］

大人2人＋幼児1人分

えび…150g

ブロッコリー…1/2株

ヨーグルト…大さじ3

A
- すり白ごま…大さじ1
- 塩…小さじ1/4
- 砂糖…小さじ1/2

［作り方］

1 えびは背に切り目を入れて背わたをとり除き、深めの器に入れる。

2 ブロッコリーは小房に分け、塩少々（分量外）を加えた湯で3分ゆで、ざるに上げる。その際、ざるの下に1を置き、ゆで汁の余熱で火を通し、冷めるまでおく。

3 別のざるにキッチンペーパーを敷き、ヨーグルトをのせて5分水きりし、Aとまぜる。

4 ブロッコリーと水けをきったえびに3をかける。

ごはん

トマトとかぼちゃのみそ汁

お茶

朝ごはん

- 野菜パンケーキ
- 牛乳

おやつ（10:00）

- りんごわらびもち
- お茶

昼ごはん

- 煮込みうどん
- お茶

おやつ（15:00）

- いちごヨーグルトゼリー
- 牛乳

この時期の後半

2〜3才ごろ

奥歯が生えそろってきて、さまざまな食品が食べられるように。食べる量もふえてきます。

【かたさ・大きさの目安をチェック！】

後半

- 奥歯でつぶせるやわらかいもの
- 角切り
- やや歯ごたえのあるもの

【メニュー例】大学いも、切り干し大根煮、焼き魚、温野菜

前半

- 前歯でかみ切れる細長いもの
- ひと口大（1〜2cm角）
- 薄切り

【メニュー例】ミートボール、ポテトフライ、シチュー、白玉だんご

新しい食材をとり入れて食べる力を育てましょう

3才になって乳歯が生えそろってもかむ力はまだ弱いですが、少し工夫をすれば大人とほとんど同じ調理法で食べられるようになり、1回に食べる量もふえてきます。旬の素材やいろいろな形状の食べ物をとり入れ、できるだけ自分で食べさせましょう。食べ物に合わせてかみ方を変える調整力が育ちます。

スプーンやフォークの使い方も少しずつ上達。まだ一食すべてを自分で食べることはむずかしく、大人の補助が必要ですが、余裕のあるときは満足するまで自分で食べさせてみるとよいでしょう。

手づかみ食べがじょうずになったら、スプーンで食べることにトライを。

箸は、指先に力が入れられ、鉛筆持ちができるようになる3才すぎから練習しましょう。早すぎると変なクセがつきやすいので注意して。じょうずに使えるようになるのは4〜6才ごろと幅があります。

スプーンが使えるようになったら、次はフォークに挑戦させてOK。ただしフォークは食べる機能の発達にはとくにプラスにはなりません。

幼児食期の飲み&食べタイムスケジュール例

3食の時間帯はなるべく固定しましょう。その時間帯をずらさないように、外遊びやお昼寝の時間を設定します。

＼この時期の後半は／

こんな献立がおすすめ

歯ごたえのある野菜やきのこをとり入れて、かむ力をアップ。甘い、すっぱいなど、味のバリエーションもふやして。

✳ぶりの鍋てり

【材料】
大人2人＋幼児1人分
ぶり…2切れ
ねぎ…1本
しめじ…1パック
塩…小さじ1/4
かたくり粉…少々
A しょうゆ、みりん…各大さじ1少々
A 砂糖…大さじ1/2
油…大さじ1

【作り方】
1 ぶりは半分に切り、塩を振って5分おき、キッチンペーパーで水けをふく。かたくり粉をまぶして余分な粉をはたく。ねぎはぶつ切りに、しめじは石づきをとってほぐす。
2 フライパンに油を熱してぶりを加えて両面を焼き、しめじ、ねぎも横でいっしょに焼く。
3 余分な油をキッチンペーパーでふきとり、Aを加えて中火で煮る。煮立ったら、フライパンを揺すりながら全体に煮からめる。

✳きゅうりとパプリカの甘酢いため

【材料】
大人2人＋幼児1人分
きゅうり…1本
パプリカ（赤）…1/2個
A 塩…小さじ1/3
A 酢、砂糖…各大さじ1
A しょうが汁…少々
ごま油…大さじ1/2

【作り方】
1 きゅうりは縦半分に切ってスプーンで種をとり、斜め切りにする。パプリカは縦半分に切ってから7〜8㎜幅に切る。
2 ごま油を熱したフライパンで1をいため、しんなりしたらAを加えて軽くいため合わせて、冷ます。

✳プチトマト、ごはん

✳わかめとにんじんのみそ汁

✳お茶

✳りんごのコンポート
✳きな粉ヨーグルト

←

✳焼きうどん
✳お茶

←

✳トマトのピザトースト
✳いちごヨーグルト　✳牛乳

幼児食の「こんなとき、どうする?」Q&A

幼児食期（離乳完了～3才ごろ）

Q 離乳食は卒業しましたがまだ母乳がやめられません（1才8カ月）

A 食事が進まないようなら卒乳を考えて

2才でも3才でも、母子のスキンシップとして母乳を与えるのは、なんの問題もありません。

ただし、1才を過ぎるころから、母乳には子どもの成長に必要十分な栄養がなくなってきています。おっぱいを飲みすぎて食事が進まない、牛乳が飲めない、といった様子があるなら、栄養不足が心配されます。しっかり食事がとれるように、ちょこちょこ飲ませるのをやめて寝る前だけにする、少しだけくわえさせて短時間で切り上げるなど、卒乳を視野に入れて徐々におっぱいなしの暮らしに慣れさせるようにしましょう。

Q 好き嫌いが多いけど無理に食べさせるのはかえってよくない?（1才9カ月）

A 「ひと口だけ食べてみる」作戦で、励ましてみて

幼児期の未熟な味覚は、いろいろな味や食感にふれることで育ちます。無理じいはよくありませんが、「この子はこれが嫌い」と決めつけて好きなものだけ与えていては、味覚の幅がせばまってしまいます。

嫌いなものは「ひと口だけ食べてみよう」作戦でトライ。少しでも食べたら「うわぁ！えらいね！」とたくさんほめてあげて。苦手なものでもくり返し食卓に登場させると、何回か食べるうちに味に慣れ、好きになるのも珍しいことではありません。

Q 食の細い子です。栄養失調になったりしない?（1才10カ月）

A 2～3日単位で栄養バランスがとれていれば大丈夫

発育曲線のカーブに沿ってそれなりに体重がふえ、元気に過ごしていればまず心配ありません。1回の食事の量に神経質にならず、2～3日の単位でバランスよく食べていればOK。1日4～5食にするのも手。

しっかり食べさせる基本は「食事の前におなかをペコペコにする」こと。①食事やおやつの間は2～3時間はあける、②外遊びなどで体を動かす、③食事の時間を決めて規則正しい生活リズムにする、を心がけて。

Q 身長90㎝で体重が17㎏近く。このまま太り続けたらどうしよう（2才6カ月）

A 成長曲線からはずれるなら、調理法や素材に工夫を

母子健康手帳の成長曲線をチェックして、ラインに沿って体重がふえているなら問題ありませんが、曲線に対して垂直に近いふえ方になった場合は注意が必要。食事の量よりも、内容や食習慣を見直しましょう。油ギトギトのいため物や揚げ物など高エネルギーのメニューが多い、お菓子をよく口にする、外食が多い、早食いなど、思い当たることがあれば改善を。おやつは甘いお菓子ではなく、次の食事までの「捕食」として、小さなおにぎりや果物などを食べさせて。

Q 離乳食を卒業したから外食はそのまま食べさせてもいい?（2才7カ月）

A 内臓機能が未熟な幼児期。油分・塩分はチェックして

外食メニューは一般的に味つけが濃く、エネルギーや油脂が多め。胃腸に負担がかかるメニューもあるので、注意が必要です。たとえば、ラーメンやうどんの汁は残す、ケチャップやソースはつけない、揚げ物の衣は少し除くなど、ひと工夫を。肉が中心のメニューなら、サラダバーや小鉢で野菜をとるなど、献立全体で栄養バランスをとることも大切です。

PART

3

キッチンにある材料で何が作れる？

食材から選ぶ 離乳食レシピ

主食になるごはんやパン、
ビタミンやミネラルが豊富な野菜・果物、
体を作る豆腐や肉・魚、
どれもバランスよく食べさせたいですよね。
食材別、時期別に並んでいるので、
今、作れる&作りたいメニューがすぐ探せます!

調理の前にカクニン！

この本のレシピのルール

この本のレシピに登場する、期別のマークや栄養マーク、材料の表記などについての見方をまとめました。
調理の決まりごともチェックして、失敗なくおいしく作りましょう！

レシピの見方

モグモグ期 7〜8カ月

エネルギー
ビタミン・ミネラル
たんぱく質

卵
乳
小麦

卵の黄身でまろやかなコクが加わる
ブロッコリーの卵パンがゆ

[材料]
食パン…20g
(8枚切り1/2枚弱)
ブロッコリー…15g
(小房1個半)
かたゆで卵の黄身…1/2個　水…大さじ4
水どきかたくり粉…少々

[作り方]
1 ブロッコリーはやわらかくゆで、こまかく刻む。
2 鍋に食パンをこまかくちぎって入れ、水を加え、ふやけるまで5分ほどおいて弱火にかける。
3 2が煮立ったら全体をまぜ、1を加え、黄身をくずし入れてなめらかにまぜる。水どきかたくり粉でとろみをつける。

＋ 離乳食の時期別に紹介しています

ゴックン期 5〜6カ月
モグモグ期 7〜8カ月
カミカミ期 9〜11カ月
パクパク期 1才〜1才6カ月

赤ちゃんのかむ力や消化能力に合わせて、レシピを4つの段階に分けて紹介しています。発達に適したレシピを選ぶときの目安にしてください。

＋ 材料は1回分です

材料はとくに表記がなければ1回分です。食べさせる量は赤ちゃんの食欲や体調に合わせて調整してください。

＋ 目分量も参考に！

g表記のほかに、「大さじ1」や「2cm角1個」など、目分量を入れてあります。材料を用意するときに役立ててください。

＋ 栄養マークを色で示しています

エネルギー　エネルギー源食品
ビタミン・ミネラル　ビタミン・ミネラル源食品
たんぱく質　たんぱく質源食品

栄養バランスがひと目でわかるように、各メニューに含まれる主な栄養素を色別のマークで示しています。

＋ 卵、乳製品、小麦粉が含まれるものを表示しています

卵　卵が含まれるもの
乳　乳製品が含まれるもの
小麦　小麦粉が含まれるもの

卵、乳製品、小麦粉について、食物アレルギーにより除去食を進めている場合は、参考にしてください。

＋ 材料の分量は皮や種を除いた正味です

材料の分量は、皮や種を除いた食べられる部分の重さ(正味)をあらわしています。

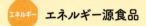

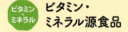

調理の決まりごと

火加減のキホン

離乳食は水分量が少ないので、弱火～中火を基本にして、こまめに火加減を調節します。

強火
炎が鍋底全体に勢いよくあたる状態。煮汁がグツグツと煮立つ。

中火
炎が鍋底に届きそうなくらい。煮汁がフツフツと煮立つ。

弱火
炎が小さく弱い状態。煮汁が軽く波打つ。ゆっくり煮るときに。

レシピに出てくる食材や調理の言葉

★ だし
こぶとかつおぶしでとった「和風だし」（P.24参照）のこと。ベビーフードのだしを使ってもかまいません。

★ 水どきかたくり粉
かたくり粉1に対し、水2の割合でといたもの。置いておくとかたくり粉が沈殿するため、材料に加える前に再度、よくまぜてください。

★ 湯冷まし
沸騰させたお湯を室温程度に冷ましたもの。

★ 湯でといた粉ミルク
育児用の粉ミルクを規定量の湯でといたもの。

★ 植物油
オリーブ油やサラダ油のこと。赤ちゃんにとってバターは消化がよいですが、マーガリンやラードは避けてください。

★ のばす／かたさを調節する
水分を加えてなめらかにまぜ、赤ちゃんが食べやすいかたさにしてください。

★ やわらかくなるまで煮る
赤ちゃんが舌や歯ぐきでつぶせるように、やわらかく煮てください。

★ 食べやすく切る
赤ちゃんが丸飲みせずによくかんで食べるように、発達に合わせて適した大きさに切ってください。

分量のキホン

1カップ＝200mℓ
軽量カップの200mℓの目盛りの分量です。

大さじ1＝15mℓ
軽量スプーンの大さじすりきり1杯です。

小さじ1＝5mℓ
軽量スプーンの小さじすりきり1杯です。

電子レンジは500Wの場合の目安です

電子レンジのW数別・加熱時間対応表

500W	600W
40秒	30秒
1分	50秒
1分10秒	1分
1分50秒	1分30秒
2分20秒	2分
3分	2分30秒

この本で紹介している電子レンジの加熱時間は、500Wの場合の目安です。600Wなら0.8倍してください。機種や食材の水分量によっても違いがあるので、様子を見ながら加減してください。また、ラップは「ふんわりかける」ように気をつけてください。

鍋は小さいサイズを使っています 水分量は加減してください

ゆでたり煮たりするときの水分量は、火加減や鍋の大きさなどでかなり変わってきます。鍋は小さいサイズを使い、途中で水分が足りなければ補って、こがさないように注意してください。

この本では直径14～16cmを使用

ごはん

離乳食の基本の主食。まとめて炊いて、小分け冷凍しておくと便利です。
白いおかゆに飽きたときは、味に変化をつけましょう。

選び方は？

玄米は食物繊維が多く消化が悪いので、離乳食では消化吸収のよい「白米」を使います。

栄養は？

主成分はエネルギー源となる糖質（デンプン質）ですが、たんぱく質やビタミン・ミネラル、食物繊維なども含み、栄養豊富。消化吸収がよく胃腸に負担をかけないため、「おかゆ」は離乳食のスタートに最も適しています。

形状チェック！

実物大

ゴックン期 5～6カ月

米1：水10の割合で炊いた10倍がゆを裏ごしするか、すりつぶしてなめらかなトロトロ状に。

モグモグ期 7～8カ月

米1：水7の割合で炊いた7倍がゆ、または米1：水5の割合で炊いた5倍がゆをそのまま。

カミカミ期 9～11カ月

米1：水5の割合で炊いた5倍がゆをそのまま。

パクパク期 1才～1才6カ月

米1：水2～3の割合で炊いた軟飯。慣れたら水分を減らしていき、後半は普通のごはんに。

調理のポイント

POINT 1 鍋炊きはごはんから炊くと時間短縮

米からより、ごはんからのほうが、早くやわらかく炊くことができます。少量を手軽に作りたいときに◎（水加減はP.22参照）。最初にごはんの「かたまり」をよくほぐして。

POINT 2 まとめ炊きなら炊飯器におまかせ

10倍がゆから、炊飯器で炊くことができます。水加減してスイッチを入れるだけなので、簡単！　炊飯モードだとふきこぼれるので、「おかゆモード」にするのを忘れずに。

POINT 3 軟飯は電子レンジでふっくら加熱OK

ごはんに1.5～2倍の水を加え、ラップをせずに電子レンジで熱々に加熱しましょう。加熱後にラップをかけて冷めるまで蒸らすと、十分に水を吸ってふっくらします。

POINT 4 ゴックン期は裏ごしして

ツブツブを飲み込めないゴックン期は、裏ごししてあげます。指で軽くつぶせるくらい米粒がやわらかくなっていれば、スプーンで押すだけで簡単に裏ごしができます。

フリージング&解凍のコツ

基本ワザ　10倍がゆは製氷皿が便利。1食分をはかって冷凍

ラップに包んで

製氷皿で

小分け容器で

数日～1週間分をまとめて炊き、1食分ずつ小分けしておけば毎日がラク！　10倍がゆは、キューブの小さい製氷皿へ。量が多くなったら、容量の多い製氷皿や、ラップ、小分け容器を利用します。

ママ★ラク　製氷皿の裏に流水をあてると出しやすい

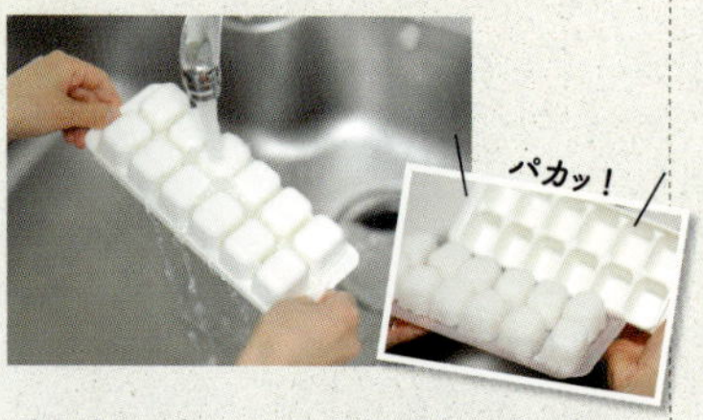

ガチガチに凍ったおかゆは、流水で底の部分を少しゆるめてとかすと、力いらずで出せます。腰原俊香ママ・温稀《はるき》くん（1才5カ月）

ハンドミキサーで一気にトロトロに！

10倍がゆの裏ごしは大変！　ハンドミキサーなら、一気に裏ごし状のトロトロにできますよ。酒井美紀ママ・奈《な》穂《ほ》ちゃん（6カ月）

ごはん 調理のポイント

ゴックン期

ゴックン期 5〜6カ月

エネルギー ビタミン・ミネラル たんぱく質

きな粉は香ばしさが人気＆栄養価も◎

きな粉にんじんがゆ

［材料］

10倍がゆ（P.22参照）…30g（大さじ2）

にんじん…5g（1.5㎝角1個）　きな粉…小さじ1/2

［作り方］

1. にんじんは皮をむいてやわらかくゆで、裏ごしする。
2. 10倍がゆはなめらかにすりつぶし、きな粉を加えてよくまぜ、1をのせる。

POINT

きな粉はおかゆによくまぜ込み、ダマがない状態になってから与える。

ゴックン期 5〜6カ月

エネルギー

だしでのばしてあげると、うまみが増す

だしがゆ

［材料］

10倍がゆ（P.22参照）…30g（大さじ2）

だし…大さじ1

［作り方］

10倍がゆはなめらかにすりつぶし、だしを加えてまぜる。

★ MEMO　だしはゴックン期から"うまみ調味料"として、安心して使えます。

ゴックン期 5〜6カ月

エネルギー ビタミン・ミネラル たんぱく質

飲み込みにくい食材をおかゆにIN！

鯛と小松菜のおかゆ

［材料］

10倍がゆ（P.22参照）…30g（大さじ2）

小松菜の葉…10g（大2枚）

鯛…5g（刺し身1/2切れ）

［作り方］

1. 小松菜はやわらかくゆで、裏ごしする（またはゆでて冷凍し、すりおろす）。
2. 鍋に湯少々（分量外）を沸かして鯛をゆで、なめらかにすりつぶし、ゆで汁少々でかたさを調節する。
3. 2に10倍がゆを加えてさらになめらかにすりつぶし、1を加えてまぜる。

ゴックン期 5〜6カ月

エネルギー ビタミン・ミネラル

おかゆが苦手なベビーには甘みをプラス

かぼちゃがゆ

［材料］

10倍がゆ（P.22参照）…30g（大さじ2）

かぼちゃ…10g（2㎝角1個）

湯冷まし…大さじ1〜2

［作り方］

1. かぼちゃは種を除いてラップに包み、電子レンジで約40秒加熱し、皮をとって裏ごしする。
2. 10倍がゆはなめらかにすりつぶし、1を加えてまぜ、湯冷ましでかたさを調節する。

※マークの見方　エネルギーはエネルギー源食品、ビタミン・ミネラルはビタミン・ミネラル源食品、たんぱく質はたんぱく質源食品の略で、材料に含まれる主な栄養素を示しています。また、卵、乳（乳製品）、小麦（小麦粉）が含まれるものを明記しています。

カミカミ期
9〜11カ月

エネルギー
ビタミン・ミネラル
たんぱく質

とろみあんでのどごしよく、食べやすい

白菜と豆腐のあんかけごはん

[材料]

4倍がゆ(P.22参照)…70g(子ども茶わん七分目)
白菜…20g(中1/5枚)
木綿豆腐…20g(2cm角2個)　水どきかたくり粉…少々
ごま油…少々

[作り方]

1 白菜は1cm長さの細切りにする。
2 鍋にごま油を弱火で熱し、1をさっといため、かぶるくらいの水(分量外)を加えて煮る。白菜がやわらかくなったら、豆腐をくずして加え、水どきかたくり粉でとろみをつける。
3 器に4倍がゆを盛り、2をかける。

モグモグ期
7〜8カ月

エネルギー
ビタミン・ミネラル
たんぱく質

かつおぶしを直接入れれば、だしいらず

チンゲン菜がゆのおかかまぜ

[材料]

5倍がゆ(P.22参照)…50g(大さじ3強)
チンゲン菜の葉…20g(2枚)　かつおぶし…1g

[作り方]

1 チンゲン菜はやわらかくゆで、こまかく刻む。
2 鍋に5倍がゆ、1を入れ、弱火でさっと煮る。かつおぶしを手でこまかくもみほぐして加え、まぜ合わせる。

POINT

かつおぶしはそのままでは食べづらいので、手でもみながらほぐす。

カミカミ期
9〜11カ月

エネルギー
ビタミン・ミネラル
たんぱく質
乳

チーズの風味を楽しめる洋風メニュー

ブロッコリーのリゾット風

[材料]

5倍がゆ(P.22参照)…90g(子ども茶わん軽く1杯)
ブロッコリー…20g(小房2個)
粉チーズ…小さじ1/2

[作り方]

1 ブロッコリーはやわらかくゆで、あらく刻む。
2 あたたかい5倍がゆに粉チーズの半量、1を加えてまぜる。器に盛り、残りの粉チーズをかける。

モグモグ期
7〜8カ月

エネルギー
ビタミン・ミネラル
たんぱく質

お肉やトマトのうまみでおかゆに変化を

鶏ささ身とトマトのおかゆ

[材料]

5倍がゆ(P.22参照)…60g(大さじ4)
トマト…20g(中1/8個)　鶏ささ身肉…10g(1/5本)

[作り方]

1 鶏ささ身は熱湯でさっとゆで、こまかく刻む。トマトは皮と種を除き、こまかく刻む。
2 耐熱容器に5倍がゆ、1を入れてまぜ、ラップをかけて電子レンジで約1分30秒加熱する。

POINT

パサつきがちなささ身は、トマトと同じくらいこまかく刻んで。

パクパク期 1才～1才6カ月

エネルギー ビタミン・ミネラル たんぱく質

ちぎりのりは、口の中でほぐれやすい

のりまぶしおにぎり

[材料]

ごはん(P.22参照)…80g
(子ども茶わん八分目)
しらす干し…10g
(大さじ2弱)
のり…適量

[作り方]

1 しらす干しは熱湯1/2カップ(分量外)に5分ほどつけて湯をきり、あらく刻む。
2 ごはんに1を加えてまぜ、ひと口大の丸いおにぎりを握る。のりをこまかくちぎって表面にまぶす。

カミカミ期 9～11カ月

エネルギー ビタミン・ミネラル たんぱく質 乳 小麦

軟飯はカリッと焼けば手づかみできる

トマトとチーズのごはんお焼き

[材料]

軟飯(P.22参照)…80g
(子ども茶わん八分目)
トマト…20g(中1/8個)
粉チーズ…小さじ1/2
小麦粉…大さじ1
植物油…少々

[作り方]

1 トマトは皮と種を除き、あらく刻む。
2 ボウルに軟飯、1、粉チーズ、小麦粉を入れてまぜる。
3 フライパンに油を中火で熱し、2を入れて7㎜ほどの厚さになるように広げる。両面を4分ほどかけてこんがりと焼き、食べやすく切る。

★ MEMO 粉チーズは手軽に風味をプラスできる！ 塩分があるので少量に。

パクパク期 1才～1才6カ月

エネルギー ビタミン・ミネラル たんぱく質 乳 小麦

即席ホワイトソースでリッチな味わい

アスパラガスのドリア

[材料]

軟飯(P.22参照)…90g(子ども茶わん軽く1杯) アスパラガス…40g(中2本)
小麦粉…小さじ1
牛乳…80㎖
植物油…小さじ1/2

[作り方]

1 アスパラガスは根元のかたい部分を切り落とし、下半分の皮をむく。さっとゆで、7㎜角に切る。
2 フライパンに油を弱めの中火で熱し、1をいためる。小麦粉を振り入れてまぜ、牛乳を加えてとろみがつくまでまぜながら煮る。
3 耐熱容器に軟飯を入れて2をかけ、オーブントースターで7分ほど、軽く焼き色がつくまで焼く。

カミカミ期 9～11カ月

エネルギー ビタミン・ミネラル たんぱく質 卵

家にある食材でパパッと栄養満点に♪

ピーマン卵チャーハン

[材料]

軟飯(P.22参照)…70g
(子ども茶わん七分目)
ピーマン…20g
(中1/2個)
とき卵……1/2個
植物油…少々

[作り方]

1 ピーマンはへたと種を除き、みじん切りにする。
2 フライパンに油を中火で熱し、1を入れて2分ほどいため、軟飯を加えて全体をいためる。
3 とき卵を回し入れ、卵に火が通るまでまぜながらいためる。

※マークの見方 エネルギー はエネルギー源食品、ビタミン・ミネラル はビタミン・ミネラル源食品、たんぱく質 はたんぱく質源食品の略で、材料に含まれる主な栄養素を示しています。
また、卵、乳(乳製品)、小麦(小麦粉)が含まれるものを明記しています。

パン

食パンは冷凍・解凍がすぐできて、調理もラク。6カ月以降に
パンがゆからはじめ、1才前後から手づかみメニューをふやしましょう。

選び方は?

シンプルな食パンを選びます。耳も食べやすく調理すれば使ってOK。バターロールは脂質が、フランスパンは塩分が多いので注意して。

栄養は?

糖質(デンプン質)のほか、脂質や塩分も含まれているので、食べさせる量はごはんより少なめに。牛乳・乳製品と相性がよく、組み合わせるとカルシウム補給のメニューに役立ちます。

形状チェック! 実物大

ゴックン期 5〜6カ月

6カ月以降からが無難

米がゆに慣れたゴックン期後半(生後6カ月以降)から様子を見ながら少しずつ与える。

モグモグ期 7〜8カ月

こまかくちぎるか刻み、かぶるくらいの水分(牛乳)などを加えてやわらかく煮る。

カミカミ期 9〜11カ月

1cm大にちぎり、水分(牛乳)などで軽くしめらせる。または、軽くトーストする。

パクパク期 1才〜1才6カ月

手づかみしやすい大きさに切り、軽くトーストする。

調理のポイント

POINT 1 最初はちぎるより刻むと小さくなる

食パンは手でこまかくちぎってもかまいませんが、ちぎると長いかたまりになりやすいです。モグモグ期は包丁で刻むほうが、手早くみじん切りにできます。

POINT 2 カミカミ期からは手でちぎるとラク

少し大きなかたまりが食べられるようになったら、手でちぎって鍋に入れるのが簡単。牛乳、だし、野菜スープなど、水分を変えるだけでパンがゆのバリエも豊富に!

POINT 3 パンがゆは電子レンジでも

耐熱容器にパンをちぎって入れ、かぶるくらいの水分を加え、ラップをかけて熱々に加熱します。そのまま蒸らせば、パンがゆの完成。時間のないときの朝食にもおすすめ。

POINT 4 めん棒でのばすと巻きやすい

食パン(耳なし)に具をのせてロールサンドにするときは、めん棒を転がして薄くのばすと、巻きやすくなります。つぶしすぎないように、軽く押さえるだけで大丈夫。

フリージング&解凍のコツ

基本ワザ ちぎったり、手づかみしやすい形状で冷凍する

＼1枚のまま／

＼スティック状で／

カミカミ期までは、1cm幅くらいのスティック状にすれば、パンがゆにも手づかみにも対応できます。パクパク期は、ロールサンドや型抜きができる1枚サイズで。

ママ★ラク 1才の誕生日は食パンケーキでお祝い♥

サンドイッチ用食パンを丸く型抜きし、ベビーダノンを塗って重ね、いちごを飾りました。パクパク完食。和田佳子ママ・心《こころ》ちゃん(1才)

フレンチトーストは手づかみに◎

卵と牛乳をまぜ、食パンをひたして焼いて冷凍。手づかみに役立つ!
橋本 薫ママ・結《ゆう》和《わ》くん(1才)

モグモグ期 7〜8カ月

エネルギー　ビタミン・ミネラル　たんぱく質　卵　乳　小麦

卵の黄身でまろやかなコクが加わる

ブロッコリーの卵パンがゆ

[材料]

食パン…20g
(8枚切り1/2枚弱)
ブロッコリー…15g
(小房1個半)
かたゆで卵の黄身…
1/2個　水…大さじ4
水どきかたくり粉…少々

[作り方]

1 ブロッコリーはやわらかくゆで、こまかく刻む。
2 鍋に食パンをこまかくちぎって入れ、水を加え、ふやけるまで5分ほどおいて弱火にかける。
3 2が煮立ったら全体をまぜ、1を加え、黄身をくずし入れてなめらかにまぜる。水どきかたくり粉でとろみをつける。

モグモグ期 7〜8カ月

エネルギー　ビタミン・ミネラル　たんぱく質　卵　乳　小麦

舌でつぶす練習にぴったりのレシピ

にんじんとバナナのパンがゆ

[材料]

食パン…10g
(8枚切り1/4枚弱)
にんじん…20g
(2㎝角2個)
バナナ…20g(小1/5本)
牛乳…1/4カップ

[作り方]

1 にんじんは皮をむいてやわらかくゆで、こまかくつぶす。
2 鍋に食パンをこまかくちぎって入れ、バナナ、牛乳を加えて火にかけ、バナナをつぶしながら煮る。
3 2がとろりとしたら器に盛り、1をのせる。

モグモグ期 7〜8カ月

エネルギー　ビタミン・ミネラル　たんぱく質　卵　乳　小麦

ほどよいトロトロ食感がヤミツキに！

いちごヨーグルトパンがゆ

[材料]

食パン…20g
(8枚切り1/2枚弱)
いちご…10g(中1個)
ヨーグルト…50g
(1/4カップ)

[作り方]

1 いちごは裏ごしし(はじめて食べさせる場合は熱々に加熱してから冷ます)、ヨーグルトとまぜ合わせる。
2 食パンはこまかくちぎって1に加え、しばらくおいてふやかし、トロトロにまぜる。

モグモグ期 7〜8カ月

エネルギー　ビタミン・ミネラル　卵　乳　小麦

甘ずっぱいオレンジ果汁で食欲アップ

トマトオレンジパンがゆ

[材料]

食パン…15g
(8枚切り1/3枚)
トマト…20g
(中1/8個)
オレンジ果汁…
小さじ1

[作り方]

1 トマトは皮と種を除き、すりつぶす。
2 耐熱容器に食パンをこまかくちぎって入れ、かぶるくらいの水(分量外)にひたし、ふやけたら軽く水けをしぼる。ラップをかけて電子レンジで30秒ほど加熱する。
3 1に2を加えてあらくすりつぶし、オレンジ果汁を加えてまぜる。湯冷まし(分量外)でかたさを調節する。

※マークの見方　エネルギーはエネルギー源食品、ビタミン・ミネラルはビタミン・ミネラル源食品、たんぱく質はたんぱく質源食品の略で、材料に含まれる主な栄養素を示しています。
また、卵、乳(乳製品)、小麦(小麦粉)が含まれるものを明記しています。

カミカミ期 9〜11カ月

エネルギー
ビタミン・ミネラル
たんぱく質

卵
乳
小麦

トマトの汁けでしっとりジューシーに
トマトエッグサンド

[材料]

食パン…30g
(サンドイッチ用2枚)
トマト…30g(中1/5個)
かたゆで卵…1/2個

[作り方]

1 トマトは皮と種を除き、あらく刻む。
2 ゆで卵は白身だけあらみじん切りにし、ボウルに入れて黄身、1を加えてまぜ合わせる。
3 食パン1枚に2を塗り、もう1枚ではさんでしっかり押さえ、食べやすい大きさに切る。

カミカミ期 9〜11カ月

エネルギー
ビタミン・ミネラル
たんぱく質

卵
乳
小麦

卵は最後にからめるのがコツ
フレンチトースト

[材料]

食パン…25g(8枚切り1/2枚)
オレンジジュース(果汁100%)…大さじ4
とき卵…1/2個分
バター…少々

[作り方]

1 食パンは手づかみしやすい大きさに切る。
2 バットに1を並べ、オレンジジュースをかけてふやかす。
3 フライパンにバターを弱めの中火で熱し、2を1切れずつとき卵にくぐらせて並べ、卵に火が通るまで両面をこんがりと焼く。

POINT

オレンジジュースは、食パンに均一にかけてよくしみ込ませて。

カミカミ期 9〜11カ月

エネルギー
ビタミン・ミネラル
たんぱく質

卵
乳
小麦

レンジでチン！して手軽に作れちゃう
かぼちゃのパンプディング

[材料]

食パン…25g
(8枚切り1/2枚)
かぼちゃ…25g
(3cm角1個弱)
とき卵…1/2個分
水…60ml

[作り方]

1 かぼちゃは種を除いてラップに包み、電子レンジで約1分20秒加熱し、皮をとってなめらかにつぶす。
2 1に卵、水を加えてまぜる。
3 耐熱皿に食パンを小さくちぎって並べ、2を流し入れて5分ほどひたす。ラップをかけ、電子レンジで約1分30秒、卵にしっかり火が通るまで加熱する。

★ MEMO たんぱく質の適量を守るため、卵液は牛乳ではなく水でのばす。

カミカミ期 9〜11カ月

エネルギー
ビタミン・ミネラル
たんぱく質

卵
乳
小麦

カリカリパンがおいしく食べやすく♪
バナナ豆腐のディップトースト

[材料]

食パン…15g
(サンドイッチ用1枚)
バナナ…30g(中1/4本)
木綿豆腐…20g
(2cm角2個)

[作り方]

1 バナナと湯通しした豆腐は裏ごしし、まぜ合わせる。
2 食パンはスティック状に切り、オーブントースターでこんがりと焼き、1を添える。

パクパク期 1才～1才6カ月

エネルギー / ビタミン・ミネラル / たんぱく質

卵 / 乳 / 小麦

缶詰2つで手軽に！　大人もおいしい♥

ツナコーントースト

[材料]

食パン…40g（8枚切り4/5枚）　クリームコーン…大さじ1　ツナ水煮缶…10g（汁けをきって大さじ1弱）

[作り方]

1. クリームコーンは裏ごしし、ツナとまぜ合わせる。
2. 食パンに1を塗り、オーブントースターで5分ほど焼き、スティック状に切る。

POINT

クリームコーンは薄皮が食べづらいので、裏ごししてとり除く。

パクパク期 1才～1才6カ月

エネルギー / ビタミン・ミネラル / たんぱく質

卵 / 乳 / 小麦

はさむ工夫で手づかみしても落ちにくい

きゅうりチーズサンド

[材料]

食パン…40g（8枚切り4/5枚）
きゅうりの輪切り…8～10枚　スライスチーズ…2/3枚

[作り方]

1. 食パンは8～10等分に切り、横からポケット状に切り込みを入れる。
2. スライスチーズはパンと同じ数に分け、きゅうりとともに1にはさむ。

POINT

パンの横にポケットを作ると、はさんだ具が落ちにくく、食べやすい。

パクパク期 1才～1才6カ月

エネルギー / ビタミン・ミネラル / たんぱく質

卵 / 乳 / 小麦

生のトマトだからフレッシュな味わい

ピザトースト

[材料]

食パン…40g
（8枚切り4/5枚）
トマト…40g（中1/4個）
ピザ用チーズ…20g
（大さじ3）

[作り方]

1. トマトは皮と種を除き、こまかく刻む。
2. 食パンに1を広げてピザ用チーズを散らし、オーブントースターでこんがりと焼き、食べやすく切る。

パクパク期 1才～1才6カ月

エネルギー / ビタミン・ミネラル / たんぱく質

卵 / 乳 / 小麦

お出かけ先でもパクッと食べられる！

かぼちゃのロールサンド

[材料]

食パン…15g
（サンドイッチ用1枚）
かぼちゃ…30g
（3cm角1個）
粉チーズ…小さじ1

[作り方]

1. かぼちゃは皮と種を除いてさっと洗ってラップに包み、電子レンジで約1分加熱し、なめらかにつぶす。粉チーズを加えてまぜる。
2. 食パンはめん棒で薄くのばし、1を塗り、ロール状に巻いて一口大に切る。

★ **MEMO** バナナ小1本（100g）を添えるのがおすすめ。

※マークの見方 エネルギー はエネルギー源食品、ビタミン・ミネラル はビタミン・ミネラル源食品、たんぱく質 はたんぱく質源食品の略で、材料に含まれる主な栄養素を示しています。
また、卵、乳（乳製品）、小麦（小麦粉）が含まれるものを明記しています。

めん

・うどん
・そうめん
・パスタ
・中華蒸しめん

ベビーに人気のめんですが、原料が小麦粉なので、うどんは6カ月以降に。そうめんは7カ月～、パスタは9カ月～、中華蒸しめんは1才～がおすすめ。

選び方は?

うどんは「ゆでうどん」が、パスタは早くやわらかくなる「早ゆでタイプ」が便利です。

栄養は?

主成分は糖質(デンプン質)。つるんとした食感で食べやすいため、ほかの食材と組み合わせて栄養価を高められるのがメリット。野菜と大豆製品や魚、肉などのたんぱく質をいっしょに調理して、具だくさんにしましょう。

実物大 形状チェック!(うどん)

ゴックン期 5～6カ月

6カ月以降からが無難

米がゆに慣れたゴックン期後半(生後6カ月以降)から様子を見ながら少しずつ与える。

モグモグ期 7～8カ月

2㎜大に刻み、指で軽く力を入れてつぶれるくらいくたくたに煮る。

カミカミ期 9～11カ月

1㎝長さに切り、指で軽く力を入れてつぶれるくらいくたくたに煮る。

パクパク期 1才～1才6カ月

2～3㎝長さに切り、指で力を入れてつぶれるくらいくたくたに煮る。

調理のポイント

POINT 1 袋入りのめんは袋ごとカット

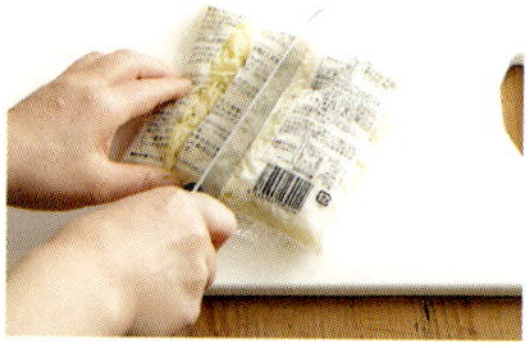

ゆでうどんや中華蒸しめんは、袋に入れたまま使う分だけカットすると、残った分も保存しやすいです。残りは断面にラップをして冷蔵庫に入れ、早めに使いきって。

POINT 2 ゆでうどんは刻んでからゆでる

ゆでる前のほうがめんがまとまっていて、刻みやすいです。包丁をぬらしておくと、くっつきにくくなります。モグモグ期は特にこまかく刻んで、やわらかく煮ましょう。

POINT 3 そうめんは折ってからゆでる

乾めんを手でポキポキ折ると、均一な長さにそろえられるし、ゆでたあとにまな板と包丁を使わずにすむのでラク! そうめんは塩分が多いので、必ず下ゆでします。

POINT 4 パスタはゆでて食べやすく切る

パスタはフォークで刺しやすく、手づかみしやすいねじねじ状が人気。塩を入れない熱湯で大人より長く、指で軽く力を入れてつぶせるやわらかさにゆで、食べやすく切ります。

ママ★ラク

短く切ってある冷凍うどんを愛用

「赤ちゃん屋　やわらかうどん」は、離乳食用に短く切ってあり、すぐ使えて大助かり! 村上美紗子ママ・里奈《りな》ちゃん(1才2カ月)

そうめんをふきんで巻きテーブルの角で砕く!

ふきんをテーブルの角に当てて上下に動かすと、一気に粉々になるんです。気持ちいい♡ 秋山育代ママ・悠《ゆう》太《た》くん(8カ月)

フリージング&解凍のコツ

基本ワザ やわらかくゆでてから1食分をはかって冷凍

小分け容器で

ラップに包んで

めん類はすべて、食べやすい長さに切ってやわらかくゆでで、1食分をはかって冷凍しておくと便利です。電子レンジで解凍・加熱すれば、もとのやわらかさに。

モグモグ期 7～8カ月

エネルギー ビタミン・ミネラル たんぱく質

小麦

納豆のねばねばが具をまとめてくれる

パプリカ納豆うどん

[材料]

ゆでうどん…40g(1/5玉)
パプリカ…20g
(中1/6個)
ひき割り納豆…15g
(大さじ1)

[作り方]

1 パプリカは皮をむいてやわらかくゆで、こまかく刻む。
2 うどんはこまかく刻み、指でつぶれるくらいのやわらかさにゆで、湯をきる。
3 器にひき割り納豆、1、2を入れ、よくまぜ合わせる。

モグモグ期 7～8カ月

エネルギー たんぱく質

小麦

しらすのうまみでシンプルに味わう

しらすうどん

[材料]

ゆでうどん…40g(1/5玉)
しらす干し…10g
(大さじ2弱)
水…2/3カップ

[作り方]

1 うどんはこまかく刻む。
2 しらす干しは熱湯1/2カップ(分量外)に5分ほどつけて湯をきり、こまかく刻む。
3 鍋に1、水を入れ、弱火でうどんがやわらかくなるまで5分ほど煮る。2を加え、1分ほど煮る。

モグモグ期 7～8カ月

エネルギー ビタミン・ミネラル たんぱく質

小麦

いろいろな食感をまぜてモグモグ快調♪

鶏ささ身とチンゲン菜のうどん

[材料]

ゆでうどん…40g(1/5玉)
チンゲン菜の葉…10g
(1枚)
鶏ささ身肉…10g
(1/5本)
だし…1カップ

[作り方]

1 うどん、チンゲン菜、ささ身はこまかく刻む。
2 鍋にうどん、チンゲン菜、だしを入れ、弱火でうどんがやわらかくなるまで5分ほど煮る。ささ身を加え、火が通るまで煮る。

モグモグ期 7～8カ月

エネルギー ビタミン・ミネラル たんぱく質

小麦

魚のだしが出てほっとするやさしい味

大根と白身魚のうどん

[材料]

ゆでうどん…50g(1/4玉)
大根…15g
(2.5cm角1個)
鯛…10g
(刺し身1切れ)
だし…1/2カップ

[作り方]

1 うどん、大根はこまかく刻む。
2 鍋に1、だしを入れ、弱火でうどんがやわらかくなるまで5分ほど煮る。鯛を加え、火が通ったら身をほぐして全体をまぜる。

※マークの見方 エネルギー はエネルギー源食品、ビタミン・ミネラル はビタミン・ミネラル源食品、たんぱく質 はたんぱく質源食品の略で、材料に含まれる主な栄養素を示しています。
また、卵、乳(乳製品)、小麦(小麦粉)が含まれるものを明記しています。

カミカミ期 9〜11カ月

エネルギー
ビタミン・ミネラル
たんぱく質
小麦

寒い季節にはあたたかい汁そうめんに
麸と白菜のにゅうめん

[材料]
そうめん…20g
(1/2束弱)
白菜…30g
(1/3枚弱)
麸…3個
だし…1/2カップ

[作り方]
1. そうめんは2cm長さに折ってゆで、冷水にとって洗い、水けをきる。
2. 白菜はこまかく刻む。鍋にだしを煮立て、白菜を加えてやわらかくなるまで煮る。
3. そうめんを加え、麸を手で小さくくずしながら加え、やわらかく煮る。

POINT

麸は汁けを吸ってふくらむので、ふんわりとした食感になる。

モグモグ期 7〜8カ月

エネルギー
ビタミン・ミネラル
たんぱく質
小麦

甘いあんがさっぱりそうめんにマッチ！
かぼちゃのだし煮そうめん

[材料]
そうめん…15g(1/3束弱)
かぼちゃ…20g
(2cm角2個)
鶏ささ身…10g
(1/5本)
だし…1/3カップ

[作り方]
1. そうめんはこまかく折り、表示より少し長めにやわらかくゆで、冷水にとって洗い、水けをきる。
2. 鍋にだしを煮立て、ささ身を入れて火を通し、とり出してこまかく刻む。
3. 2の鍋に皮と種を除いたかぼちゃを加え、やわらかく煮てつぶし、ささ身を戻し入れる。
4. 器に1を盛り、3をかける。

カミカミ期 9〜11カ月

エネルギー
ビタミン・ミネラル
たんぱく質
小麦

食感豊か！　よくかんで食べごたえ満足
アスパラ肉だんごうどん

[材料]
ゆでうどん…60g(1/4玉強)
アスパラガス…20g(中1本)
かたくり粉…小さじ1/2
A(豚赤身ひき肉…15g
ねぎのみじん切り…小さじ1
かたくり粉…小さじ1/2)
だし…1/3カップ

[作り方]
1. アスパラガスは根元のかたい部分を切り落とし、下半分の皮をむく。さっとゆでてあらく刻み、かたくり粉をまぶす。うどんは1〜2cm長さに切る。
2. ボウルにA、アスパラガスを入れてまぜ、小さく丸める。
3. 鍋にだしを中火で煮立て、2を加え、火が通ったらうどんを加えてやわらかく煮る。

モグモグ期 7〜8カ月

エネルギー
ビタミン・ミネラル
たんぱく質
小麦

かつおのだしがじんわりしみ込む
おかか入りなすそうめん

[材料]
そうめん…15g
(1/3束弱)
なす…20g
(中1/4個)
かつおぶし…
少々

[作り方]
1. そうめんは表示より少し長めにやわらかくゆで、冷水にとって洗い、水けをきってこまかく刻む。
2. なすは皮をむいてすぐラップに包み、電子レンジで約20秒加熱し、こまかく刻む。
3. 1、2、かつおぶしをまぜ合わせる。

POINT

モグモグ期は、そうめんは1cm長さが目安。折ってゆでるか、ゆでてから刻んで。

カミカミ期 9〜11カ月

エネルギー ビタミン・ミネラル たんぱく質 小麦

王道のメニューはベビーにも大人気！

スパゲティミートソース

［材料］

スパゲティ…20g
トマト…30g（中1/5個）　玉ねぎ…10g（1cm幅くし形切り1個）
牛赤身薄切り肉…15g
水…大さじ3
オリーブ油…少々

［作り方］

1 玉ねぎはみじん切りにする。トマトは皮と種を除き、こまかく刻む。牛肉はこまかく刻む。
2 スパゲティは2〜3cm長さに折り、表示より少し長めにやわらかくゆで、器に盛る。
3 フライパンにオリーブ油を中火で熱し、牛肉と玉ねぎを入れて1分ほどいため、トマト、水を加えて火を弱め、とろりとするまで煮て、2にかける。

カミカミ期 9〜11カ月

エネルギー ビタミン・ミネラル たんぱく質 小麦

食欲がないときも、これならさっぱり

高野豆腐入り冷やしそうめん

［材料］

そうめん…30g（2/3束強）
きゅうり…20g（中1/5本）
高野豆腐（すりおろし）…小さじ1
だし…1/3カップ

［作り方］

1 鍋にだしを煮立て、高野豆腐を加えてさっと煮て、冷ます。
2 きゅうりは皮をむき、1cm長さに切ってから細切りにし、1に加えてまぜる。
3 そうめんは2cm長さに折ってやわらかくゆで、冷水にとって洗い、水けをきる。器に盛り、2をかける。

カミカミ期 9〜11カ月

エネルギー ビタミン・ミネラル たんぱく質 小麦

ひき割り納豆なら、しっかりからむ

ほうれんそうと納豆の和風パスタ

［材料］

スパゲティ…25g
ほうれんそう…20g（2/3株）
ひき割り納豆…18g（大さじ1強）

［作り方］

1 ほうれんそうはやわらかくゆで、こまかく刻む。
2 スパゲティは2cm長さに折り、表示より少し長めにやわらかくゆでる。
3 1、2、納豆を合わせてよくまぜる。

カミカミ期 9〜11カ月

エネルギー ビタミン・ミネラル たんぱく質 小麦

具はとろみをつけ、めんにからみやすく

キャベツと豚肉のあんかけうどん

［材料］

ゆでうどん…60g（1/4玉強）
キャベツ…25g（中1/2枚）
ねぎのみじん切り…小さじ1
豚赤身ひき肉…15g（大さじ1）
野菜スープ…1/4カップ
A（かたくり粉…小さじ1/2
水…小さじ1）　ごま油…少々

［作り方］

1 キャベツは1cm長さの細切りにする。
2 フライパンにごま油を中火で熱し、ねぎ、1を入れていため、豚ひき肉を加えてさらにいためる。野菜スープを加え、キャベツがやわらかくなるまで煮て、まぜ合わせたAでとろみをつける。
3 うどんは1.5cm長さに切ってさっとゆで、器に盛り、2をかける。

※マークの見方　エネルギー はエネルギー源食品、ビタミン・ミネラル はビタミン・ミネラル源食品、たんぱく質 はたんぱく質源食品の略で、材料に含まれる主な栄養素を示しています。
また、卵、乳（乳製品）、小麦（小麦粉）が含まれるものを明記しています。

パクパク期 1才～1才6カ月

エネルギー
ビタミン・ミネラル
たんぱく質
小麦

くたくたのだし煮込みはおいしい定番

小松菜入り煮込みうどん

［材料］

ゆでうどん…100g（1/2玉）
小松菜…30g（中3/4株）
豚赤身薄切り肉…15g
だし…1カップ

［作り方］

1 うどんは2～3cm長さに切る。小松菜、豚肉は1cm弱の食べやすい大きさに刻む。
2 鍋にだしを煮立て、うどん、小松菜を加え、やわらかくなるまで3分ほど煮る。
3 豚肉を加え、やわらかく煮る。

パクパク期 1才～1才6カ月

エネルギー
ビタミン・ミネラル
たんぱく質
小麦

水を足してしっとり仕上げるのがコツ

豚肉の焼きうどん

［材料］

ゆでうどん…100g（1/2玉）
玉ねぎ…30g（中1/5個）
豚赤身薄切り肉…15g
植物油…少々
水…大さじ1.5

［作り方］

1 うどんは2～3cm長さに切る。玉ねぎはせん切りにする。豚肉は1cm長さの細切りにする。
2 フライパンに油を中火で熱し、豚肉、玉ねぎを入れてさっといためる。うどん、水を加え、水分をとばしながらいため、しっとりと仕上げる。

パクパク期 1才～1才6カ月

エネルギー
ビタミン・ミネラル
小麦

いろいろな野菜のうまみをギュッと凝縮

野菜のスープパスタ

［材料］

ショートパスタ（ねじねじ状）…30g
キャベツ…25g（中1/2枚）
アスパラガスの穂先…5g（1～2本分）
ミニトマト…2個
野菜スープ…2/3カップ
水どきかたくり粉…少々

［作り方］

1 キャベツはあらみじん切りにする。アスパラガスは1cm長さに切る。ミニトマトは皮と種を除き、あらく刻む。
2 パスタは表示より少し長めにやわらかくゆで、食べやすく切る。
3 鍋に野菜スープを煮立て、1、2を加えてやわらかく煮て、水どきかたくり粉を加えて軽くとろみをつける。

パクパク期 1才～1才6カ月

エネルギー
ビタミン・ミネラル
たんぱく質
小麦

ちゅるんと食べやすくて、食が進む！

トマトと豆腐のぶっかけそうめん

［材料］

そうめん…30g（2/3束強）
トマト…40g（中1/4個）
豆腐…50g（1/6丁）
だし…1/3カップ

［作り方］

1 トマトは皮と種を除き、あらく刻む。豆腐はさっと湯通しする。
2 そうめんは2cm長さに折ってやわらかくゆで、冷水にとって洗い、水けをきる。
3 器に2を盛り、豆腐を手でくずしてのせ、トマトをのせ、だしを注ぐ。

めん

パクパク期 1才～1才6カ月

エネルギー　ビタミン・ミネラル　たんぱく質

小麦　乳

豆乳ソースにバターでコクをプラス

ほうれんそうの豆乳パスタ

[材料]

ショートパスタ
(ねじねじ状)…30g
ほうれんそう…30g(1株)
豆乳(成分無調整)…
1/4カップ
バター…少々

[作り方]

1 ほうれんそうはやわらかくゆで、1cm長さに刻む。パスタは表示より少し長めにやわらかくゆで、食べやすく切る。
2 フライパンにバターを中火で熱し、1を入れてさっといため、豆乳を加えて1分ほど煮る。

パクパク期 1才～1才6カ月

エネルギー　ビタミン・ミネラル　たんぱく質

小麦

ツナのいい味が出て、簡単なのに美味!

トマトとツナのパスタ

[材料]

スパゲティ…30g
トマト…20g(中1/8個)
ツナ水煮缶…15g
(大さじ1.5)
オリーブ油…少々

[作り方]

1 トマトは皮と種を除き、あらく刻む。
2 スパゲティは2～3cm長さに折り、表示より少し長めにやわらかくゆでる。
3 フライパンにオリーブ油を中火で熱し、トマト、ツナを入れてさっといため、2を加えて全体をからめる。

パクパク期 1才～1才6カ月

エネルギー　たんぱく質

小麦

保育園で人気のおやつをアレンジ♥

あべかわパスタ

[材料]

ショートパスタ
(ねじねじ状)…20g
A(きな粉…大さじ1/2
砂糖…小さじ1/2)

[作り方]

1 Aはまぜ合わせる。
2 パスタは表示より少し長めにやわらかくゆで、1をまぶし、しっとりとさせる。

★MEMO きな粉はむせないよう、粉っぽさがなくなるまでしっとりさせる。

パクパク期 1才～1才6カ月

エネルギー　ビタミン・ミネラル　たんぱく質

卵　小麦

大人と同じ具を食べやすく調理して

ベビー焼きそば

[材料]

中華蒸しめん…70g
(1/2玉弱)
キャベツ…20g(中1/3枚)
にんじん…10g(2cm角1個)
豚赤身薄切り肉…10g
植物油…少々
水…大さじ2

[作り方]

1 キャベツ、にんじん、豚肉は1cm長さの細切りにする。中華蒸しめんは2～3cm長さに切る。
2 フライパンに油を中火で熱し、豚肉、キャベツ、にんじんを入れていためる。
3 中華蒸しめん、水を加え、水分をとばしながらいため、しっとりと仕上げる。

パクパク期

※マークの見方 エネルギーはエネルギー源食品、ビタミン・ミネラルはビタミン・ミネラル源食品、たんぱく質はたんぱく質源食品の略で、材料に含まれる主な栄養素を示しています。
また、卵、乳(乳製品)、小麦(小麦粉)が含まれるものを明記しています。

いも ・じゃがいも ・さつまいも

いも類はデンプン質が多いので、離乳食では主食になります。
加熱するとつぶしやすく、トロトロ状に調理するにもうってつけ。

選び方は？

持つと重量感があり、傷がなく、皮にハリがあるもの。じゃがいもは芽が出ていないものを。

栄養は？

主成分は糖質（デンプン質）ですが、加熱に強いビタミンCをたっぷり含んでいるので、かぜの予防に◎。食物繊維も多く含み、便秘の解消に有効です。栄養価が高いので、主食としても、おかずとしても利用したい食品です。

形状チェック！（じゃがいも） 実物大

ゴックン期 5～6カ月

やわらかく加熱し、裏ごしして水分でかたさを調節する。

モグモグ期 7～8カ月

やわらかく加熱し、ていねいにつぶして水分でかたさを調節する。

カミカミ期 9～11カ月

やわらかく加熱し、5mm角に切る。または、あらくつぶす。

パクパク期 1才～1才6カ月

やわらかく加熱し、1cm角に切る。または、あらくつぶす。

調理のポイント

POINT 1 じゃがいもは芽をくりぬく

じゃがいもの芽（くぼんだ部分）や、緑に変色した皮には有毒物質が含まれています。芽は包丁の刃元でくりぬいてとり除き、緑色の部分は皮を厚めにむきましょう。

POINT 2 輪切りにして水からゆでる

皮をむいたじゃがいもは1cm厚さの輪切りにして鍋に入れ、かぶるくらいの水を加えてやわらかくなるまでゆでます。あれば、こぶ少々を加えると、うまみがアップ！

POINT 3 電子レンジなら丸ごとチン！

じゃがいもは皮つきのまま洗い、ぬれた状態でラップに包み、電子レンジで100gにつき約2分を目安に加熱。熱いうちに皮をむきます。

POINT 4 さつまいもは皮を厚めにむいて

さつまいもは皮の内側の繊維がかたいので厚めにむき、水にさらしてアク抜きし、②と同様にゆでます。または、皮つきのまま蒸しても。じっくり加熱すると甘みが増します。

フリージング&解凍のコツ

基本ワザ やわらかく加熱してつぶすか、切り分けて

＼ラップに包んで／

＼フリーザーバッグで／

ゴックン期はフリーザーバッグに平らに入れ、筋目をつけて冷凍すると1回分ずつポキッと折ってとり出せます。モグモグ期からはつぶすか、角切りにして冷凍を。

ママ★ラク

炊飯器で蒸すとラク&甘くておいしい！

大人のごはんを炊くときに、いもをアルミホイルに包んでポン！　時間をかけて蒸すと甘くなるんです。みやこママ・男の子（9カ月）

まとめてゆでてボール状にして冷凍

いも類はまとめてゆでて、ボール状にして冷凍しています。適量を出しやすいですよ。上野眞理子ママ・稜《り》空《く》くん（1才）

ゴックン期 5～6カ月

エネルギー たんぱく質

いもの甘みに大豆のうまみをミックス

さつまいもの豆乳ポタージュ

[材料]

さつまいも…20g
(2㎝角2個)
豆乳…大さじ1～2

[作り方]

1 さつまいもは皮を厚めにむき、5分ほど水にさらしてアク抜きし、やわらかくゆでて裏ごしする。
2 鍋に1、豆乳を入れて弱火で熱し、まぜてなじませる。

ゴックン期 5～6カ月

エネルギー ビタミン・ミネラル

あっさり味のいもに酸味でアクセント

トロトロいものトマトのせ

[材料]

じゃがいも…20g
(中1/8個)
トマト…3g
(果肉小さじ1/2)

[作り方]

1 じゃがいもは皮をむいてやわらかくゆで、裏ごしする。ゆで汁で食べやすくのばし、器に盛る。
2 トマトは皮と種を除いて裏ごしし、1にのせる。

★ MEMO こぶを加えてゆでると(右ページのPOINT②参照)、ゆで汁がおいしいこぶだしに!

ゴックン期 5～6カ月

エネルギー

だしでのばし、甘さを抑えてなめらかに

さつまいものトロトロ

[材料]

さつまいも…20g
(2㎝角2個)
だし…大さじ2～3

[作り方]

1 さつまいもは皮を厚めにむき、5分ほど水にさらしてアク抜きし、やわらかくゆでて裏ごしする。
2 1にだしを加え、食べやすくのばす。

★ MEMO ベビーはいも類のモサモサした食感が苦手。だしでなめらかにのばして。

ゴックン期 5～6カ月

エネルギー ビタミン・ミネラル

穂先のツブツブをポテトでカバー!

ブロッコリーポテト

[材料]

じゃがいも…15g
(中1/10個)
ブロッコリー…10g
(小房1個)

[作り方]

1 じゃがいもは皮をむいてやわらかくゆで、裏ごしする(ゆで汁はとっておく)。
2 ブロッコリーは1のゆで汁でやわらかくゆで、穂先のみ切り落とし、なめらかにすりつぶす。じゃがいもを加えてまぜ、ゆで汁で食べやすくのばす。

※マークの見方 エネルギーはエネルギー源食品、ビタミン・ミネラルはビタミン・ミネラル源食品、たんぱく質はたんぱく質源食品の略で、材料に含まれる主な栄養素を示しています。
また、卵、乳(乳製品)、小麦(小麦粉)が含まれるものを明記しています。

モグモグ期 7～8カ月

エネルギー ビタミン・ミネラル

ジューシーなりんごと相性バッチリ
さつまいもとりんごのきんとん

［材料］
さつまいも…30g
（中1/8本）
りんご…10g
（1cm幅くし形切り1個）
水…大さじ3

［作り方］
1 さつまいもは皮を厚めにむき、5分ほど水にさらしてアク抜きする。りんごは皮と種を除く。
2 鍋に1、水を入れて熱し、やわらかくなるまで煮る。
3 2をつぶしてまぜ合わせる。

★ MEMO 適度な酸味と汁けのある煮りんごは、さつまいものベストパートナー。

モグモグ期 7～8カ月

エネルギー ビタミン・ミネラル たんぱく質

乳 小麦

ポテトとソースをまぜてかたさを調節
マッシュポテト　グリーンソース

［材料］
じゃがいも…45g
（中1/3個弱）
ブロッコリー…20g
（小房2個）
牛乳…大さじ2
バター…小さじ1/2
小麦粉…小さじ1/4

［作り方］
1 じゃがいもは皮をむいてやわらかくゆで、すりつぶす。ゆで汁でなめらかにのばし、器に盛る。
2 ブロッコリーはやわらかくゆで、穂先のみ切り落とし、すりつぶす。
3 鍋にバターを弱火で熱し、小麦粉を入れてよくなじませ、2を加えてまぜる。牛乳を加えてなめらかにまぜ、1にかける。

モグモグ期 7～8カ月

エネルギー ビタミン・ミネラル たんぱく質

乳

ヨーグルトのとろみで食べやすくなる
おさつりんごヨーグルト

［材料］
さつまいも…40g
（中1/6本）
りんご…10g
（1cm幅くし形切り1個）
プレーンヨーグルト…
大さじ3

［作り方］
1 さつまいもは皮を厚めにむき、5分ほど水にさらしてアク抜きし、やわらかくゆでてつぶす。
2 りんごは皮と種を除いてやわらかくゆで、こまかく刻み、1に加えてまぜる。
3 器にヨーグルトを盛り、2をのせ、まぜながら食べさせる。

モグモグ期 7～8カ月

エネルギー たんぱく質

じゃがいもと鮭を鍋1つでゆでて完成！
鮭のポテトサラダ

［材料］
じゃがいも…40g
（中1/3個弱）
生鮭…10g
（切り身1/12枚）

［作り方］
1 鮭は皮と骨を除く。
2 じゃがいもは皮をむいて薄切りにし、鍋に入れてかぶるくらいの水（分量外）を加え、中火でゆでる。
3 やわらかくなったら1を加え、鮭に火が通ったら、じゃがいもと鮭をとり出す（ゆで汁はとっておく）。じゃがいもと鮭をあらくつぶし、ゆで汁でかたさを調節する。

いも

パクパク期 1才～1才6カ月

エネルギー ビタミン・ミネラル たんぱく質

乳

バターと牛乳でまろやかなコクをプラス

じゃがいもの牛乳煮

［材料］
じゃがいも…60g
（中1/2個弱）
玉ねぎ…30g
（中1/5個）
水…1/4カップ
牛乳…1/4カップ
バター…少々

［作り方］
1 じゃがいもは皮をむいて1㎝大のいちょう切りにする。玉ねぎは1㎝角に切る。
2 鍋に1、水を入れてふたをし、弱火めの中火で熱し、やわらかくなるまで煮る。
3 湯をきり、牛乳とバターを加え、弱火で2分ほど煮る。

カミカミ期 9～11カ月

エネルギー ビタミン・ミネラル たんぱく質

おいもに肉のうまみがしっかりしみる

ベビー肉じゃが

［材料］
じゃがいも…30g
（中1/5個）
玉ねぎ…15g
（1.5㎝幅くし形切り1個）
牛赤身薄切り肉…10g
だし…1/2カップ

［作り方］
1 じゃがいもは皮をむいて7㎜角に切る。玉ねぎは薄切りにしてから、あらく刻む。牛肉はこまかく刻む。
2 鍋にだし、じゃがいも、玉ねぎを入れて弱火で熱し、やわらかくなるまで煮る。
3 牛肉を加え、アクをとりながら火が通るまで煮る。

パクパク期 1才～1才6カ月

エネルギー

素朴なおいもの甘みを引き出す

さつまいもの素揚げ

［材料］
さつまいも…50g（中1/5本）　植物油…適量

［作り方］
1 さつまいもは7㎜角の棒状に切り、5分ほど水にさらしてアク抜きし、水けをふく。
2 鍋にさつまいもを入れ、かぶるくらいの油を注ぎ、中火にかける。4～5分かけて火を通し、油をしっかりきる。

POINT

さつまいもにかぶるくらいの少量の油を入れて、おいしく、手軽に作れる。

カミカミ期 9～11カ月

エネルギー たんぱく質

乳

おかゆ＆ミルクでクリーミー仕上げ♥

さつまいものリゾット

［材料］
さつまいも…50g
（中1/5本）
5倍がゆ（P.22参照）…
40g（大さじ3弱）
牛乳…大さじ2
粉チーズ…小さじ1/3

［作り方］
1 さつまいもは皮を厚めにむき、5分ほど水にさらしてアク抜きし、やわらかくゆでて7㎜角に切る。
2 鍋に5倍がゆ、1、牛乳を入れて弱火で熱し、全体をなじませる。
3 器に盛り、粉チーズを振る。

モグモグ期
カミカミ期
パクパク期

※マークの見方　エネルギー はエネルギー源食品、ビタミン・ミネラル はビタミン・ミネラル源食品、たんぱく質 はたんぱく質源食品の略で、材料に含まれる主な栄養素を示しています。
また、卵、乳（乳製品）、小麦（小麦粉）が含まれるものを明記しています。

シリアル ・コーンフレーク ・オートミール

コーンフレーク（原料はとうもろこし）やオートミール（原料はオーツ麦）も離乳食の主食に適しています。調理がラクで栄養価が高いのが魅力！

選び方は？

コーンフレークは砂糖などをまぶしていないタイプを。食物繊維の多い玄米フレークは×。

栄養は？

いずれも良質な糖質（デンプン質）が主成分。特にオートミールは鉄分やビタミンB_1、食物繊維が豊富です。食べやすく加工してあるのでおかゆ状に調理しやすく、フルーツや牛乳を加えて栄養たっぷりの“時短朝食”に便利。

形状チェック！（コーンフレーク） 実物大

ゴックン期 5～6カ月

まだ食べさせません

食物繊維が多いので、ゴックン期は与えません。

モグモグ期 7～8カ月

こまかく砕いて牛乳などにひたし、加熱してやわらかくふやかす。

カミカミ期 9～11カ月

あらく砕いて牛乳などにひたす。

パクパク期 1才～1才6カ月

そのままでも、牛乳などにひたして食べさせてもOK。

調理のポイント

POINT 1 ポリ袋に入れて手でもんで砕く

コーンフレークは、そのままでは大きい時期は、手でこまかく砕きます。ポリ袋に入れて手でもむと、簡単！水分を加えて加熱すれば、すぐに「コーンフレークがゆ」が作れます。

POINT 2 オートミールは砕く必要なし

オートミールは麦をひき割りにしてあるので、砕く必要はありません。だしやスープ、果汁など、好みの水分を加えてさっと加熱すれば、やわらかなおかゆ状になります。

POINT 3 オートミールで簡単手づかみパン

オートミールは加熱したあと冷ますと、固まる性質があります。オートミールと牛乳をまぜて電子レンジで加熱するだけで、即席パンに！（次ページ・オートミールパン参照）

POINT 4 チンして冷ますとしっかり固まる

冷めてかたまったらとり出し、食べやすく切り分けて。つぶしたバナナや刻んだレーズン（少量）をまぜるなど、アレンジも楽しめます。

フリージング&解凍のコツ

基本ワザ オートミールパンは多めに作って冷凍OK

ラップに包んで

オートミールで作ったパンは、ラップにふんわりと包んで冷凍できます。ただし、解凍時に電子レンジで加熱するとかたくなるので、室温で自然解凍がおすすめ。

ママ★ラク

熱々の牛乳+トマトジュースで適温に♪

オートミールと牛乳をチンすると熱々なので、冷たいトマトジュースを加えます。味もバッチリ！　瑞葉ママ・瑞《みず》葉《は》ちゃん（8カ月）

バナナとまぜるのがうちの常連メニュー

湯でふやかしたコーンフレーク+バナナは、すぐ作れてよく食べてくれます♥　小林紗枝ママ・聖《せ》奈《な》ちゃん（9カ月）

カミカミ期 9～11カ月

エネルギー ビタミン・ミネラル たんぱく質

乳

フルーツのやさしい甘みがよく合う！

りんごシリアルヨーグルト

[材料]

コーンフレーク…10g（1/2カップ）

りんご…10g（1cm幅くし形切り1個）

プレーンヨーグルト…50g（大さじ3強）

[作り方]

1 りんごは皮と芯を除いて6mm角に切り、耐熱容器に入れる。ラップをかけ、電子レンジで約10秒加熱する。

2 コーンフレークは食べやすくくずして器に盛り、ヨーグルトをかけ、1を散らす。

★ MEMO やわらかめの食感が好みなら、ヨーグルトをまぜてしっとりさせて。

モグモグ期 7～8カ月

エネルギー ビタミン・ミネラル たんぱく質

乳

おろしにんじん入りでビタミンも補給

にんじんシリアルヨーグルト

[材料]

コーンフレーク…7g（1/3カップ）

にんじん…20g（2cm角2個）

プレーンヨーグルト…50g（大さじ3強）

[作り方]

1 にんじんは皮をむいてすりおろし、耐熱容器に入れる。ラップをかけ、電子レンジで約40秒加熱する。

2 ヨーグルトにコーンフレークをこまかくくずして入れ、5分ほどおく。

3 2がふやけたら、1を加えてよくまぜる。

パクパク期 1才～1才6カ月

エネルギー

乳

ふっくら&しっとりの手づかみパン

オートミールパン

[材料]

オートミール…30g（1/2カップ）

牛乳…1/4カップ

[作り方]

1 耐熱ボウルにオートミールを入れ、牛乳を注いで軽くかきまぜる。

2 ラップをふんわりとかけ、電子レンジで1分50秒加熱し、そのまま5分蒸らす。あら熱がとれたらボウルからとり出し、食べやすく切る。

モグモグ期 7～8カ月

エネルギー ビタミン・ミネラル たんぱく質

ねばっとした食感がモグモグしやすい

アスパラとしらすのシリアルがゆ

[材料]

オートミール…15g（1/4カップ）

アスパラガス…30g（中1.5本）

しらす干し…10g（大さじ2弱）

だし…1/2カップ

[作り方]

1 アスパラガスは根元のかたい部分を切り落とし、下半分の皮をむき、こまかく刻む。しらす干しは熱湯で塩抜きする。

2 鍋にだしを煮立て、1を加えて煮る。アスパラガスがやわらかくなったら、オートミールを加え、さらに1～2分煮る。

モグモグ期 カミカミ期 パクパク期

※マークの見方 エネルギー はエネルギー源食品、ビタミン・ミネラル はビタミン・ミネラル源食品、たんぱく質 はたんぱく質源食品の略で、材料に含まれる主な栄養素を示しています。
また、卵、乳（乳製品）、小麦（小麦粉）が含まれるものを明記しています。

にんじん

選び方は?

赤みが強く、ハリがあり、葉がいきいきとしたものを。赤みが強いほどカロテンも豊富です。

栄養は?

カロテンの名は「キャロット」に由来するといわれ、皮膚や粘膜を強くし、免疫力を高めるβ-カロテンがとりわけ豊富。油脂で調理すると、カロテンの吸収率もアップします。整腸作用があるので、下痢や便秘のときにもおすすめ。

鮮やかなオレンジ色とやさしい甘みがベビーに人気。栄養価が高く、トロトロ状に調理しやすいので、ゴックン期からずっとフル活用できます。

実物大 形状チェック!

ゴックン期 5〜6カ月

やわらかく加熱して裏ごしするか、すりおろし、とろみをつける。

モグモグ期 7〜8カ月

やわらかく加熱して薄切りにし、こまかくつぶす。または、こまかく刻む。

カミカミ期 9〜11カ月

指で軽く力を入れてつぶせるかたさに加熱し、5㎜角に切る。

パクパク期 1才〜1才6カ月

指で軽く力を入れてつぶせるかたさに加熱し、1㎝角に切る。

調理のポイント

POINT 1 かたまりでゆでて甘みを引き出す

栄養とうまみをキープするコツは、かたまりでゆでること。3等分くらいに切り、水からじっくり、30分ほどかけてやわらかくゆでます。ゆでておけば、すりおろしたり刻んだりもラク。

POINT 2 ゆでてすりおろすと舌ざわりがよい

にんじんは生のまますりおろすと、しっかり火を通してもツブツブした感じが残り、ベビーが嫌がることも。やわらかくゆでてからすりおろすと、なめらかな舌ざわりになります。

POINT 3 急ぐときでも5㎜厚さでゆでる!

× ◎

薄切りにしてゆでると、にんじんのまわりに膜ができて、かえって火が通りにくくなります。急ぐときでも、5㎜以上の厚さの輪切りにするほうが、早くやわらかくなります。

POINT 4 電子レンジ加熱は水を足すのがコツ

電子レンジで加熱するときは、水を足し、長めに加熱することで、指でつぶせるくらいやわらかくなります。にんじんの輪切り3枚(50g)に水大さじ3を加え、2分加熱が目安。

フリージング&解凍のコツ

ママ★ラク

私はこうしています♪

ラップで包んで冷凍して解凍後にめん棒でたたく!

ゆでたにんじんをこまかく刻んで冷凍するのは、メンドウですよね。そこで、棒状に切って1回分をラップで包み、解凍したときにラップの上からめん棒でたたいています。包丁いらずでこまかくつぶせるので、断然ラク〜! 鮫島南々子ママ・藤菜《ふじな》ちゃん(10カ月)

棒状に切って1回分を小分けに

カンタン!でき上がり♪

基本ワザ やわらかく加熱して各期の形状で小分け冷凍

小分け容器に入れる

ラップに包む

ゴックン期は小さじ1ずつなど1回量をはかって、製氷皿で冷凍すると使いやすいです。モグモグ期以降はラップで包むか、シリコンカップや小分け容器を利用します。

にんじん 調理のポイント

ゴックン期 5〜6カ月

ビタミン・ミネラル たんぱく質

裏ごしした豆腐でなめらかなトロトロに

にんじんの白あえ

［材料］

にんじん…10g
（2cm角1個）
豆腐…20g（2cm角2個）

［作り方］

1 にんじんは皮をむいてやわらかくゆで、裏ごしする（ゆで汁はとっておく）。
2 豆腐は1のゆで汁に入れてさっと火を通し、裏ごしし、1とまぜ合わせる。

ゴックン期 5〜6カ月

ビタミン・ミネラル

だしのうまみ×野菜の甘みが好相性♪

にんじんと大根の2色だし煮

［材料］

にんじん…5g
（1.5cm角1個）
大根…5g
（1.5cm角1個）
だし…適量

［作り方］

1 大根、にんじんはそれぞれ皮をむいて鍋に入れ、かぶるくらいのだしを加え、弱火でやわらかく煮る。
2 大根、にんじんをとり出して裏ごしし、煮汁でかたさを調節する。

ゴックン期 5〜6カ月

ビタミン・ミネラル たんぱく質

にんじんのしっとり感で魚が食べやすい

おろしにんじんの白身魚のせ

［材料］

にんじん…10g
（2cm角1個）
鯛…5g
（刺し身1/2切れ）
だし…適量

［作り方］

1 鯛は熱湯でゆで、なめらかにすりつぶし、だしで食べやすくのばす。
2 にんじんは皮をむいてやわらかくゆで、すりつぶす。器に盛り、1をのせる。

ゴックン期 5〜6カ月

エネルギー ビタミン・ミネラル

バナナの甘みに包まれておいしさ倍増

にんじんバナナ

［材料］

にんじん…10g
（2cm角1個）
バナナ…20g（小1/5本）

［作り方］

1 にんじんは皮をむいてやわらかくゆで、裏ごしする（ゆで汁はとっておく）。
2 バナナはなめらかにすりつぶし、1を加えてまぜ、ゆで汁でかたさを調節する。

★MEMO 野菜のゆで汁はかたさ調節にぴったり。捨てずに活用しましょう。

※マークの見方 エネルギー はエネルギー源食品、ビタミン・ミネラル はビタミン・ミネラル源食品、たんぱく質 はたんぱく質源食品の略で、材料に含まれる主な栄養素を示しています。
また、卵、乳（乳製品）、小麦（小麦粉）が含まれるものを明記しています。

カミカミ期 9〜11カ月

ビタミン・ミネラル
たんぱく質
乳

ヨーグルトのとろみと酸味がマッチ!

にんじんとバナナのサラダ

[材料]

にんじん…20g
(2㎝角2個)
バナナ…小1/3本
きゅうり…10g
(中1/10本)
プレーンヨーグルト
…小さじ2

[作り方]

1 にんじんは皮をむいてやわらかくゆで、バナナとともに7㎜角に切り、ヨーグルトであえて器に盛る。
2 きゅうりはすりおろし、軽く水けをきって1にのせる。

モグモグ期 7〜8カ月

エネルギー
ビタミン・ミネラル
たんぱく質

しらすのほのかな塩けで甘みが引き立つ

おろしにんじんのトロトロおかゆ

[材料]

にんじん…15g(2.5㎝角1個)
しらす干し…10g(大さじ2弱)
7倍がゆ(P.22参照)…50g(大さじ3強)
水…1/3カップ
水どきかたくり粉…少々

[作り方]

1 にんじんは皮をむき、すりおろす。しらす干しは熱湯1/2カップ(分量外)に5分ほどつけて湯をきり、こまかく刻む。
2 鍋に1、水を入れて弱火にかけ、煮立ったら1分ほど煮て、水どきかたくり粉でとろみをつける。
3 器に7倍がゆを盛り、2をのせる。

カミカミ期 9〜11カ月

エネルギー
ビタミン・ミネラル
たんぱく質
卵
乳
小麦

おろしにんじん入りで甘みと栄養UP♥

キャロットフレンチトースト

[材料]

にんじん…40g
(中1/4本)
A(とき卵…1/6個分
牛乳…35mℓ)
食パン…25g
(8枚切り1/2枚)
バター…3g

[作り方]

1 にんじんは皮をむいてやわらかくゆで、すりおろし、Aとまぜ合わせる。
2 1に食パンをひたし、バターをとかしたフライパンで弱火で両面をしっかりと焼き、食べやすく切る。

モグモグ期 7〜8カ月

ビタミン・ミネラル
たんぱく質
乳

酸味のまろやかなチーズでさっぱり味に

にんじんのカテージチーズあえ

[材料]

にんじん…20g
(2㎝角2個)
カテージチーズ…
小さじ4

[作り方]

1 にんじんは皮をむいてやわらかくゆで、すりおろす。
2 1とカテージチーズをまぜ合わせる。

★MEMO 脂肪分・塩分が少ないカテージチーズは離乳食に最適。モグモグ期からOK。

にんじん

パクパク期 1才～1才6カ月

ビタミン・ミネラル

乳

バターのコクを加えて上品な甘さに

にんじんとブロッコリーの甘煮

［材料］
にんじん…20g
（2cm角2個）
ブロッコリー…10g
（小房1個）
水…適量
バター…3g
砂糖…1つまみ

［作り方］
1 にんじんは皮をむき、7mm角に切る。ブロッコリーは1cm大くらいに刻む。
2 鍋ににんじんを入れ、かぶるくらいの水、バター、砂糖を加え、弱火にかける。2分ほど煮てブロッコリーを加え、やわらかくなるまで煮る。

カミカミ期 9～11カ月

ビタミン・ミネラル
たんぱく質

卵

単体では嫌いな子は、卵にこっそり

にんじん入り卵焼き

［材料］
にんじん…30g（中1/5本） とき卵…1/2個分
植物油…少々

［作り方］
1 にんじんは皮をむいてすりおろし、卵に加えてまぜる。
2 フライパンに油を中火で熱し、1を流し入れる。
3 両面をしっかりと焼き、食べやすく切る。

POINT

すりおろしたにんじんは、ダマが残らないように卵とよくまぜ合わせる。

パクパク期 1才～1才6カ月

ビタミン・ミネラル
たんぱく質

肉のうまみと組み合わせて苦手克服！

にんじんと鶏肉のうま煮

［材料］
にんじん…20g
（2cm角2個）
鶏もも肉…15g
水…1/2カップ

［作り方］
1 にんじんは皮をむいてピーラーで薄くそぎ、あらく刻む。鶏もも肉は皮と脂肪をとり、1cm角に切る。
2 鍋に1、水を入れて弱火にかけ、にんじんがやわらかくなるまで煮る。

カミカミ期 9～11カ月

エネルギー
ビタミン・ミネラル

小麦

小麦粉を入れて焼く手づかみレシピ

にんじんと青のりの落とし焼き

［材料］
にんじん…30g
（中1/5本）
A（小麦粉…大さじ4
青のり…小さじ1/3
水…大さじ1弱）
オリーブ油…少々

［作り方］
1 にんじんは皮をむき、すりおろす。
2 ボウルに1、Aを入れてまぜ合わせる。
3 フライパンにオリーブ油を中火で熱し、2をスプーンでひと口大に落とし入れ、両面をこんがりと焼く。

※マークの見方 エネルギー はエネルギー源食品、ビタミン・ミネラル はビタミン・ミネラル源食品、たんぱく質 はたんぱく質源食品の略で、材料に含まれる主な栄養素を示しています。
また、卵、乳（乳製品）、小麦（小麦粉）が含まれるものを明記しています。

選び方は?

皮にツヤがあってかたく、重みがあるもの。種が詰まっていて、果肉の色が鮮やかなものを。

栄養は?

昔から、冬場のかぜ予防に欠かせなかった野菜。β-カロテンを最も多く含むほか、抵抗力を高めるビタミンC、血行を促進するビタミンEなども豊富に含んでいて、栄養価は抜群です。体調をととのえるために役立てましょう。

かぼちゃ

栄養価はトップクラスの緑黄色野菜。加熱してつぶし、モサモサ感が苦手なら水分でのばしてあげて。こっくりとした甘みもベビー好み！

実物大 形状チェック！

ゴックン期 5〜6カ月

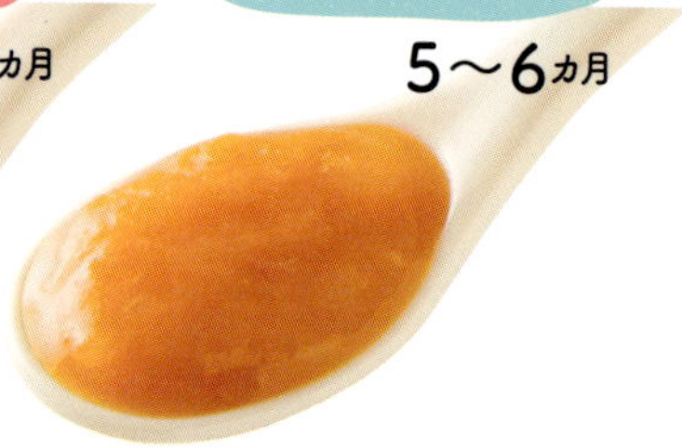

やわらかく加熱し、裏ごしして水分でかたさを調節する。

モグモグ期 7〜8カ月

やわらかく加熱し、ていねいにつぶして水分でかたさを調節する。

カミカミ期 9〜11カ月

やわらかく加熱し、あらくつぶす。または、食べやすく切る。

パクパク期 1才〜1才6カ月

やわらかく加熱し、食べやすく切る。ソテーすると手づかみしやすい。

調理のポイント

POINT 1 大きめサイズで蒸すと甘みが増す

デンプン質の多いかぼちゃは、1/4〜1/8個でじっくり蒸すと甘みが増します。均一に火が通るように皮と種は除き、蒸し器で20〜30分蒸します。竹ぐしがスッと通ればOK。

POINT 2 電子レンジでも簡単に加熱OK！

水分を逃さないように、ラップで包んで電子レンジへ。レシピでは少量で加熱する方法を紹介していますが、できれば、ある程度の大きさで加熱したほうが、失敗がありません。

POINT 3 加熱してから皮を除くとラク

加熱の目安は、100gにつき2分。ただし、100g以下の場合は、加熱時間が多めにかかります。加熱後はスプーンで黄色い実だけをすくいとれば、皮を簡単にとり除けます。

POINT 4 鍋でゆでてフォークでつぶしても

かぼちゃは皮と種を除いて1cm厚さに切り、ひたひたの水を加えて鍋でやわらかくゆでます。ひき肉などを加えてもOK。余分な水を捨ててフォークでつぶせば、マッシュ状に。

フリージング&解凍のコツ

ママ★ラク 市販のフレークはまぜて使いやすい！

かぼちゃはもっぱら「かぼちゃフレーク」を利用。おかゆやパンがゆ、ホットケーキなどにまぜやすいです。りゅうママ・琉太《りゅうた》くん（11カ月）

フリーザーバッグで冷凍して1回分をポキッ

筋をつけたかぼちゃは、凍ったらポキッと折って出せます。水を足してチンするとふっくらしますよ。優子ママ・そらちゃん（5カ月）

基本ワザ やわらかく加熱して各期の形状で小分け冷凍

ラップで筋目をつけて

ラップに包んで

なめらかにつぶしたかぼちゃは、ラップに包むかフリーザーバッグに入れて、筋目をつけて冷凍を。あらくつぶしたり、角切りにしたら、ラップに包むか容器に入れましょう。

モグモグ期 7〜8カ月

ビタミン・ミネラル たんぱく質

豆腐をまぜるとモグモグしやすくなる！

かぼちゃと豆腐の2色盛り

［材料］

かぼちゃ…15g
（2.5㎝角1個）
絹ごし豆腐…30g
（3㎝角1個強）

［作り方］

1 かぼちゃは皮と種を除いてやわらかくゆでてつぶし、湯冷ましでかたさを調節する。
2 豆腐はさっと湯通しし、あらくつぶす。
3 器に1、2を盛り合わせ、まぜながら食べさせる。

ゴックン期 5〜6カ月

ビタミン・ミネラル たんぱく質

豆乳とだしでのばし、まろやかな甘みに

かぼちゃの和風ポタージュ

［材料］

かぼちゃ…10g
（2㎝角1個）
豆乳…大さじ2
だし…大さじ2

［作り方］

1 かぼちゃは種を除いてラップに包み、電子レンジで約30秒加熱し、皮を除く。
2 鍋に豆乳、だし、1を入れ、弱火であたためる。
3 2をすり鉢などに移し、なめらかにすりつぶす。

モグモグ期 7〜8カ月

ビタミン・ミネラル たんぱく質

モサモサ感をネバネバで食べやすく

かぼちゃの納豆あえ

［材料］

かぼちゃ…15g
（2.5㎝角1個）
ひき割り納豆…10g
（小さじ2）

［作り方］

1 かぼちゃは種を除いてラップに包み、電子レンジで約40秒加熱する。皮を除き、あらくつぶす。
2 1にひき割り納豆を加えてまぜる。

★ MEMO かたいようなら、湯冷ましやだしなどを加えてやわらかくしてあげて。

ゴックン期 5〜6カ月

エネルギー ビタミン・ミネラル たんぱく質

甘いかぼちゃにほんのり塩けをプラス

かぼちゃしらすがゆ

［材料］

かぼちゃ…10g
（2㎝角1個）
10倍がゆ（P.22参照）…30g（大さじ2）
しらす干し…5g
（大さじ1弱）

［作り方］

1 しらす干しは熱湯1/2カップ（分量外）に5分ほどつけて湯をきる。
2 かぼちゃは皮と種を除き、やわらかくゆでる。
3 すり鉢で1をすりつぶし、10倍がゆ、2を加えてさらになめらかにすりつぶす。

※マークの見方 エネルギーはエネルギー源食品、ビタミン・ミネラルはビタミン・ミネラル源食品、たんぱく質はたんぱく質源食品の略で、材料に含まれる主な栄養素を示しています。
また、卵、乳（乳製品）、小麦（小麦粉）が含まれるものを明記しています。

カミカミ期 9〜11カ月

エネルギー
ビタミン・ミネラル
たんぱく質
乳

チーズのかわりにヨーグルトでさっぱり
かぼちゃヨーグルトドリア

[材料]
かぼちゃ…30g
(3cm角1個)
5倍がゆ(P.22参照)…
60g(子ども茶わん半分強)
プレーンヨーグルト…
40g(大さじ2.5)

[作り方]
1 かぼちゃは種を除いてラップに包み、電子レンジで約1分30秒加熱し、皮を除いてあらくつぶす。
2 5倍がゆに1を加えてまぜ、耐熱容器に入れる。
3 ヨーグルトをかけ、オーブントースターで約7分焼く。

モグモグ期 7〜8カ月

エネルギー
ビタミン・ミネラル
たんぱく質
卵
乳
小麦

つぶしかぼちゃの甘いあんをからめて
かぼちゃミルクがけパンがゆ

[材料]
かぼちゃ…15g
(2.5cm角1個)
食パン…15g
(8枚切り1/3枚)
牛乳…大さじ1
水…60mℓ

[作り方]
1 かぼちゃは種を除いてラップに包み、電子レンジで約1分加熱する。皮を除いてすりつぶし、牛乳を加えてまぜ、電子レンジで約20秒加熱する。
2 鍋に食パンをこまかくちぎって入れ、水を加え、弱めの中火でとろりとするまで煮る。
3 器に2を盛り、1をかける。

カミカミ期 9〜11カ月

エネルギー
ビタミン・ミネラル
たんぱく質
卵
乳
小麦

栄養満点！　多めに作りおきもおすすめ
かぼちゃと豆のトマト煮

[材料]
かぼちゃ…20g
(2cm角2個)
トマト…20g(中1/8個)
水煮大豆…10g
(大さじ1)
オリーブ油…少々
食パン…適量

[作り方]
1 かぼちゃは種を除いてラップに包み、電子レンジで約1分加熱し、皮を除いてあらくつぶす。
2 トマトは皮と種を除き、こまかく刻む。大豆は薄皮をむき、こまかく刻む。
3 フライパンにオリーブ油を中火で熱し、トマトをさっといため、かぼちゃ、大豆を加えてまぜる。器に盛り、食べやすく切ったパンを添える。

★ MEMO トマト煮はおかゆやクラッカーにのせるなど、アレンジしやすい。

モグモグ期 7〜8カ月

ビタミン・ミネラル
たんぱく質
乳

底に沈むかぼちゃをまぜながらどうぞ♪
かぼちゃのポタージュ

[材料]
かぼちゃ…20g
(2cm角2個)
牛乳…大さじ2
水…40mℓ

[作り方]
1 かぼちゃは種を除いてラップに包み、電子レンジで約1分加熱し、皮を除いてなめらかにつぶす。
2 鍋に1、牛乳、水を入れてまぜ、弱火で1〜2分煮る。

★ MEMO 2でコーンフレークやオートミールも加えれば、洋風ミルクおじやに。

かぼちゃ

パクパク期 1才～1才6カ月

ビタミン・ミネラル たんぱく質

とろみで食べやすく、丼にしても絶品

かぼちゃのそぼろ煮

[材料]

かぼちゃ…30g
(3cm角1個)
鶏ひき肉…15g
(大さじ1)
水…1/2カップ
水どきかたくり粉…少々

[作り方]

1 かぼちゃは皮と種を除き、1cm角に切る。
2 鍋に1、水を入れ、中火にかける。煮立ったらひき肉を加えてほぐし、アクを除いて火を弱め、かぼちゃがやわらかくなるまで煮る。
3 水どきかたくり粉を加え、とろみをつける。

★MEMO ポロポロして食べにくいひき肉は、水どきかたくり粉でとろみをつけて。

カミカミ期 9～11カ月

エネルギー ビタミン・ミネラル たんぱく質

乳 小麦

つるっ、もちっ、とした食感が楽しい

かぼちゃのひと口ワンタン

[材料]

かぼちゃ…25g
(3cm角1個弱)
牛乳…小さじ1/2
ワンタンの皮…3枚
きな粉…少々

[作り方]

1 かぼちゃは種を除いてラップに包み、電子レンジで約1分加熱する。皮を除いてつぶし、牛乳を加えてまぜる。
2 ワンタンの皮は4等分に切り、それぞれに1を等分してのせ、ふちに水をつけて三角に包む。
3 鍋に湯を沸かし、2を入れ、皮が透明になったら水にとる。水けをきって器に盛り、きな粉を振る。

パクパク期 1才～1才6カ月

ビタミン・ミネラル たんぱく質

卵 乳

角切りでまぜてホクホク感を生かして

かぼちゃ入り卵焼き

[材料]

かぼちゃ…30g
(3cm角1個)
卵…1個
牛乳…大さじ1/2
塩…少々
オリーブ油…
小さじ1/2

[作り方]

1 かぼちゃは皮と種を除いてやわらかくゆで、7～8mm角に切る。
2 ボウルに卵を割りほぐし、牛乳、塩、1を加えてよくまぜる。
3 フライパンにオリーブ油を熱し、2の半量を流し入れ、半熟になったら手前に巻く。卵焼きを奥に寄せ、残りの2を流し入れ、同様に手前に巻いてよく火を通す。あら熱がとれたら食べやすく切る。

カミカミ期 9～11カ月

ビタミン・ミネラル たんぱく質

多めにできるのでママもいっしょに！

かぼちゃ豆乳かん

[材料]

かぼちゃ…100g
豆乳…1/2カップ
水…1/4カップ
寒天(粉末タイプ)
…2g

[作り方]

1 かぼちゃは種を除いてラップに包み、電子レンジで約1分30秒加熱し、上下を返してさらに約1分加熱する。皮を除いてこまかくつぶし、豆乳を加えてよくまぜる。
2 鍋に水、寒天を入れ、弱火でかきまぜながら1～2分煮立たせ、1を加えてまぜる。
3 バット(12×8cm大)に2を流し入れ、あら熱がとれたら冷蔵庫で冷やし固める。食べやすく切るか、型で抜いて器に盛る。

※マークの見方 エネルギー はエネルギー源食品、ビタミン・ミネラル はビタミン・ミネラル源食品、たんぱく質 はたんぱく質源食品の略で、材料に含まれる主な栄養素を示しています。
また、卵、乳(乳製品)、小麦(小麦粉)が含まれるものを明記しています。

トマト

生でも食べられる野菜ですが、加熱すると酸味がとんで、甘みが増します。
薄味の離乳食では調味料がわりになり、栄養もとれるので一石二鳥！

選び方は？

へたがみずみずしく、皮にハリがあるもの。青いトマトは酸味が強いので、完熟したものを。

栄養は？

ビタミンA、Cのほか、有害な活性酸素の働きを抑える抗酸化作用の強いリコピンが豊富。また、うまみ成分のグルタミン酸もたっぷり。完熟するほど栄養価が高まるので、青いトマトを買った場合は、日に当てて追熟させましょう。

形状チェック！ 実物大

ゴックン期 5〜6カ月

皮と種を除き、果肉を裏ごしし、水分でかたさを調節する。

モグモグ期 7〜8カ月

皮と種を除き、果肉をていねいにすりつぶす。

カミカミ期 9〜11カ月

皮と種を除き、果肉を5㎜大に切る。

パクパク期 1才〜1才6カ月

皮と種を除き、果肉を1㎝大に切る。

調理のポイント

POINT 1 くし形に切ると皮をむきやすい

トマトはくし形に切って皮を下にしておき、包丁を寝かせてさし込みます。そのまま刃をすべらせるようにすると、スムーズに皮をむけます。くし形なら、種を除くのも簡単！

POINT 2 ミニトマトは横半分に切って種を除く

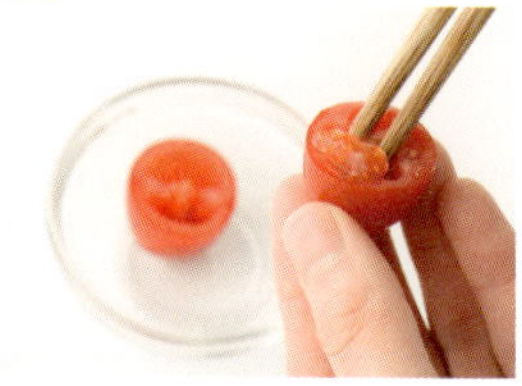

ミニトマトは1個がだいたい10g。およその分量がわかって使い切りやすく、トマトより甘みも強いから、離乳食向きです。横半分に切って、菜箸で種をとり除きます。

POINT 3 ミニトマトの皮むきは電子レンジで

皮をむくのは熱湯でゆでなくても、電子レンジがラク。横半分に切って種を除いたら、断面を下にして耐熱容器に入れ、ラップをしてミニトマト1個につき約10秒加熱が目安。

POINT 4 加熱後はスルリと皮がむける！

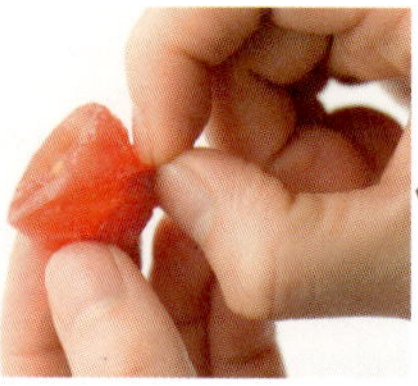

ミニトマトの皮は火が通るとスルリとむけます。皮は消化しづらいだけでなく、のどに貼りついてむせてしまうこともあるので、離乳食期はしっかりとり除きましょう。

ママ★ラク

水煮のカットトマトをパスタの味つけに活用！

紙パックのカットトマトがお気に入り。パスタをトマト味にしたいときによく使っています。
樽見美希ママ・陽季《はるき》くん（1才1カ月）

無塩のトマトジュースでおかゆやスープを味がえ

トマトジュースは製氷皿で少量ずつ冷凍しています。おかゆにまぜた「ケチャップライス風」が大好き。橋本 薫ママ・結和《ゆうわ》くん（1才）

フリージング&解凍のコツ

基本ワザ

フリーザーバッグで

凍らせると皮がむける

種を除いて切って冷凍。凍ってから皮をむく

トマトは横半分に切って種を除き、8等分くらいに切って冷凍します。使うときは、凍ったまま水につけると、ツルンと皮がむけます。冷凍したトマトは、食べるときに加熱調理を。

トマト 調理のポイント

ビタミン・ミネラル　たんぱく質　卵

コクのある黄身はナイスな組み合わせ

トマトのミモザ風

［材料］
トマト…20g（中1/8個）
卵黄（かたゆで卵の黄身）…1/2個

［作り方］
1 トマトは皮と種を除き、こまかく刻む。
2 器に1を盛り、かたゆで卵の黄身を茶こしで裏ごししてのせる。まぜながら食べさせる。

★MEMO 卵の黄身が初めてなら、小さじ1から少しずつ食べる量をふやして。

エネルギー　ビタミン・ミネラル

おいもが甘ずっぱく、ピンク色に変身♥

トマトとポテトのトロトロ

［材料］
トマト…5g(果肉小さじ1)
じゃがいも…15g
（中1/10個）

［作り方］
1 じゃがいもは皮をむき、やわらかくゆでる（ゆで汁はとっておく）。
2 トマトは皮と種を除き、なめらかにすりつぶす。
3 2に1を加え、さらになめらかにすりつぶし、ゆで汁でかたさを調節する。

ビタミン・ミネラル　たんぱく質

パサつく魚をジューシーに包み込む

白身魚のフレッシュトマト煮

［材料］
トマト…20g（中1/8個）
鯛…10g
（刺し身1切れ）
水…大さじ1

［作り方］
1 トマトは皮と種を除き、あらく刻む。
2 鍋に1、水を入れて弱火で熱し、鯛を加える。鯛に火が通ったら、フォークなどでほぐしてまぜ、なじませる。

エネルギー　ビタミン・ミネラル

10倍がゆに慣れたら、うまみを加えて

トマトだしがゆ

［材料］
トマト…10g
（果肉小さじ2）
10倍がゆ（P.22参照）
…30g（大さじ2）
だし…小さじ2

［作り方］
1 トマトは皮と種を除き、裏ごしする。
2 10倍がゆはなめらかにすりつぶす。
3 2に1、だしを加えてまぜる。

ゴックン期　モグモグ期

※マークの見方 エネルギー はエネルギー源食品、ビタミン・ミネラル はビタミン・ミネラル源食品、たんぱく質 はたんぱく質源食品の略で、材料に含まれる主な栄養素を示しています。
また、卵、乳（乳製品）、小麦（小麦粉）が含まれるものを明記しています。

カミカミ期 9～11カ月

ビタミン・ミネラル　たんぱく質

トマトはしっかり火を通して甘く濃厚に

いためトマトのおかかがけ

[材料]

トマト…30g(中1/5個)
かつおぶし…ひとつまみ
植物油…少々

[作り方]

1. トマトは皮と種を除き、1㎝弱の角切りにする。
2. フライパンに油を中火で熱し、1を入れて1分ほどいため、かつおぶしを加えて全体をまぜる。

★ MEMO　かつおぶしはトマトの汁けでしっとりさせることで、食べやすくなる。

モグモグ期 7～8カ月

エネルギー　ビタミン・ミネラル　たんぱく質　乳

野菜はモグモグしやすく刻んであげて

トマトとキャベツのチーズリゾット

[材料]

トマト…10g
(果肉小さじ2)
キャベツ…10g
(中1/5枚)
5倍がゆ(P.22参照)…
50g(大さじ3強)
粉チーズ…小さじ1/4

[作り方]

1. トマトは皮と種を除き、こまかく刻む。キャベツはやわらかくゆで、こまかく刻む。
2. 5倍がゆにトマトを加えてまぜ、キャベツをのせ、粉チーズを振る

カミカミ期 9～11カ月

ビタミン・ミネラル　たんぱく質　乳

家にある材料でパパッと！　パンに合う

トマトのチーズ焼き

[材料]

トマト…30g(中1/5個)
スライスチーズ…1/2枚

[作り方]

1. トマトは皮と種を除き、1㎝弱の角切りにする。
2. 耐熱容器に1を入れ、スライスチーズをちぎってのせる。
3. オーブントースターでチーズがとろけるまで5分ほど焼く。

モグモグ期 7～8カ月

ビタミン・ミネラル　たんぱく質　乳

3つのおいしさをスプーンでまぜながら

トマトとりんごのヨーグルトパフェ

[材料]

トマト…15g
(果肉大さじ1)
りんご…10g
(1㎝幅くし形切り1個)
プレーンヨーグルト…
大さじ1

[作り方]

1. トマトは皮と種を除き、こまかく刻む。りんごは皮をむいてラップに包み、電子レンジで約30秒加熱し、みじん切りにする。
2. 器にりんご、ヨーグルト、トマトの順に重ねて盛る。

★ MEMO　トマトはよく完熟して甘いものを。ミニトマト大1個でもOK。

パクパク期 1才〜1才6カ月

ビタミン・ミネラル　たんぱく質

食欲のない日もおすすめのさっぱり感

トマトと豆腐のあんかけスープ

[材料]

トマト…30g（中1/5個）
木綿豆腐…50g（1/6丁）
だし…1/2カップ
水どきかたくり粉…少々
植物油…少々

[作り方]

1 トマトは皮と種を除き、ざく切りにする。
2 鍋に油を中火で熱し、1を入れてさっといためる。
3 だしを加え、豆腐をくずし入れてさっと煮て、水どきかたくり粉でとろみをつける。

カミカミ期 9〜11カ月

ビタミン・ミネラル　たんぱく質

乳

酸味をやわらげるチーズをアクセントに

トマトとブロッコリーいため

[材料]

トマト…15g
（果肉大さじ1）
ブロッコリー…10g
（小房1個）
オリーブ油…少々
粉チーズ…小さじ1/3

[作り方]

1 トマトは皮と種を除き、7mm角に切る。
2 ブロッコリーはやわらかくゆでて、トマトと同じ大きさに刻む。
3 フライパンにオリーブ油を中火で熱し、1、2を入れていため、粉チーズを振る。

パクパク期 1才〜1才6カ月

ビタミン・ミネラル　たんぱく質

香ばしくいためて♪　ごはんにのせても

トマトと納豆のごま油いため

[材料]

トマト…40g（中1/4個）
納豆…20g
（大さじ1強）
ごま油…少々

[作り方]

1 トマトは皮と種を除き、1cm角に切る。
2 フライパンにごま油を弱めの中火で熱し、納豆を入れて1分ほどいためる。
3 2に1を加え、さっといため合わせる。

★ MEMO　納豆といためることで自然なとろみがつく。ほかの野菜でも代用OK。

カミカミ期 9〜11カ月

ビタミン・ミネラル

カラフルな野菜がベビーの食欲を刺激！

ベビーラタトゥイユ

[材料]

トマト…10g
（果肉小さじ2）
なす…10g
（中1/8個）
パプリカ・ピーマン…計10g
オリーブ油…少々
水…1/3カップ

[作り方]

1 トマトは皮と種を除き、あらく刻む。
2 パプリカとなすは皮をむき、1cm角に切る。ピーマンは5mm角に切る。
3 鍋にオリーブ油を中火で熱し、2を入れてさっといためる。1、水を加えて火を弱め、野菜がやわらかくなるまで5分ほど煮る。

※マークの見方　エネルギーはエネルギー源食品、ビタミン・ミネラルはビタミン・ミネラル源食品、たんぱく質はたんぱく質源食品の略で、材料に含まれる主な栄養素を示しています。
また、卵、乳（乳製品）、小麦（小麦粉）が含まれるものを明記しています。

青菜 ・ほうれんそう ・小松菜 ・チンゲン菜

選び方は?

葉の色が濃く、葉先がピンとしてみずみずしいもの。葉先から傷むので、新鮮なうちに調理を。

栄養は?

青菜は栄養価が高く、ビタミンはもちろん、鉄やカルシウムなどのミネラルも豊富。しっかり食べることで、貧血を防ぎ、骨や歯を丈夫にする効果が期待できます。繊維が苦手な子も多いので、とろみをつけるなど、工夫しましょう。

鉄分補給にしっかり食べたい青菜。繊維が多いので、離乳食では葉の部分を中心に使います。すりつぶしたり、刻んだりする調理が大切。

実物大 形状チェック!(ほうれんそう)

ゴックン期 5〜6カ月

葉先のみ使う。やわらかくゆでて裏ごしするか、すりつぶし、とろみをつける。

モグモグ期 7〜8カ月

葉先のみ使う。やわらかくゆでて2㎜大に刻み、とろみをつける。

カミカミ期 9〜11カ月

葉と茎を使う。やわらかくゆでて5㎜大に刻み、とろみをつける。

パクパク期 1才〜1才6カ月

葉と茎を使う。やわらかくゆでて5㎜〜1㎝大に刻む。

調理のポイント

POINT 1 根元の泥をよく洗い流す

調理の前にボウルに水をため、青菜の根元をしばらくつけ、水を吸わせると葉がピンとよみがえります。根元の茎の間には泥がたまっているので、広げてよく洗いましょう。

POINT 2 ほうれんそうはゆでてアクを抜く

ほうれんそうにはえぐみのもとになるシュウ酸が含まれているので、これを除くために下ゆでが必要です。熱湯で大人より長めにやわらかくゆで、水にとってからよくしぼります。

POINT 3 繊維が残らないようにすりつぶす

ゴックン期は青菜のゆでた葉先を、繊維が残らないようにすりつぶします。棒状に冷凍してからすりおろす方法(下記参照)もおすすめ。手間をかけてあげると完食率もアップ!

POINT 4 モグモグ期までは葉先を刻む

ゴックン期、モグモグ期はやわらかい葉先のみ。茎はカミカミ期以降、こまかく刻みましょう。ベビーには、繊維は離乳食期を通して手ごわいので、食べやすく調理してあげて。

ママ★ラク

冷凍ほうれんそうは葉先だけ出しやすい

「冷凍カットほうれんそう」はパラパラにほぐれているので、葉先をつまんで出しやすいですよ。ユリママ・かりんちゃん(6カ月)

ヨーグルトバナナで青菜の味を消しちゃう!

ほうれんそうは苦手だけど、すりおろしをヨーグルトにまぜればOK。バナナで甘くするとさらに食べる! 太一ママ・太一《たいち》くん(6カ月)

フリージング&解凍のコツ

基本ワザ 最初は棒状、あとはやわらかくゆでて刻む

棒状に包んで

ラップに包んで

シリコンカップで

ゴックン期はゆでて棒状に包んで冷凍し、葉先をすりおろすテクが◎。モグモグ期以降は、こまかく刻んでラップに包むか、シリコンカップに入れて冷凍を。

モグモグ期 7〜8カ月

エネルギー ビタミン・ミネラル たんぱく質

卵

おかゆに青菜をまぜるのは王道テク☆

ほうれんそうの黄身がゆ

[材料]
ほうれんそうの葉…15g（大3枚）
7倍がゆ（P.22参照）…50g（大さじ3強）
卵黄（かたゆで卵の黄身）…1/2個

[作り方]
1 ほうれんそうはさっとゆで、こまかく刻む。
2 鍋に7倍がゆ、1を入れて弱火で熱し、かたゆで卵の黄身をくずして加え、よくまぜる。

ゴックン期 5〜6カ月

ビタミン・ミネラル たんぱく質

かぼちゃを甘み&とろみづけに活用

ほうれんそうとかぼちゃピューレ

[材料]
ほうれんそうの葉…5g（大1枚）
かぼちゃ…10g（2cm角1個）
豆乳…小さじ1
水…小さじ1/4

[作り方]
1 ほうれんそうはやわらかくゆでて刻み、なめらかにすりつぶし、水でのばす。
2 かぼちゃは皮と種を除いてやわらかくゆで、裏ごしし、豆乳でのばす。
3 器に2を敷き、1をのせ、まぜながら食べさせる。

モグモグ期 7〜8カ月

ビタミン・ミネラル

コーンのまろやかさが青菜のクセを消す

ほうれんそうのコーンあえ

[材料]
ほうれんそうの葉…10g（大2枚）
クリームコーン…10g（小さじ2）

[作り方]
1 ほうれんそうはやわらかくゆで、こまかく刻む。
2 クリームコーンは裏ごしする。
3 1と2を合わせ、なめらかにまぜる。

★ MEMO クリームコーンは薄皮をとり除くため、離乳食期は裏ごししてあげて。

ゴックン期 5〜6カ月

エネルギー ビタミン・ミネラル たんぱく質

青菜と高野豆腐、ダブルで鉄分補給！

ほうれんそうの高野豆腐がゆ

[材料]
ほうれんそうの葉…10g（大2枚）
10倍がゆ（P.22参照）…30g（大さじ2）
高野豆腐のすりおろし…小さじ1

[作り方]
1 ほうれんそうはやわらかくゆでて刻み、なめらかにすりつぶす。
2 1に10倍がゆを加え、さらになめらかにすりつぶし、高野豆腐を加えてまぜる。
3 耐熱容器に2を入れてラップをかけ、電子レンジで約20秒加熱する。

※マークの見方 エネルギー はエネルギー源食品、ビタミン・ミネラル はビタミン・ミネラル源食品、たんぱく質 はたんぱく質源食品の略で、材料に含まれる主な栄養素を示しています。
また、卵、乳（乳製品）、小麦（小麦粉）が含まれるものを明記しています。

カミカミ期 9〜11カ月

エネルギー
ビタミン・ミネラル
たんぱく質
卵

青菜嫌いの子もこれなら食べられる♪

小松菜とじゃがいものお焼き

［材料］
小松菜…20g（中1/2株）
じゃがいも…50g（中1/3個）
とき卵…1/2個分
植物油…少々

［作り方］
1 小松菜はやわらかくゆで、こまかく刻む。
2 じゃがいもは皮をむいてやわらかくゆで、熱いうちにすりつぶし、1、とき卵を加えてまぜる。
3 フライパンに油を中火で熱し、2をスプーンでひと口大に落とし入れ、2分ほどかけて両面をこんがりと焼く。

モグモグ期 7〜8カ月

ビタミン・ミネラル
たんぱく質

アクの少ないチンゲンサイは直接鍋へ！

チンゲンサイと高野豆腐のうま煮

［材料］
チンゲンサイの葉…20g（2枚）
高野豆腐のすりおろし…大さじ1/2
だし…1/2カップ

［作り方］
1 チンゲンサイはこまかく刻む。
2 鍋にだしを煮立て、1を入れて弱火で3分ほど、やわらかくなるまで煮る。
3 高野豆腐を加え、さらに1分ほど煮る。煮汁が少なくなったら、水適量（分量外）を足す。

カミカミ期 9〜11カ月

ビタミン・ミネラル
たんぱく質

赤身肉と組み合わせた鉄分強化レシピ

チンゲンサイと牛肉のとろみあん

［材料］
チンゲンサイ…30g（1/3株）
牛赤身薄切り肉…10g
ごま油…少々
水…1/4カップ
水どきかたくり粉…少々

［作り方］
1 チンゲンサイは3mm幅、2cm長さくらいに切る。牛肉は1cm長さの細切りにする。
2 フライパンにごま油を中火で熱し、チンゲンサイをさっといため、水を加えて弱火にし、やわらかくなるまで煮る。
3 牛肉を加え、肉に火が通ったら、水どきかたくり粉でとろみをつける。

モグモグ期 7〜8カ月

ビタミン・ミネラル
たんぱく質

とろみづけで、青菜もお肉も食べやすい

小松菜と鶏ささ身のとろみ煮

［材料］
小松菜の葉…20g（大2枚）
鶏ささ身肉…10g(1/5本)
だし…1/3カップ
水どきかたくり粉…少々

［作り方］
1 小松菜はさっとゆで、こまかく刻む。ささ身はこまかく刻む。
2 鍋にだしを煮立て、小松菜を入れて弱火で2分ほど、やわらかくなるまで煮る。
3 ささ身を加えてさっと火を通し、水どきかたくり粉でとろみをつける。

パクパク期 1才～1才6カ月

エネルギー ビタミン・ミネラル たんぱく質

小麦

仕上げのかつおぶしで簡単に和風味に

ほうれんそうのおかかパスタ

[材料]

ほうれんそう…30g（1株）
スパゲティ…30g
かつおぶし…2g
オリーブ油…適量

[作り方]

1 ほうれんそうはやわらかくゆで、2cm長さに切る。
2 スパゲティは2～3cm長さに折り、表示より少し長めにやわらかくゆでる。
3 フライパンにオリーブ油を中火で熱し、1、2を入れてさっといため、かつおぶしを加えてあえる。

パクパク期 1才～1才6カ月

ビタミン・ミネラル たんぱく質

大人よりくたくたに煮てやわらか～く

小松菜とツナの煮びたし

[材料]

小松菜…30g（中3/4株）
ツナ（水煮缶）…15g（大さじ1）
水…1/2カップ

[作り方]

1 小松菜は1cm弱の長さに刻む。
2 鍋に1、ツナ、水を入れて中火で熱し、煮立ったら火を弱め、小松菜がやわらかくなるまで煮る。

パクパク期 1才～1才6カ月

エネルギー ビタミン・ミネラル たんぱく質

塩とごま油で味つけした韓国のキムパ風

ほうれんそうとひき肉ののり巻き

[材料]

ほうれんそう…30g（1株）
鶏ひき肉…20g（大さじ1強）
A（酒…小さじ1/4　塩…少々）
ごはん…80g
のり（全形）…2/3枚
ごま油…少々

[作り方]

1 ほうれんそうはやわらかくゆで、こまかく刻む。
2 フライパンにごま油を中火で熱し、ひき肉をいため、Aを加えて汁けがなくなるまでいためる。
3 ごはんに1、2を加えてまぜる。のりを広げて手前にごはんをのせ、くるくると巻いて食べやすく切る。

パクパク期 1才～1才6カ月

ビタミン・ミネラル たんぱく質

納豆のまろやかな風味で青菜もペロリ

チンゲンサイの納豆汁

[材料]

チンゲンサイ…50g（1/2株）
納豆…20g（大さじ1強）
だし…60mℓ

[作り方]

1 チンゲンサイは1cm大に刻む。
2 鍋にだしを煮立て、1を入れ、弱火でやわらかくなるまで煮る。
3 納豆を加え、ひと煮する。

★MEMO 納豆は加熱すると独特のクセがまろやかになるので、汁物にもおすすめ。

※マークの見方 エネルギーはエネルギー源食品、ビタミン・ミネラルはビタミン・ミネラル源食品、たんぱく質はたんぱく質源食品の略で、材料に含まれる主な栄養素を示しています。
また、卵、乳（乳製品）、小麦（小麦粉）が含まれるものを明記しています。

ブロッコリー

選び方は？

つぼみがかたくしまり、緑が濃く鮮やかなものを。茎の切り口に"す"が入ったものは避けて。

栄養は？

ビタミン・ミネラルをバランスよく含む緑黄色野菜。特にβ-カロテンと、加熱しても壊れにくいビタミンCが豊富です。ビタミンの流出を防ぐには、少なめの湯でゆでるのがコツ。ゆで汁の中で冷ますと、うまみが戻っていきます。

栄養価が高いうえ、下ごしらえに手間がかからずに使いやすいから人気！
ツブツブが苦手なら、すりつぶしたり、とろみをつけるなど工夫を。

実物大 形状チェック！

ゴックン期 5～6カ月

小房をやわらかくゆで、穂先のみそぎとる。裏ごしするか、すりつぶし、とろみをつける。

モグモグ期 7～8カ月

小房をやわらかくゆで、穂先のみそぎとる。刻んでとろみをつける。

カミカミ期 9～11カ月

小房をやわらかくゆで、5mm大に切り分ける。

パクパク期 1才～1才6カ月

小房をやわらかくゆで、1cm大に切り分ける。

調理のポイント

POINT 1 モグモグ期までは穂先のみ使う

ブロッコリーは小房に分けて熱湯でやわらかくゆで、モグモグ期までは穂先のやわらかい部分のみを使います。小房を寝かせて、包丁で穂先をそぎとります。

POINT 2 カミカミ期以降は小房を切り分ける

カミカミ期からは、やわらかくゆでれば小房を切り分けて食べられます。カミカミしやすい大きさに刻んであげて。また、ゆでるときにこぶ少々を入れると、うまみが増します。

POINT 3 ツブツブ対策にはとろみづけ！

ツブツブが苦手で飲み込みにくければ、とろみをつけてあげます。水分といっしょに煮て水どきかたくり粉でとろみをつけたり、おかゆやじゃがいも、バナナなどにまぜてみて。

POINT 4 茎は皮を厚くむいてゆでる

茎の部分は、繊維が多くかたい皮を厚めにむいてやわらかくゆでれば、カミカミ期から食べられます。または、大人が食べても。茎も栄養が豊富なので、ムダなく使いましょう。

フリージング&解凍のコツ

基本ワザ やわらかく加熱して各期の形状で小分け冷凍

＼フリーザーバッグで／

＼ラップに包んで／

ゆでて刻み、1回分ずつラップに包むかシリコンカップに入れて冷凍。カミカミ期以降はフリーザーバッグにまとめて入れて、好みの量をとり出す方法でも使いやすいです。

ママ★ラク

シリコンスチーマーは少量を蒸すのに◎

電子レンジで少量の野菜を蒸すには、ミニサイズのシリコンスチーマーが便利。100均で買いました！　みーママ・みーやん(11カ月)

キッチンばさみなら穂先のカットがラク♪

ヘアカットみたいで楽しいですよ。月齢に合わせて「浅く切る」「深く切る」も思いのまま。白根麻衣ママ・こころちゃん(7カ月)

ブロッコリー 調理のポイント

モグモグ期 7〜8カ月

エネルギー
ビタミン・ミネラル
たんぱく質

おかゆにまぜながら、かたさを調節して

しらすがゆブロッコリーのせ

[材料]

ブロッコリー…15g
（小房1個半）
5倍がゆ（P.22参照）…
50g（大さじ3強）
しらす干し…5g
（大さじ1弱）

[作り方]

1 ブロッコリーは舌でつぶせるくらいやわらかくゆで、こまかく刻む。
2 しらす干しは熱湯1/2カップ（分量外）に5分ほどつけて湯をきり、あらみじん切りにし、5倍がゆとまぜる。
3 器に2を盛り、1をのせる。

ゴックン期 5〜6カ月

ビタミン・ミネラル

素材そのもののフレッシュな味が新鮮

ブロッコリーのすり流し

[材料]

ブロッコリー…10g
（小房1個）
湯冷まし…少々

[作り方]

1 ブロッコリーはやわらかくゆで、穂先のみそぎとり、なめらかにすりつぶす。
2 湯冷ましを加え、トロトロにのばす。

★ MEMO すりつぶしてもツブツブ感が苦手なら、とろみをつけたり、おかゆにまぜて。

モグモグ期 7〜8カ月

ビタミン・ミネラル
たんぱく質

なめらかな豆腐であえて食べにくさ解消

ブロッコリーととろろこぶの白あえ

[材料]

ブロッコリー…30g
（小房3個）
絹ごし豆腐…30g
（1/10丁）
とろろこぶ…少々

[作り方]

1 ブロッコリーはやわらかくゆで、穂先のみそぎとり、こまかく刻む。
2 豆腐はさっと湯通しし、こまかくつぶす。とろろこぶはこまかくちぎる。
3 1、2をまぜ合わせる。

ゴックン期 5〜6カ月

エネルギー
ビタミン・ミネラル

バナナマジックでトリコになっちゃう！

ブロッコリーとバナナのトロトロ

[材料]

ブロッコリー…10g
（小房1個）
バナナ…20g（中1/6本）

[作り方]

1 ブロッコリーはやわらかくゆでる（ゆで汁はとっておく）。穂先のみそぎとり、なめらかにすりつぶす。
2 1にバナナを加え、さらにすりつぶし、なめらかにまぜる。ゆで汁でかたさを調節する。

ゴックン期
モグモグ期

※マークの見方 エネルギーはエネルギー源食品、ビタミン・ミネラルはビタミン・ミネラル源食品、たんぱく質はたんぱく質源食品の略で、材料に含まれる主な栄養素を示しています。
また、卵、乳（乳製品）、小麦（小麦粉）が含まれるものを明記しています。

カミカミ期 9〜11カ月

エネルギー
ビタミン・ミネラル
たんぱく質

ほくほくおいも&ツナと合わせて名トリオ♪

グリーンポテトサラダ

［材料］
ブロッコリー…20g
（小房2個）
じゃがいも…50g
（中1/3個）
ツナ（水煮缶）…15g
（大さじ1）

［作り方］
1 ブロッコリーはやわらかくゆで、あらく刻む。
2 じゃがいもは皮をむいてやわらかくゆで、あらくつぶし、1、ツナを加えてあえる。

モグモグ期 7〜8カ月

エネルギー
ビタミン・ミネラル
たんぱく質
卵
小麦
乳

ミルクとパンのほのかな甘みにニッコリ

ブロッコリーのミルクパンがゆ

［材料］
ブロッコリー…20g
（小房2個）　トマト…
5g（果肉小さじ1）
食パン…15g
（8枚切り1/3枚）
牛乳…1/4カップ
水…1/2カップ

［作り方］
1 ブロッコリーはやわらかくゆで、穂先のみそぎとり、こまかく刻む。トマトは皮と種を除き、すりつぶす。
2 鍋に食パンを小さくちぎって入れ、牛乳、水を加え、弱火で3分煮る。ブロッコリーを加えて火を止め、ふたをして蒸らす。
3 器に2を盛り、トマトをのせる。

★ MEMO　とろりと煮たパンをからめると、ブロッコリーのツブツブが食べやすくなる。

カミカミ期 9〜11カ月

エネルギー
ビタミン・ミネラル
乳

もっちり食感でツブツブが気にならない

ブロッコリーのポテトもち

［材料］
ブロッコリー…10g
（小房1個）
じゃがいも…40g
（中1/4個）
かたくり粉…小さじ1
塩…少々　バター…少々
水…大さじ2

［作り方］
1 ブロッコリーはラップに包み、電子レンジで約40秒加熱し、みじん切りにする。
2 じゃがいもは皮をむいてやわらかくゆで、あらくつぶし、1、かたくり粉、塩を加えてまぜ、ひと口大に成形する。
3 フライパンにバターをとかし、2を並べて両面を焼く。水を加えてふたをし、蒸し焼きにする。

モグモグ期 7〜8カ月

ビタミン・ミネラル
たんぱく質

ごま油でちょっぴりコクを加えた中華風

ブロッコリーと豆腐の煮物

［材料］
ブロッコリー…15g
（小房1個半）
絹ごし豆腐…30g
（1/10丁）
水…80mℓ
ごま油…少々

［作り方］
1 ブロッコリーは穂先のみそぎとる。
2 鍋に1、水を入れ、弱火でやわらかくなるまで煮る。
3 豆腐をくずし入れ、ごま油を加えてまぜる。途中、水分が足りなければ、水適量（分量外）を足す。

ブロッコリー

パクパク期 1才～1才6カ月

エネルギー ビタミン・ミネラル たんぱく質

卵 小麦 乳

ホットケーキミックスの衣でラクちん♥

ブロッコリードーナツ

[材料]

ブロッコリー…50g
(小房5個)
A(ホットケーキミックス…大さじ3
牛乳…大さじ2)
揚げ油…適量

[作り方]

1 ブロッコリーは小さく切り分けて耐熱容器に入れ、ラップをかけて電子レンジで約1分40秒加熱する。
2 ボウルにAを合わせてまぜ、1を加えてからめる。
3 フライパンに深さ1～2cmの油を入れて160度に熱し、2を入れ、きつね色になるまで揚げる。

パクパク期 1才～1才6カ月

ビタミン・ミネラル たんぱく質

乳

カテージチーズがとろけて野菜にからむ

ブロッコリーのチーズいため

[材料]

ブロッコリー…30g
(小房3個)
カテージチーズ…大さじ1
植物油…少々

[作り方]

1 ブロッコリーはやわらかくゆで、あらく刻む。
2 フライパンに油を中火で熱し、1を入れてさっといためる。
3 カテージチーズを加え、まぜながら軽くいためる。

パクパク期 1才～1才6カ月

ビタミン・ミネラル

乳

茎を使って手づかみの楽しい一品に

ブロッコリーの茎のバター焼き

[材料]

ブロッコリーの茎
(かたい部分をむいた中心部分)…30g
バター…少々

[作り方]

1 ブロッコリーの茎は1cm弱の大きさに切り、やわらかくゆでる。
2 フライパンにバターをとかし、1を入れ、1分ほどいためる。

パクパク期 1才～1才6カ月

エネルギー ビタミン・ミネラル たんぱく質

乳

カリッと香ばしくて食欲がそそられる!

ブロッコリーの焼きリゾット

[材料]

ブロッコリー…30g
(小房3個) ごはん…80g(子ども茶わん八分目) 鶏ささ身…10g(1/5本)
牛乳…大さじ2
粉チーズ…小さじ2/3

[作り方]

1 ブロッコリーはやわらかくゆで、食べやすくほぐす。
2 鍋にささ身とかぶるくらいの水(分量外)を入れ、ゆでてとり出し、こまかくちぎる。
3 鍋にごはん、牛乳を入れて弱火で熱し、とろりとしたら1、2を加えてなじませる。耐熱容器に入れ、粉チーズを振り、オーブントースターで約3分焼く。

※マークの見方 エネルギーはエネルギー源食品、ビタミン・ミネラルはビタミン・ミネラル源食品、たんぱく質はたんぱく質源食品の略で、材料に含まれる主な栄養素を示しています。
また、卵、乳(乳製品)、小麦(小麦粉)が含まれるものを明記しています。

キャベツ・白菜

選び方は?

外側の葉がいきいきとしてハリのあるもの。カットしたものは切り口がみずみずしいものを。

栄養は?

どちらもビタミンCが多く、かぜ予防や免疫力アップに役立ちます。キャベツには弱った胃を活性化させるビタミンUが含まれます。大豆製品や魚、肉などのたんぱく質と相性がよく、組み合わせると栄養バランスもととのいます。

あっさりとしてクセがなく、どんなおかずにも合わせやすい葉野菜。
大人は生食もしますが、ベビーには繊維が強敵！　やわらかく加熱調理して。

実物大 形状チェック!(キャベツ)

ゴックン期 5〜6カ月

葉をやわらかくゆでて裏ごしし、とろみをつける。

モグモグ期 7〜8カ月

葉をやわらかくゆでてすりつぶし、とろみをつける。

カミカミ期 9〜11カ月

葉をやわらかくゆでて2〜3㎜大に刻み、とろみをつける。

パクパク期 1才〜1才6カ月

葉をやわらかくゆでて5㎜〜1㎝大に刻む。

調理のポイント

POINT 1 内側の葉のほうがやわらかい

キャベツ・白菜ともに外側の葉はかためなので、ゆでても繊維が残りがち。できればやわらかい内側の葉を離乳食に使いましょう。芯や太い葉脈を除き、葉の部分を使います。

POINT 2 蒸しゆでにするとしっとりやわらかに

鍋に少量の湯を沸かし、ざく切りにした葉を入れ、ふたをしてやわらかくなるまで"蒸しゆで"に。たっぷりの湯でゆでるより栄養が逃げず、葉がくたくたにやわらかくなります。

POINT 3 繊維を完全に除くには、裏ごしを

ベビーにとってはキャベツ・白菜の繊維はなかなかの強敵。筋っぽさが残ると食べにくく、敬遠されてしまうことも。とくにゴックン期はすりつぶすより、裏ごしして繊維を除いて。

POINT 4 モグモグ期以降はこまかく刻む

モグモグ期以降も、歯ぐきでかんで食べる離乳食時代は、葉をこまかく刻んであげます。ベビーの食べる発達に合わせて、無理せずかたさ・大きさを調節しましょう。

フリージング&解凍のコツ

ママ★ラク 刻んだ葉は「お茶パック」で大人といっしょに煮る!

薄味のスープなら、親子でいっしょに食べられますよね。野菜をあとで刻むのはメンドウなので、ベビー用はお茶パックに入れて煮ています。いずみママ・サキちゃん(1才)

基本ワザ やわらかく加熱して各期の形状で小分け冷凍

\ シリコンカップで /

\ ラップに包んで /

裏ごしやすりつぶしは製氷皿に入れ、刻んだ葉は1回分ずつラップに包むか、シリコンカップに入れて冷凍。にんじんや玉ねぎなどと、「野菜ミックス」にして冷凍しても便利です。

キャベツ・白菜 調理のポイント

ゴックン期
モグモグ期
カミカミ期
パクパク期

カミカミ期 9〜11カ月

エネルギー　ビタミン・ミネラル　たんぱく質

小麦

もちっとした生地が葉をまとめてくれる

キャベツチヂミ

[材料]

キャベツ…20g
（中1/3枚）
かつおぶし…ひとつまみ
小麦粉…大さじ3
水…大さじ1.5
植物油…少々

[作り方]

1. キャベツは芯を除き、みじん切りにする。耐熱容器に入れ、ラップをかけて電子レンジで約30秒加熱し、あら熱をとる。
2. 1に小麦粉、水、かつおぶしを加えてまぜる。
3. フライパンに油を中火で熱し、2を入れて両面をこんがりと焼き、食べやすく切る。

ゴックン期 5〜6カ月

ビタミン・ミネラル　たんぱく質

きな粉でぐっと香ばしく、味わい豊かに

キャベツきな粉

[材料]

キャベツ…10g（中1/5枚）　きな粉…小さじ1/2

[作り方]

1. キャベツはやわらかくゆで、裏ごしする（ゆで汁はとっておく）。
2. 1にきな粉を加えてよくまぜ、ゆで汁でかたさを調節する。

POINT

きな粉は粉のかたまりが消えるまで、しっかりまぜ込んで！

パクパク期 1才〜1才6カ月

ビタミン・ミネラル　たんぱく質

3食材でお手軽♪　ごま油で中華っぽく

白菜の八宝菜風

[材料]

白菜…20g（中1/5枚）
にんじん…10g
（2cm角1個）
牛赤身薄切り肉…10g
ごま油…少々
水…1/2カップ

[作り方]

1. 白菜は7mm角に切り、にんじんは薄いいちょう切りに。牛肉はこまかく刻む。
2. 鍋にごま油を中火で熱し、1を入れてさっといためる。水を加え、煮立ったら火を弱め、野菜がやわらかくなるまで煮る。煮汁が少なくなったら、水適量（分量外）を足す。

モグモグ期 7〜8カ月

ビタミン・ミネラル　たんぱく質

小麦

高たんぱくの麩を和の煮物に合わせて

白菜と麩のだし煮

[材料]

白菜…20g（中1/5枚）
麩…3個
だし…1/2カップ

[作り方]

1. 白菜はみじん切りにする。麩はすりおろす。
2. 鍋に白菜、だしを入れて弱火で熱し、やわらかくなるまで煮る。途中、煮汁が少なくなったら、水適量（分量外）を足す。
3. 麩を加え、2分ほど煮る。

★ MEMO　麩は乾燥したまますりおろして煮ると、自然なとろみがつく。

※マークの見方　エネルギーはエネルギー源食品、ビタミン・ミネラルはビタミン・ミネラル源食品、たんぱく質はたんぱく質源食品の略で、材料に含まれる主な栄養素を示しています。
また、卵、乳（乳製品）、小麦（小麦粉）が含まれるものを明記しています。

大根・かぶ

選び方は？

根がずっしりと重く、ハリがあり、ひげ根の少ないもの。葉の緑が鮮やかなものを。

栄養は？

どちらも根にはビタミンCや消化酵素が含まれ、胃腸にやさしい野菜です。葉の部分は栄養価の高い緑黄色野菜。やわらかく加熱すれば、離乳食にもOK。葉に水分をとられると風味が落ちるので、切り離して保存します。

生では辛みがありますが、加熱すれば甘くやわらかくなるからベビーにも食べやすいです。やわらかい根の部分と、葉の部分を別々に調理します。

形状チェック！（大根）

実物大

ゴックン期 5～6カ月

やわらかく加熱して裏ごしするか、すりつぶす。

モグモグ期 7～8カ月

指で軽く力を入れてつぶせるかたさに加熱し、こまかく刻む。

カミカミ期 9～11カ月

指で軽く力を入れてつぶせるかたさに加熱し、5㎜角に切る。

パクパク期 1才～1才6カ月

指で軽く力を入れてつぶせるかたさに加熱し、1㎝角に切る。

調理のポイント

POINT 1 大根はやわらかい中央部を使う

大根は部位によって味やかたさが違います。先端部分は辛みが強く、葉に近い部分は繊維が多くてかたいのが特徴。甘みがあってやわらかい中央部が離乳食向きです。

POINT 2 かぶるくらいの水を入れてゆでる

大根は中までじっくりと火を通してやわらかくするために、水からゆでるのが基本。1㎝角に切ると早く火が通り、また、こぶ少々を入れるとうまみが出ていい味になります。

POINT 3 かぶは皮を厚めにむく

かぶは皮の内側1～2㎜にかたい繊維の層があり、ここは加熱してもやわらかくなりません。繊維が残ると食べにくいので、離乳食で使うときは皮を少し厚めにむきましょう。

POINT 4 かぶはいちょう切りがおすすめ

くし形切りは厚みが均一ではないので、加熱するとやわらかいところ、かたいところができてしまい、食べにくさの原因に。いちょう切りにすると、火の通りが均一になります。

フリージング&解凍のコツ

ママ★ラク 根菜は圧力鍋で煮るとスピード調理でやわらかに

時短調理に大活躍!!

よく作るのは、大根やにんじんなど根菜たっぷりのミネストローネ。離乳食用に取り分けたあと、大人用はコンソメ、塩、こしょうで味つけしています。高和佳奈ママ・理《り》陽《お》くん（9カ月）

基本ワザ 葉はゆでて刻み、根はゆで汁ごと冷凍しても

大根をスープ煮で

かぶの葉をゆでて

葉はやわらかくゆでて刻み、フリーザーバッグに入れて冷凍。根はにんじんなどとゆでて、うまみの出たゆで汁も小分け容器で冷凍すれば、汁物や煮込みうどんに活用できます。

大根・かぶ 調理のポイント

カミカミ期 9〜11カ月

ビタミン・ミネラル

ほどよい酸味でさっぱり食べられる一品

かぶのトマト煮

［材料］

かぶ…20g（実1/6個）
トマト…20g（中1/8個）
水…1カップ

［作り方］

1 かぶは厚めに皮をむき、1㎝弱の角切りにする。トマトは皮と種を除き、みじん切りにする。
2 鍋に1、水を入れ、かぶがやわらかくなるまで煮る。

★ MEMO かぶは大根より短時間でやわらかくなるのが特徴。煮くずれに注意して。

ゴックン期 5〜6カ月

ビタミン・ミネラル

根と葉をどちらも使ってビタミン満点

大根と大根葉のだし煮

［材料］

大根…10g（2㎝角1個）
大根の葉…少々
だし…1/2カップ

［作り方］

1 大根は皮をむき、大根の葉とともにあらみじん切りにする。
2 鍋に大根、だしを入れて弱火で熱し、煮立ったら大根の葉を加え、やわらかくなるまで煮る。
3 大根、大根の葉をすくい出し、なめらかにすりつぶし、煮汁でかたさを調節する。

パクパク期 1才〜1才6カ月

ビタミン・ミネラル

乳

生から蒸し焼きにするので甘みがギュッ

大根のこんがりスティック

［材料］

大根（1㎝角×6㎝長さ）…5本
バター…小さじ1

［作り方］

1 フライパンにバターを弱火でとかし、大根を並べる。
2 ときどき転がしながら、ふたをして弱火で5分ほどじっくりと焼き、全体に焼き色をつける。

★ MEMO ゆでずに火を通すので栄養が逃げない。香ばしい焼き目もうまみに！

モグモグ期 7〜8カ月

エネルギー
ビタミン・ミネラル
たんぱく質

乳

ポタージュ状になるヒミツはおかゆ！

かぶのおかゆポタージュ

［材料］

かぶ…20g（実1/6個）
5倍がゆ（P.22参照）…30g（大さじ2）
牛乳…大さじ2

［作り方］

1 かぶは厚めに皮をむいていちょう切りにし、やわらかくゆでる。
2 5倍がゆはなめらかにすりつぶし、1を加え、あらくつぶしてまぜる。
3 鍋に2を入れ、牛乳を加えて中火で熱し、軽く煮立ったら火を止める。

ゴックン期
モグモグ期
カミカミ期
パクパク期

※マークの見方 エネルギーはエネルギー源食品、ビタミン・ミネラルはビタミン・ミネラル源食品、たんぱく質はたんぱく質源食品の略で、材料に含まれる主な栄養素を示しています。
また、卵、乳（乳製品）、小麦（小麦粉）が含まれるものを明記しています。

なす

選び方は？

皮の色が濃くハリのあるもの。がくのトゲが手に刺さるほどとがったものが新鮮。

栄養は？

皮の色素はポリフェノールの一種で抗酸化作用がありますが、離乳食ではかたいので皮はむきます。栄養価としてはビタミンCやカリウムを含んでいるのと、水分が多いので暑いときに体のほてりをしずめる効果があります。

加熱するとやわらかくなり、ベビーが喜ぶトロトロの口あたりに！
油脂と相性がよく、肉と合わせたり、いため物に使うとうまみが増します。

形状チェック！

実物大

ゴックン期　5〜6カ月

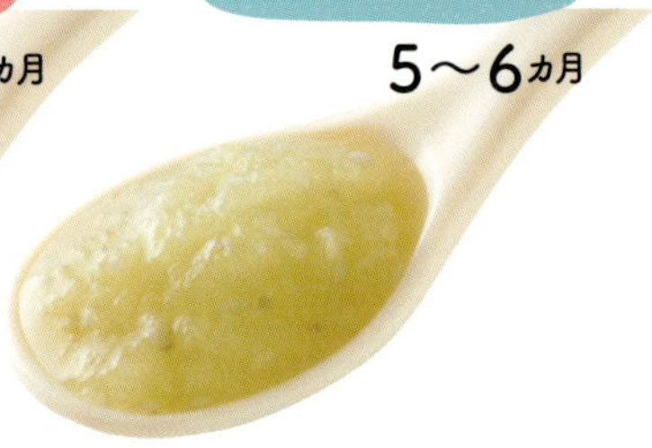

だしでやわらかく煮て、裏ごしするか、すりつぶす。

モグモグ期　7〜8カ月

こまかく刻み、だしで煮る。指で軽く力を入れてつぶせるかたさに。

カミカミ期　9〜11カ月

5mm角に切り、だしで煮る。指で軽く力を入れてつぶせるかたさに。

パクパク期　1才〜1才6カ月

1cm角に切り、だしで煮る。指で軽く力を入れてつぶせるかたさに。

調理のポイント

POINT 1　ピーラーで皮をむく

なすの皮は、やわらかく煮てもかたさが残るので、離乳食では皮をむいて果肉部分だけを使います。へたを切り落とし、がくをぐるりとむき、ピーラーで皮をむきましょう。

POINT 2　水にさらしてアクを抜く

皮をむいたなすは、変色防止のため2〜3分水にさらします。ボウルに水をため、なす1個を3等分くらいに切って入れ、キッチンペーパーでふたをすると全体が水につかります。

POINT 3　すぐ使うときは電子レンジで加熱

なすは皮をむき、空気にふれて変色しないうちにラップに包んで電子レンジで加熱するなら、アクを抜かなくても大丈夫。急ぐときは電子レンジで加熱してから刻むとラク。

POINT 4　だしでやわらかく煮るとおいしい

淡泊な味わいのなすは、スポンジのような構造で水分や油脂を吸収するのが特徴。だしで煮ると、うまみを吸ってやわらかくなり、ぐんとおいしくなります。ベビーにも好評！

フリージング&解凍のコツ

基本ワザ　だしで煮て、煮汁もいっしょに冷凍

皮をむいて果肉を食べやすく刻み、だしでやわらかく煮てシリコンカップや小分け容器へ。煮汁も少し入れておくと、電子レンジで解凍・加熱するときにしっとりもどります。

ママ★ラク　だし煮はシリコンカップで小分け冷凍

野菜のだし煮は多めに作り、いり卵と小分け冷凍。シリコンカップは100均の容器にピタッと固定！　裕子ママ・美紅《みく》ちゃん（8カ月）

「野菜のだし煮」はモグモグしやすい定番

野菜はにんじん、なすが大好物！　刻んでだしで煮るのがお気に入り。モグモグしやすいみたい。彩可ママ・杏樹《あんじゅ》ちゃん（8カ月）

なす

調理のポイント

カミカミ期 9〜11カ月

ビタミン・ミネラル
たんぱく質

いためながら肉のうまみを吸わせて！

なすと牛肉のいため物

[材料]

なす…40g（中1/2個）
牛赤身薄切り肉…15g
ごま油…少々

[作り方]

1 なすは皮をむいてすぐにラップに包み、電子レンジで約30秒加熱し、あら熱がとれたら1cm角に切る。牛肉はこまかく刻む。
2 フライパンにごま油を熱し、牛肉をさっといため、肉にほぼ火が通ったら、なすを加えて1分ほどいためる。

ゴックン期 5〜6カ月

エネルギー
ビタミン・ミネラル

アク抜きしたなすで、さっぱり上品な味

なすの和風がゆ

[材料]

なす…5g（1.5cm角1個）
10倍がゆ（P.22参照）…20g（大さじ1強）
だし…小さじ1/2

[作り方]

1 なすは皮をむき、水に5分ほどさらしてアク抜きする。
2 1をやわらかくゆで、裏ごしする。
3 10倍がゆはなめらかにすりつぶし、2、だしを加え、まぜ合わせる。

★ **MEMO** なすは古くなるとえぐみが増してしまう。新鮮なものをしっかりアク抜きして。

パクパク期 1才〜1才6カ月

エネルギー
ビタミン・ミネラル
たんぱく質

卵
小麦

豆腐をくずし入れるヘルシーなあんかけ

なすのあんかけ焼きそば

[材料]

なす…30g（中1/3個強）
中華蒸しめん…60g（1/3玉）
木綿豆腐…40g（1/8丁弱）
水…1/2カップ
水どきかたくり粉…適量
ごま油…少々

[作り方]

1 なすは皮をむいてすぐにラップに包み、電子レンジで約1分加熱し、あら熱がとれたらあらく刻む。
2 鍋に1、豆腐をくずし入れ、水を加えて煮立て、水どきかたくり粉でとろみをつける。
3 中華蒸しめんは2cm長さに切る。フライパンにごま油を熱し、めん、水大さじ1（分量外）を加えてしっとりといためる。器に盛り、2をかける。

モグモグ期 7〜8カ月

ビタミン・ミネラル
たんぱく質

ペースト状のなすが舌でつぶしやすい

なすのおかかあえ

[材料]

なす…20g（中1/4個）
かつおぶし…ひとつまみ

[作り方]

1 なすは皮をむいてすぐにラップに包み、電子レンジで約30秒加熱する。
2 1のあら熱がとれたら、ペースト状に刻む。
3 ボウルに2を入れ、かつおぶしをもみほぐして加え、全体をまぜてなじませる。

※マークの見方 エネルギーはエネルギー源食品、ビタミン・ミネラルはビタミン・ミネラル源食品、たんぱく質はたんぱく質源食品の略で、材料に含まれる主な栄養素を示しています。
また、卵、乳（乳製品）、小麦（小麦粉）が含まれるものを明記しています。

ピーマン・パプリカ

選び方は?

実にツヤがありへたがピンとしたものを。皮にシワがあるものは、鮮度が落ちている証拠。

栄養は?

β-カロテン、ビタミンC、ビタミンEなどを豊富に含み、栄養価は抜群。パプリカは赤色がいちばん栄養豊富で、ビタミンの含有量はピーマンの2倍以上。離乳食には皮と種、白いわたはとり除き、やわらかい果肉を使います。

パプリカは甘みがあり、栄養価が高くて人気。きれいな色で食欲もアップ♪
ピーマンの独特の苦みは、くたくたに加熱してあげればやわらぎます。

形状チェック!(パプリカ)

実物大

ゴックン期 5〜6カ月

やわらかく加熱して裏ごしするか、すりつぶし、とろみをつける。

モグモグ期 7〜8カ月

指で軽く力を入れてつぶせるかたさに加熱し、こまかく刻む。

カミカミ期 9〜11カ月

指で軽く力を入れてつぶせるかたさに加熱し、5mm角に切る。

パクパク期 1才〜1才6カ月

指で軽く力を入れてつぶせるかたさに加熱し、1cm角に切る。

調理のポイント

POINT 1 ピーラーで皮をむく

パプリカは皮をむいてあげると、ぐんと食べやすくなります。縦4等分くらいに切り、へたと種、内側の白いわたの部分をしっかりとり除き、ピーラーで皮をむきましょう。

POINT 2 電子レンジでも皮むきができる!

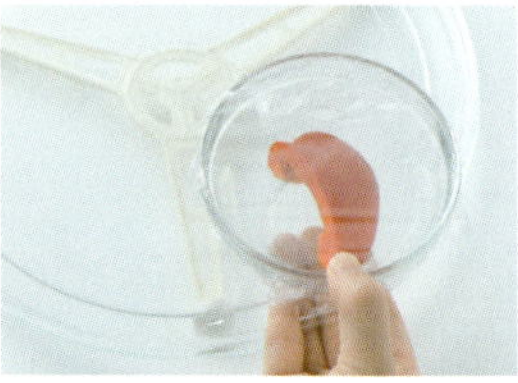

パプリカの皮は電子レンジで加熱し、とり除くこともできます。へたと種、白いわたをとり除いたら耐熱容器に入れ、ラップをかけて1/4個につき約1分30秒を目安に加熱。

POINT 3 加熱するとするっと皮がむける

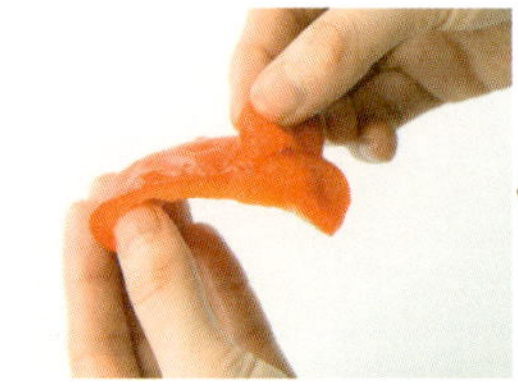

あら熱がとれるまでラップをかけたまま蒸らし、とり出して皮をむきます。ピーマンはパプリカより皮が薄いですが、気になるベビーには同様に皮をむいて調理してあげて。

POINT 4 ピーマンはしっかり火を通す

ピーマンはよく加熱することで苦みが減って甘みが増し、やわらかく、食べやすくなります。また、油で調理することでも苦みが減り、β-カロテンの吸収率もアップします。

フリージング&解凍のコツ

ママ★ラク ミックス野菜の冷凍でおかず作りがラク♪

「パプリカ&ピーマンミックス」の冷凍を常備。魚のホイル焼きなどに便利! 取り分けもできます。桑野いずみママ・洸正《こうせい》くん(1才)

ミートソースならピーマンを入れても完食!

トマト、玉ねぎ、ピーマン、鶏ひき肉でミートソースを作ると、苦手なピーマンもペロリ。櫻井由貴子ママ・高虎《たかとら》くん(1才6カ月)

基本ワザ 各期の形状で小分け冷凍。野菜煮込みにしても!

\ ラップに包んで /

\ ラタトゥイユにして /

苦みのあるピーマンは、かぼちゃ、玉ねぎ、トマトなどの甘い野菜と煮るのがおすすめです。緑黄色野菜をたっぷり食べられる「ラタトゥイユ」は、多めに作って小分け冷凍を。

ピーマン・パプリカ 調理のポイント

ゴックン期
モグモグ期
カミカミ期
パクパク期

カミカミ期 9〜11カ月

ビタミン・ミネラル
たんぱく質
卵

野菜の甘みとシャキシャキ感を楽しめる

パプリカとピーマンのオムレツ

[材料]

パプリカ…10g
(4cm角1個)
ピーマン…10g
(中1/4個)
とき卵…1/2個分
植物油…少々

[作り方]

1 パプリカとピーマンは皮をむき、みじん切りにする。耐熱容器に入れてラップをかけ、電子レンジで約30秒加熱する。
2 とき卵に1を加えてまぜる。
3 フライパンに油を中火で熱し、2を流し入れる。全体をまぜながら7mm厚さくらいの平たい形にまとめ、中まで火を通す。あら熱がとれたら、食べやすく切る。

ゴックン期 5〜6カ月

エネルギー
ビタミン・ミネラル

さわやかな甘みが口いっぱいに広がる

パプリカがゆ

[材料]

パプリカ…5g
(3cm角1個)
10倍がゆ(P.22参照)
…20g(大さじ1強)

[作り方]

1 パプリカは皮をむいてやわらかくゆで、裏ごしする。
2 10倍がゆはなめらかにすりつぶし、2を加えてまぜる。

★ **MEMO** パプリカ果汁はフルーツのような風味で、ヨーグルトなどにも合う。

パクパク期 1才〜1才6カ月

エネルギー
ビタミン・ミネラル
たんぱく質
乳

炊飯器で炊くだけ！　大人もどうぞ♪

3色ピーマンのパエリア風

[材料] 4回分

パプリカ(赤、黄合わせて)…40g(中1/3個)
ピーマン…40g(中1個)
玉ねぎ…20g(中1/8個)
鶏もも肉…60g
米…1合　水…1カップ強　バター…5g

[作り方]

1 米は洗ってざるに上げる。
2 パプリカとピーマンは皮をむき、7mm角に切る。玉ねぎはあらみじん切りにする。鶏肉は皮と脂肪を除き、7mm角に切る。
3 炊飯器に1、水を入れ、2、バターを加えて炊く。炊き上がったら全体をまぜる。

モグモグ期 7〜8カ月

エネルギー
ビタミン・ミネラル
卵
乳
小麦

赤×黄の明るい彩りにビタミンが充実！

パプリカとオレンジのパンがゆ

[材料]

パプリカ…20g
(4cm角2個)
オレンジ…10g
(1房)
食パン…20g
(8枚切り1/2枚)

[作り方]

1 パプリカは皮をむいてやわらかくゆで、こまかく刻む。オレンジは薄皮をむき、こまかく刻む。
2 耐熱容器にパンをこまかくちぎって入れ、水(分量外)をひたひたに加える。パンがふやけたら余分な水を捨て、ラップをかけて電子レンジで約30秒加熱する。
3 2をスプーンでなめらかにまぜ、1を加えてまぜる。

※マークの見方　エネルギー はエネルギー源食品、ビタミン・ミネラル はビタミン・ミネラル源食品、たんぱく質 はたんぱく質源食品の略で、材料に含まれる主な栄養素を示しています。
また、卵、乳(乳製品)、小麦(小麦粉)が含まれるものを明記しています。

アスパラガス

シャキシャキ感とやさしい甘み、香りのよさが特徴。根元のかたい部分の皮をむいて食べやすく調理します。

選び方は?

穂先がしまっていて、緑が鮮やかでハリのあるもの。根元の切り口がみずみずしいものを。

栄養は?

各種ビタミンをバランスよく含む、緑黄色野菜です。疲労回復や免疫力アップに効果のある、アスパラギン酸を多く含んでいます。

調理のポイント

POINT 1 根元の皮をむく

まず、根元の先端を2cmほど切り落とします。さらに、そこから下半分ほどの皮はかたいのでピーラーでむきます。

POINT 2 繊維を断ち切る

ベビーには繊維が食べにくいので、断ち切るように刻みます。みじん切りやあらみじん切り、斜め細切りなどがおすすめ。

モグモグ期 7〜8カ月

エネルギー　ビタミン・ミネラル　たんぱく質

卵　乳　小麦

刻んですりつぶし、繊維を食べやすく

アスパラミルクパンがゆ

［材料］

アスパラガス…20g（中1本）
食パン…15g（8枚切り1/3枚）
水…1/2カップ
牛乳…大さじ1

［作り方］

1. 耐熱容器に食パンをこまかくちぎって入れ、水を加えて5分ほどおき、水けをきる。牛乳を加えてまぜ、ラップをかけて電子レンジで約1分加熱する。
2. アスパラガスは根元のかたい部分を切り落とし、下半分の皮をむいてやわらかくゆで、あらく刻んでからすりつぶす。
3. 2に1を加え、さらにすりつぶす。

そら豆・グリーンピース

そら豆はゴックン期〜、グリーンピースはモグモグ期〜OK。自然な甘みが離乳食向き。旬の春にはぜひ活用を。

選び方は?

さやの緑が濃く、ハリのあるものを。さやから出すと乾燥してしまうので、すぐに調理して。

栄養は?

たんぱく質、ビタミンB群、鉄などが多く含まれ、特に旬の時期には栄養がたっぷり。豆類の中でもやわらかくゆでて使いやすい。

調理のポイント

POINT 1 そら豆をゆでる

ゆでる直前にさやから出し、たっぷりの湯で5〜6分ゆでます。やわらかくなったら水にとり、薄皮をむいて調理を。

POINT 2 グリーンピースをゆでる

たっぷりの湯で4〜5分ゆでて水にとり、軽くつまむとするっと皮がむけます。多めにゆでて、冷凍しておいても便利。

ゴックン期 5〜6カ月

エネルギー　ビタミン・ミネラル

素朴な甘み&なめらかな食感が好評！

そら豆とじゃがいものピューレ

［材料］

そら豆（ゆでた実）…10g（2個）
じゃがいも…10g（中1/15個）
湯冷まし…適量

［作り方］

1. そら豆は薄皮をむき、裏ごしする。じゃがいもはやわらかくゆで、裏ごしする。
2. そら豆、じゃがいもにそれぞれ湯冷ましを加えて食べやすくのばし、器に盛る。

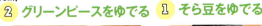

オクラ

やわらかく加熱して種を除けば、モグモグ期～ OK。
刻むほど粘りが出てねばねばの食感がベビー好み！

選び方は？
緑が濃く、うぶ毛でびっしりとおおわれているものほど新鮮。塩でこすると、うぶ毛がとれます。

栄養は？
ビタミン・ミネラルが豊富で、免疫力アップに貢献してくれる野菜。粘りの成分・ペクチンとムチンには、整腸作用などがあります。

調理のポイント

POINT 1 **がくをぐるりとむく**

うぶ毛があれば塩をまぶしてこすり、洗ってとります。へたの先端を切り落とし、がくもかたいのでぐるりとむきます。

POINT 2 **種をとる**

縦半分に切り、スプーンで種をすくいとって。パクパク期になり、プチプチの食感を嫌がらなければそのまま調理しても。

パクパク期 1才～1才6カ月

エネルギー
ビタミン・ミネラル
たんぱく質

オクラの粘りで具がとろりとまとまる
オクラと豚肉のあんかけごはん

[材料]
オクラ…20g（2本） とうもろこし（ゆでた実）…大さじ2 ごはん…80g（子ども茶わん八分目） 豚赤身薄切り肉…15g 塩…少々 水…1/4カップ ごま油…小さじ1/4

[作り方]
1 オクラはへたの先端とがくを除いて薄切りにする。豚肉はこまかく刻む。
2 フライパンにごま油を中火で熱し、豚肉をいため、塩を振る。水を加え、煮立ったらオクラを加え、弱火で3分ほど煮る。
3 ごはんにとうもろこしを加えてまぜ、器に盛り、2をかける。

とうもろこし

甘みたっぷりの旬の夏には、缶詰めでなく生から調理を。
やわらかくゆでてから裏ごしして薄皮を除きます。

選び方は？
実が先端まで詰まっていて、ふっくらとしてツヤがあるものを選ぶ。皮は濃い緑のものを。

栄養は？
糖質、たんぱく質が主成分で、エネルギー源になる食品。ビタミンEや鉄が豊富。収穫後すぐ栄養が落ちるので、新鮮なうちに調理を。

調理のポイント

POINT 1 **ゆでて実をこそげる**

しっかりゆでたとうもろこしは、包丁でざくっと実をこそげとります。1本分をまとめて下ごしらえしておくのが◎。

POINT 2 **裏ごしする**

ゴックン期以降も、薄皮が気になれば裏ごししてあげて。のどごしのよいペースト状になり、パンにも塗りやすいです。

カミカミ期 9～11カ月

エネルギー
ビタミン・ミネラル
たんぱく質
卵
乳
小麦

裏ごしコーンとチーズの塩けが合う！
コーンチーズトースト

[材料]
とうもろこし（ゆでた実）…大さじ2強
食パン…25g（8枚切り食パン1/2枚）
ピザ用チーズ…5g

[作り方]
1 とうもろこしの実はつぶして裏ごしする。
2 食パンに1を塗り、ピザ用チーズを散らし、オーブントースターでチーズがとろけるまで3分ほど焼く。食べやすく切る。

※マークの見方 エネルギー はエネルギー源食品、ビタミン・ミネラル はビタミン・ミネラル源食品、たんぱく質 はたんぱく質源食品の略で、材料に含まれる主な栄養素を示しています。
また、卵、乳（乳製品）、小麦（小麦粉）が含まれるものを明記しています。

フルーツ

ビタミン豊富なフルーツは、ゴックン期からOK。野菜を中心にして適量を食べさせましょう。アレルギー予防のため、最初は加熱すると安心。

選び方は?

新鮮な熟したフルーツを。りんご、いちご、みかん、メロンなど甘みの強いものが好まれます。

栄養は?

フルーツには鉄の吸収を助けるビタミンCなど、ビタミン・ミネラルが豊富。りんごに多く含まれるペクチンには整腸作用があるので、体調が悪いときにもおすすめ。バナナは糖質が多いため、離乳食では主食としても使えます。

実物大 形状チェック!(りんご)

ゴックン期 5～6カ月

やわらかく加熱して裏ごしするか、すりつぶす。

モグモグ期 7～8カ月

指で軽く力を入れてつぶせるかたさに加熱し、こまかく刻む。

カミカミ期 9～11カ月

指で軽く力を入れてつぶせるかたさに加熱し、5㎜角に切る。

パクパク期 1才～1才6カ月

指で軽く力を入れてつぶせるかたさに加熱し、1㎝厚さの小さめのいちょう切りにする。

調理のポイント

POINT 1 いちごは裏ごしして、種を除く

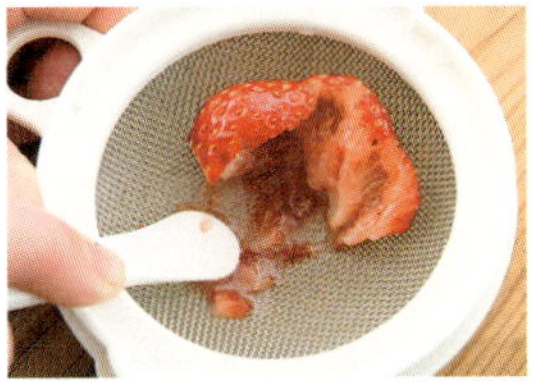

いちごのツブツブを嫌がるゴックン期は、裏ごしして種を除きます。ほかのフルーツも、すべて皮と種を除き、はじめて食べるときは加熱して、1さじから食べさせましょう。

POINT 2 りんごは皮と種をとり除く

りんごはベビーに食べさせる分だけ、薄いくし形に切りとるのがおすすめ。皮をむき、種があればとり除いて。シャキシャキの生ではまだ食べられないので、必ず加熱します。

POINT 3 電子レンジで煮りんご風に

りんごの加熱は、電子レンジがラク! 耐熱容器に薄いくし形切り1個(10g)、水大さじ1を入れ、ふたかラップをして1分30秒加熱が目安。水を加えると、しっとりします。

POINT 4 蒸らす間にやわらかくなる

ふた(またはラップ)を少し開けて、そのまま冷めるまでおいて蒸らします。やわらかくなったら、裏ごししたり、刻んだり、食べやすく調理を。スプーンでざっくりほぐしてもOK。

フリージング&解凍のコツ

ママ★ラク 傷みやすいフルーツはペーストにして冷凍

フルーツはハンドミキサーでペーストにして小分け冷凍。写真はいちごペーストにバナナをプラス。石原佳奈ママ・達来《たつき》くん(10カ月)

バナナはつぶして密閉すれば、変色しない

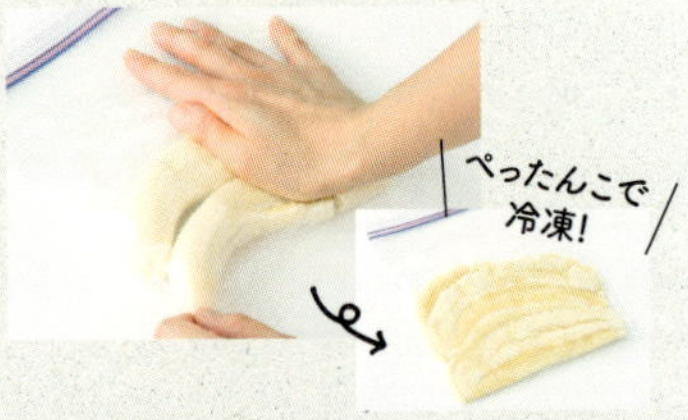

バナナはフリーザーバッグでつぶして冷凍。空気を抜けば変色しませんよ。好きな量を折って出せます。静江ママ・劉生《りゅうせい》くん(8カ月)

基本ワザ フルーツによって生のままか加熱して

りんごは加熱してから食べやすい形状で冷凍を。キウイは生で半月切りにし、解凍時に加熱するのがラク。ぶどうは皮つきのまま冷凍すれば、水にさらすとつるっと皮がむけます。

フルーツ 調理のポイント

カミカミ期 9～11カ月

ビタミン・ミネラル たんぱく質

乳

煮りんごを焼いて、香ばしくアレンジ

りんごのソテー　きな粉がけ

［材料］
りんご…30g
（中1/8個）
きな粉…小さじ1/2
バター…少々

［作り方］
1 りんごは皮をむいて7mm角に切り、ラップに包んで電子レンジで約30秒加熱する。
2 フライパンにバターを中火でとかし、1を加えて1分ほどいため、きな粉を振り入れて全体になじませる。

ゴックン期 5～6カ月

ビタミン・ミネラル たんぱく質

やさしい甘みとピンク色にワクワク♪

いちご豆乳

［材料］
いちご…10g
（大1/2個）
豆乳…大さじ1

［作り方］
1 いちごはへたをとり、裏ごしする。（はじめて食べさせる場合は熱々に加熱してから冷ます）
2 1に豆乳を加えてまぜる。

★MEMO いちごは豆乳や豆腐と相性◎。甘ずっぱさで食欲がアップすることも。

パクパク期 1才～1才6カ月

エネルギー ビタミン・ミネラル たんぱく質

乳

おやつにぴったり♥ フルーツグラタン風

バナナといちごのクリーミー焼き

［材料］
バナナ…60g（2/3本）
いちご…15g（中1個）
ピザ用チーズ…10g
（大さじ1.5）

［作り方］
1 バナナは1cm幅の半月切りにする。いちごはへたをとり、あらくつぶす。
2 耐熱容器に1を入れ、チーズを小さくちぎって散らし、オーブントースターで約5分加熱する。

モグモグ期 7～8カ月

エネルギー ビタミン・ミネラル たんぱく質

乳

フルーツをプラスして栄養バランスUP！

アップルシリアルヨーグルト

［材料］
りんご…10g
（1cm幅のくし形切り1個）
コーンフレーク…4g
（大さじ2強）
プレーンヨーグルト…40g
水…大さじ1.5

［作り方］
1 りんごは皮をむいてすりおろし、耐熱容器に入れ、水を加えてラップをかけ、電子レンジで約50秒加熱する。
2 コーンフレークはこまかく砕いて1に加え、よくまぜて5分ほどおく。
3 2にヨーグルトを加えてまぜる。

★MEMO コーンフレークは、手でこまかく砕いて食べやすくする。

ゴックン期 モグモグ期 カミカミ期 パクパク期

※マークの見方 エネルギーはエネルギー源食品、ビタミン・ミネラルはビタミン・ミネラル源食品、たんぱく質はたんぱく質源食品の略で、材料に含まれる主な栄養素を示しています。また、卵、乳（乳製品）、小麦（小麦粉）が含まれるものを明記しています。

豆腐・高野豆腐

豆腐は大豆の栄養が丸ごととれる植物性たんぱく質。消化吸収がよくトロトロ状にしやすいから、離乳食のたんぱく質デビューにぴったり！

選び方は？

ゴックン～モグモグ期は絹ごし豆腐、カミカミ期からは木綿豆腐と使い分けても。

栄養は？

豆腐は「畑の肉」といわれる大豆の良質な脂質やたんぱく質をそのまま含むうえ、消化吸収がよい優れた食品です。豆腐の栄養が凝縮されている高野豆腐は、カミカミ期以降、不足しがちな鉄分やカルシウムの補給にも最適。

実物大 形状チェック！（豆腐）

ゴックン期 5～6カ月

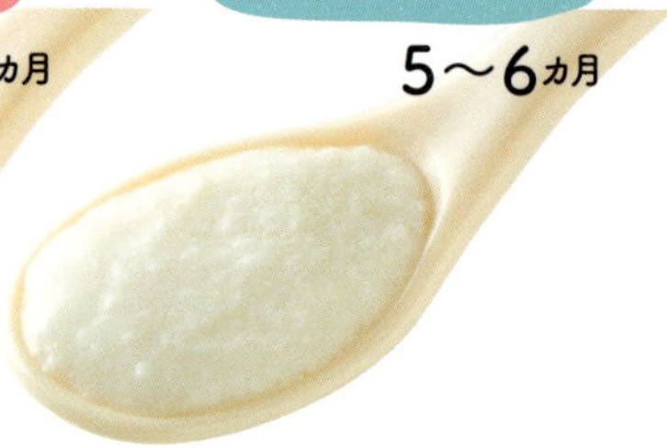

絹ごし豆腐を湯通しし、裏ごしするか、すりつぶす。

モグモグ期 7～8カ月

絹ごし豆腐を湯通しし、スプーンで薄くそぎとる。または、つぶして食べさせる。

カミカミ期 9～11カ月

木綿豆腐を5～6㎜角に切り、湯通しする。

パクパク期 1才～1才6カ月

木綿豆腐を1㎝角に切り、湯通しする。

調理のポイント

POINT 1 豆腐は湯通しして表面を殺菌する

豆腐は生ものなので、保存に注意して新鮮なものを使って。そのまま食べさせるときは、熱湯で表面を殺菌します（湯通し）。熱湯に豆腐を入れて、おたまですくえばOK。

POINT 2 電子レンジで加熱殺菌しても

豆腐を耐熱容器に入れ、ラップをかけて電子レンジで加熱すれば、湯通しのかわりになります。ただし、電子レンジは内側から加熱されるため、表面まで熱々かどうか確認を。

POINT 3 高野豆腐はすりおろして活用

高野豆腐（乾燥）はすりおろして、ゴックン期から使えます。おかゆやうどん、野菜の煮物やあんかけに、サッと振り入れて栄養アップできるので便利！　冷凍も可（下記参照）。

POINT 4 刻むときは水でもどしてから

高野豆腐は水にひたしてやわらかくもどせば、こまかく刻めます。水けをしぼり、だしやほかの食材と煮たり、いためたりすることで、うまみを吸ってふっくらおいしくなります。

フリージング＆解凍のコツ

ママ★ラク シリコンスチーマーで簡単！　豆腐のうま煮

大人 menu
レンジでチンするだけ！
Baby menu

角切りの豆腐、ひき肉、刻んだ野菜、こぶだし少々を入れてチン！　大人はしょうゆを少々。ヘルシーでおいしいです。木村絵莉香ママ・琉海《りゅうか》くん（1才5カ月）

豆腐だんごはたねを袋でモミモミ♪

水きりした豆腐5：ひき肉1でまぜた、やわらかい豆腐だんごを汁物に入れています。袋でもんでまぜるだけ！　千春ママ・颯太《そうた》くん（1才）

基本ワザ そのままでの冷凍はNG。形状を工夫して

＼高野豆腐すりおろし／

＼豆腐入り肉だんご／

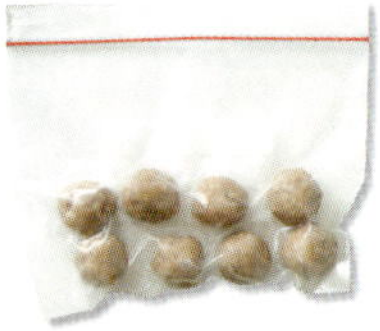

豆腐はそのまま冷凍すると“す”が入ってしまいますが、ひき肉と合わせて肉だんごにすればOK。高野豆腐はすりおろして冷凍しても、かたまらずにサラサラの状態で保存できます。

ゴックン期 5〜6カ月

ビタミン・ミネラル たんぱく質

ベビー好みの甘めの味、なめらかな食感

豆腐とかぼちゃのトロトロ

[材料]
絹ごし豆腐…20g
(2cm角2個)
かぼちゃ…5g
(1.5cm角1個)
湯冷まし…適量

[作り方]
1 かぼちゃは種を除き、ラップに包んで電子レンジで約20秒加熱する。皮を除き、なめらかにすりつぶす。
2 豆腐は耐熱容器に入れ、ラップをかけて電子レンジで約20秒加熱し、裏ごしする。
3 1に2を加えてまぜ、湯冷ましで食べやすくのばす。

ゴックン期 5〜6カ月

たんぱく質

だしでのばして食べやすさ&うまみ増!

だし豆腐

[材料]
絹ごし豆腐…10g
(2cm角1個)
だし…大さじ1

[作り方]
1 耐熱容器に豆腐、だしを入れ、ラップをかけて電子レンジで約15秒加熱する。
2 豆腐をとり出してあら熱をとり、だしでのばしながら、なめらかにすりつぶす。

★MEMO 豆腐の電子レンジ加熱は10〜20gで約15秒、30gで約20秒が目安。

ゴックン期 5〜6カ月

エネルギー たんぱく質

おいもに1さじの高野豆腐で栄養価UP

高野豆腐とおいものトロトロ

[材料]
高野豆腐のすりおろし…小さじ1
さつまいも…15g
(2.5cm角1個)
水…大さじ1

[作り方]
1 さつまいもは皮を厚めにむき、5分ほど水にさらしてアク抜きし、やわらかくゆでて裏ごしする。
2 1に高野豆腐、水を加えてまぜ、ラップをかけて電子レンジで約20秒加熱する。

ゴックン期 5〜6カ月

エネルギー たんぱく質

甘くまろやかな豆腐をスイーツ感覚で♥

豆腐バナナ

[材料]
絹ごし豆腐…20g
(2cm角2個)
バナナ…20g(中1/6本)

[作り方]
1 バナナはなめらかにすりつぶす。
2 豆腐はさっと湯通しして裏ごしし、1に加え、すりつぶしながらなめらかにまぜる。

★MEMO バナナはエネルギー源になるので、主食+たんぱく質がとれる1品。

※マークの見方 エネルギー はエネルギー源食品、ビタミン・ミネラル はビタミン・ミネラル源食品、たんぱく質 はたんぱく質源食品の略で、材料に含まれる主な栄養素を示しています。
また、卵、乳(乳製品)、小麦(小麦粉)が含まれるものを明記しています。

モグモグ期
7〜8カ月

エネルギー
ビタミン・ミネラル
たんぱく質

すりおろしたじゃがいものとろみが絶妙！
豆腐とじゃがいものとろみ煮

［材料］

木綿豆腐…20g
(2㎝角2個)
にんじん…15g
(2.5㎝角1個)
じゃがいも…15g
(中1/10個)
だし…1/2カップ

［作り方］

1 にんじんは皮をむいてすりおろす。
2 鍋に1、だしを入れて弱火で熱し、5分ほど煮る。
3 2に豆腐をこまかくくずして入れ、じゃがいもをすりおろして加え、とろみがつくまで煮る。

モグモグ期
7〜8カ月

ビタミン・ミネラル
たんぱく質

青菜をふわふわ豆腐で包んで食べやすく
ほうれんそうの白あえ

［材料］

木綿豆腐…30g
(1/10丁)
ほうれんそうの葉…15g
(大3枚)

［作り方］

1 ほうれんそうはやわらかくゆで、こまかく刻む。
2 豆腐は耐熱容器に入れ、ラップをかけて電子レンジで約20秒加熱し、なめらかにすりつぶす。
3 2に1を加えてまぜる。

モグモグ期
7〜8カ月

エネルギー
ビタミン・ミネラル
たんぱく質

やさしいおかゆは高野豆腐で味に深みを
高野豆腐とキャベツのおかゆ

［材料］

高野豆腐のすりおろし…小さじ2
キャベツ…30g(中1/2枚)
5倍がゆ(P.22参照)…60g(子ども茶わん六分目)
水…1/2カップ

［作り方］

1 キャベツはこまかく刻んで鍋に入れ、水を加えて中火で熱し、煮立ったら弱火にし、やわらかくなるまで煮る。
2 1に高野豆腐を加え、1分ほど煮る。
3 器に5倍がゆを盛り、2をかける。

モグモグ期
7〜8カ月

ビタミン・ミネラル
たんぱく質

火を通した大根おろしの甘みをとろ〜り
豆腐の大根みぞれあん

［材料］

絹ごし豆腐…30g
(1/10丁)　大根おろし…20g(大さじ1強)
大根の葉…少々
だし…1/3カップ
水どきかたくり粉…少々

［作り方］

1 豆腐はさっと湯通しし、食べやすくくずし、器に盛る。
2 大根の葉はこまかく刻む。
3 鍋にだしを煮立て、大根おろし、2を加え、弱火で大根の葉がやわらかくなるまで煮る。水どきかたくり粉でとろみをつけ、1にかける。

パクパク期 1才～1才6カ月

ビタミン・ミネラル
たんぱく質

トマトソース&ねぎソースで鮮やかに！

豆腐ステーキ　2色ソース

[材料]

絹ごし豆腐…50g(1/6丁)
トマト…30g(中1/3個)
万能ねぎ…10g(2～3本)
水…大さじ2　A(かたくり粉…小さじ1/3　水…小さじ2)　塩…ひとつまみ
オリーブ油…小さじ1/2

[作り方]

1. トマトは皮と種を除いてあらく刻む。鍋に入れ、弱火で1～2分、汁けが半分になるまで煮る。
2. 万能ねぎはこまかく刻む。フライパンに入れて弱火でいため、水を加えて2分ほど煮て、まぜ合わせたA、塩を加えてひと煮立ちさせる。
3. 豆腐は2等分して水きりし、オリーブ油を熱したフライパンで色よく焼く。器に盛り、1、2をかける。

カミカミ期 9～11カ月

ビタミン・ミネラル
たんぱく質

かつおぶしのうまみで肉なしでも満足♪

豆腐ハンバーグ

[材料]

木綿豆腐…40g(1/8丁)
にんじん…10g(2cm角1個)
かたくり粉…小さじ1/2
かつおぶし…2～3g(1/2袋)
植物油…少々

[作り方]

1. にんじんは皮をむいてやわらかくゆで、みじん切りにする。
2. 豆腐は水けをきってボウルに入れ、1、かたくり粉、かつおぶしを加え、よくまぜ合わせる。3等分し、小判形に成形する。
3. フライパンに油を中火で熱し、2を並べ、両面を色よく焼く。

パクパク期 1才～1才6カ月

エネルギー
ビタミン・ミネラル
たんぱく質
卵
小麦

栄養&食感が肉のかわりにもってこい

高野豆腐のあんかけ焼きそば

[材料]

高野豆腐…1/4枚
中華蒸しめん…70g(1/2玉弱)
小松菜…15g(中1/3株)
にんじん…15g(2.5cm角1個)　ごま油…少々　水…1/2カップ
水どきかたくり粉…少々

[作り方]

1. 高野豆腐は水でもどし、こまかく刻む。小松菜はこまかく刻む。にんじんは皮をむいて3cm長さのせん切りにする。
2. 中華蒸しめんは2～3cm長さに切り、ごま油を熱したフライパンでさっといため、器に盛る。
3. 2のフライパンを中火で熱し、1を入れてさっといため、水を加え、やわらかく煮る。水どきかたくり粉でとろみをつけ、2にかける。

カミカミ期 9～11カ月

ビタミン・ミネラル
たんぱく質

甘ずっぱさについ次のひと口が進む

豆腐とトマトのうま煮

[材料]

木綿豆腐…40g(1/8丁弱)
トマト…30g(中1/5個)
だし…1/4カップ
水どきかたくり粉…少々
かつおぶし…少々

[作り方]

1. 豆腐は1cm角に切る。トマトは皮と種を除き、5mm角に切る。
2. 鍋に1、だしを入れて中火で熱し、煮立ったら火を弱めて1～2分煮る。
3. 水どきかたくり粉でとろみをつけ、器に盛り、かつおぶしをのせる。まぜて食べさせる。

POINT

とろみをつけると、トマトとだしがまとまって豆腐にからみやすくなる。

※マークの見方　エネルギーはエネルギー源食品、ビタミン・ミネラルはビタミン・ミネラル源食品、たんぱく質はたんぱく質源食品の略で、材料に含まれる主な栄養素を示しています。
また、卵、乳(乳製品)、小麦(小麦粉)が含まれるものを明記しています。

小魚
・しらす干し
・ちりめんじゃこ

いわしの稚魚を干した「しらす干し」と、さらに乾燥させた「ちりめんじゃこ」。
離乳食に使いやすい小魚ですが、塩分が多いので塩抜きがポイントです。

選び方は?

しらす干しは身のふっくらしたものを。ちりめんじゃこはかためなので、カミカミ期～が無難。

栄養は?

稚魚のたんぱく質はアレルギーになりにくく、ゴックン期からおすすめ。骨まで丸ごと食べられるため栄養価が高く、手軽にカルシウム補給できるのが利点。しらす干し大さじ3杯で、牛乳100mℓとほぼ同量のカルシウムがとれます。

形状チェック！（しらす干し）

実物大

ゴックン期 5～6カ月

熱湯で塩抜きし、裏ごしするか、すりつぶし、とろみをつける。

モグモグ期 7～8カ月

熱湯で塩抜きし、こまかく刻む。

カミカミ期 9～11カ月

熱湯で塩抜きし、そのままで。大きければ刻む。

パクパク期 1才～1才6カ月

熱湯で塩抜きし、そのままで。大きければ刻む。

調理のポイント

POINT 1 熱湯にひたして塩抜きする

しらす干しとちりめんじゃこは、熱湯を注いで5分ほどおけば、塩抜きができます。茶こしなどで湯をきって、調理します。まとめて塩抜きして、小分け冷凍しておいても便利。

POINT 2 電子レンジ加熱で塩抜きも簡単！

耐熱容器にしらす干し（ちりめんじゃこ）とかぶるくらいの水を入れてラップをかけ、熱々に加熱して、そのまま5分ほど蒸らします。茶こしなどで湯をきれば、塩抜き完了。

POINT 3 ゴックン期はていねいに裏ごし

塩抜きしたしらす干しは、ツブツブを嫌がるゴックン期は裏ごししてなめらかに。最初はおかゆやじゃがいものピューレにまぜてとろみをつけると、抵抗なくゴックンできます。

POINT 4 モグモグ期はこまかく刻む

小魚とはいえベビーには長いので、モグモグ期まではこまかく刻みます。また、しらす干しは大きさがさまざま。大きくて食べにくい場合は、カミカミ期以降も刻んであげて。

フリージング&解凍のコツ

基本ワザ 塩抜きして小分け冷凍。ゴックン期は棒状でも

棒状に包んで

ラップに包んで

まとめて塩抜きしてから、各期の形状でラップに包み、小分け冷凍します。ゴックン期は小魚の状態で棒状に包んで冷凍し、凍ってからすりおろしてもなめらかになります。

ママ★ラク すりおろしじゃがにまぜると食べやすい！

じゃこが入ってるよ

しらす干しやじゃこは、じゃがいものすりおろしにまぜて落とし焼きに。ポロポロせずに手づかみOK。響子ママ・沙《さ》希《き》ちゃん（1才）

一気に塩抜きしてすりつぶして小分け

ミニミニラップが便利♥

1週間分、がんばってすりつぶして冷凍すると、あとがラク！　少量なのでミニミニラップを愛用。もっちーママ・さゆりちゃん（6カ月）

ゴックン期 5～6カ月

ビタミン・ミネラル たんぱく質

ビタミン豊富なモロヘイヤは粘りも最強

モロヘイヤしらす

[材料]

しらす干し…5g（大さじ1弱）
モロヘイヤの葉…8g（1枚）
湯冷まし…適量

[作り方]

1 しらす干しは熱湯1/2カップ（分量外）に5分ほどつけて湯をきる。
2 モロヘイヤはやわらかくゆでで、なめらかにすりつぶす。
3 2に1を加え、さらになめらかにすりつぶし、湯冷ましでかたさを調節する。

POINT

モロヘイヤのねばねばは、離乳食のとろみづけにうってつけ。

ゴックン期 5～6カ月

エネルギー たんぱく質

おかゆのとろみで魚もすんなりゴックン

しらすがゆ

[材料]

しらす干し…5g（大さじ1弱）
10倍がゆ（P.22参照）…30g（大さじ2）

[作り方]

1 しらす干しは熱湯1/2カップ（分量外）に5分ほどつけて湯をきり、すりつぶす。
2 1に10倍がゆを加え、さらになめらかにすりつぶす。

ゴックン期 5～6カ月

ビタミン・ミネラル たんぱく質

ほどよい甘みが魚のうまみをまろやかに

しらすのりんご風味

[材料]

しらす干し…5g（大さじ1弱）
りんご…5g（5mm幅のくし形切り1個）
湯冷まし…少々

[作り方]

1 しらす干しは熱湯1/2カップ（分量外）に5分ほどつけて湯をきる。
2 りんごは皮をむき、やわらかくゆでる。
3 1、2を合わせてなめらかにすりつぶし、湯冷ましでかたさを調節する。

ゴックン期 5～6カ月

ビタミン・ミネラル たんぱく質

裏ごししたにんじんでジューシーに♥

しらすのにんじんあえ

[材料]

しらす干し…5g（大さじ1弱）
にんじん…10g（2cm角1個）
湯冷まし…少々

[作り方]

1 しらす干しは熱湯1/2カップ（分量外）に5分ほどつけて湯をきり、すりつぶす。
2 にんじんは皮をむいてやわらかくゆでで、裏ごしする。
3 1に2を加え、全体をよくすりまぜ、湯冷ましでかたさを調節する。

※マークの見方 エネルギーはエネルギー源食品、ビタミン・ミネラルはビタミン・ミネラル源食品、たんぱく質はたんぱく質源食品の略で、材料に含まれる主な栄養素を示しています。
また、卵、乳（乳製品）、小麦（小麦粉）が含まれるものを明記しています。

モグモグ期 7～8カ月

ビタミン・ミネラル
たんぱく質

ほのかな塩味と玉ねぎの甘みがマッチ

玉ねぎのしらすあえ

[材料]

しらす干し…10g
(大さじ2弱)
玉ねぎ…20g
(中1/8個)

[作り方]

1 しらす干しは熱湯1/2カップ(分量外)に5分ほどつけて湯をきり、こまかく刻む。
2 玉ねぎはやわらかくゆでで、こまかく刻む。
3 1と2を合わせてまぜ、器に盛る。

モグモグ期 7～8カ月

ビタミン・ミネラル
たんぱく質

食感を楽しみながらモグモグできる!

豆腐としらすのオクラ煮

[材料]

しらす干し…5g
(大さじ1弱)
絹ごし豆腐…10g
(2cm角1個)
オクラ…5g(1/2本)
だし…大さじ3

[作り方]

1 しらす干しは熱湯1/2カップ(分量外)に5分ほどつけて湯をきり、こまかく刻む。オクラはへたの先端とがくを除き、縦半分に切って種を除き、こまかく刻む。
2 鍋にだし、1を入れてやわらかく煮る。
3 2に豆腐を加え、こまかくつぶしながら煮る。

モグモグ期 7～8カ月

エネルギー
ビタミン・ミネラル
たんぱく質

好相性の2つでおいしいハーモニー♪

トマトしらすリゾット

[材料]

しらす干し…10g
(大さじ2弱)
トマト…25g(中1/6個)
5倍がゆ(P.22参照)…50g(大さじ3強)

[作り方]

1 しらす干しは熱湯1/2カップ(分量外)に5分ほどつけて湯をきり、こまかく刻む。トマトは皮と種を除き、みじん切りにする。
2 耐熱容器に1、5倍がゆを入れてまぜ、ラップをかけて電子レンジで50秒～1分10秒加熱する。

モグモグ期 7～8カ月

エネルギー
ビタミン・ミネラル
たんぱく質
小麦

しらすの塩けとうまみでだしいらず

しらすと青菜のうどん

[材料]

しらす干し…10g
(大さじ2弱)
ゆでうどん…50g
(1/4玉)
ほうれんそうの葉…5g
(大1枚)
水…1/2カップ

[作り方]

1 しらす干しは熱湯1/2カップ(分量外)に5分ほどつけて湯をきり、こまかく刻む。
2 うどんはこまかく刻む。ほうれんそうはさっとゆでで、こまかく刻む。
3 鍋に2、水を入れ、弱火でうどんがやわらかくなるまで5分ほど煮る。1を加え、ひと煮する。

小魚

パクパク期 1才～1才6カ月

エネルギー　ビタミン・ミネラル　たんぱく質　小麦

外はカリッ、中はもちっとして大人気

しらす入り大根もち

[材料]

しらす干し…10g
(大さじ2弱)
大根おろし(水けをきったもの)…40g(1/5カップ)
小麦粉…大さじ1.5
植物油…少々

[作り方]

1 しらす干しは熱湯1/2カップ(分量外)に5分ほどつけて湯をきる。
2 大根おろしに小麦粉、1を加えてまぜる。
3 フライパンに油を弱めの中火で熱し、2をスプーンでひと口大に落とし入れる。両面をそれぞれ3分ほど焼き、火を通す。

★ MEMO 手で成形せずに、スプーンで落とし入れるだけでOK。

カミカミ期 9～11カ月

エネルギー　ビタミン・ミネラル　たんぱく質　卵　小麦

卵1個で2枚作れるので1枚は冷凍を

キャベツとしらすのお焼き

[材料] 2回分

しらす干し…20g
(大さじ3)　キャベツ…40g(中2/3個)
卵…1個
水…大さじ3
小麦粉…大さじ4
ごま油…小さじ2

[作り方]

1 しらす干しは熱湯1カップ(分量外)に5分ほどつけて湯をきる。キャベツはやわらかくゆで、こまかく刻む。
2 ボウルに卵を割りほぐし、水、小麦粉を加えてよくまぜ、1を加えてまぜる。
3 フライパンにごま油の半量を熱し、2の半量を流し入れて両面をこんがりと焼く。もう1枚も同様に焼き、食べやすく切る。

パクパク期 1才～1才6カ月

ビタミン・ミネラル　たんぱく質

じゃこのうまみがじんわりしみ込む

じゃことかぶのあっさり煮

[材料]

ちりめんじゃこ…10g
(大さじ2弱)
かぶ…40g(実1/3個)
かぶの葉…少々
水…2/3カップ

[作り方]

1 ちりめんじゃこは熱湯1/2カップ(分量外)に5分ほどつけて湯をきる。
2 かぶは皮をむいて1cm角に切り、葉はこまかく刻む。
3 鍋に1、2、水を入れて弱火にかけ、かぶがやわらかくなるまで5分ほど煮る。

カミカミ期 9～11カ月

エネルギー　ビタミン・ミネラル　たんぱく質

きゅうりのシャキシャキ感が新鮮！

しらすのさっぱりごはん

[材料]

しらす干し…15g
(大さじ2強)
きゅうり…30g
(中1/3本弱)
軟飯(P.22参照)…80g
(子ども茶わん八分目)

[作り方]

1 しらす干しは熱湯1カップ(分量外)に5分ほどつけて湯をきる。きゅうりは皮をむき、5mm角に切る。
2 軟飯に1を加えてまぜる。

※マークの見方　エネルギーはエネルギー源食品、ビタミン・ミネラルはビタミン・ミネラル源食品、たんぱく質はたんぱく質源食品の略で、材料に含まれる主な栄養素を示しています。
また、卵、乳(乳製品)、小麦(小麦粉)が含まれるものを明記しています。

白身魚

高たんぱくでも低脂肪で、消化吸収のよい白身魚は、ゴックン期からOK。
ただし、たらはアレルギーの心配があるため、カミカミ期以降にします。

選び方は？

真鯛、ひらめ、かれいなどがゴックン期からおすすめ。たらはカミカミ期以降にスタート。

栄養は？

胃腸に負担をかけない低脂肪のたんぱく質が豊富。各種アミノ酸をバランスよく含んでいて、うまみが強いことも特徴です。真鯛は白身魚でも、体にいい不飽和脂肪酸のDHAやEPAも多く含まれています。まずは真鯛から。

形状チェック！

実物大

ゴックン期　5〜6カ月

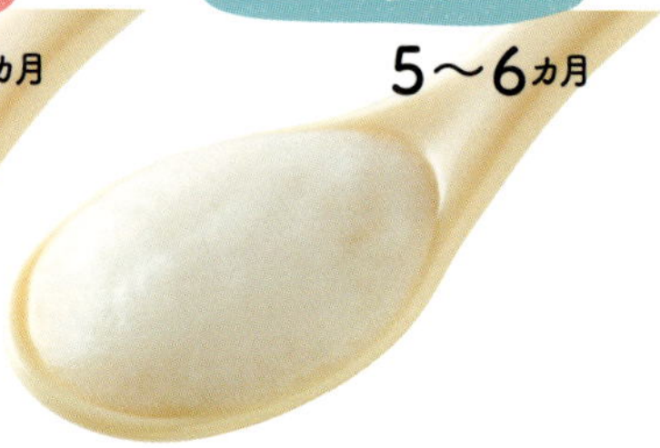

熱湯でゆでて、なめらかにすりつぶし、とろみをつける。

モグモグ期　7〜8カ月

熱湯でゆでて、すりつぶし、とろみをつける。

カミカミ期　9〜11カ月

熱湯でゆでて、こまかくほぐす。

パクパク期　1才〜1才6カ月

熱湯でゆでて、1cm大にほぐす。

調理のポイント

POINT 1 刺し身1切れ=10gを使うのがラク

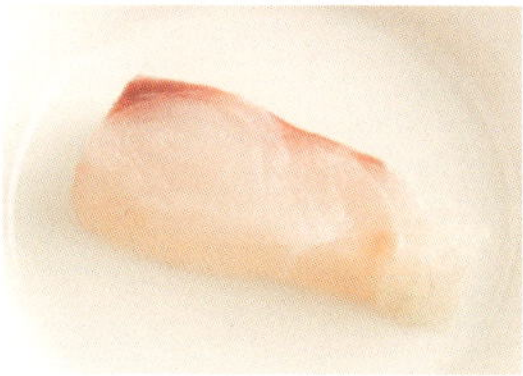

鯛の刺し身は1切れが10g、大きめの1切れが15gくらい。大人の刺し身から取り分けて、調理するのがラク。切り身の場合は、刺し身1切れ程度を薄くそぎ切りにしましょう。

POINT 2 熱湯でゆでるか、電子レンジでチン！

脂肪が少ない白身魚は、パサつきやすいのが難点。ゆですぎに注意して、熱湯で火を通します。または、耐熱容器に入れ、水を加えてラップをかけ、電子レンジで加熱しても。

POINT 3 加熱してから皮と骨を除く

皮と骨がついている場合は、ほぐしてとり除きます。加熱してからのほうが、簡単。ゆで汁には栄養やうまみが出ているので、離乳食のかたさ調節に活用できるとムダなし！

POINT 4 すり鉢でよくすりつぶす

白身魚のこまかい繊維は裏ごしがむずかしいので、すり鉢でよ〜くすりつぶします。ゴックン期は魚の繊維が完全にほぐれるまで、なめらかに。さらに、とろみづけも大切です。

フリージング&解凍のコツ

基本ワザ　ゆでて繊維をほぐして各期の形状で小分け

＼ラップに包んで／

1回に食べる量が少ないので、まとめてゆでて繊維をほぐし、小分け冷凍するのが効率的。水分を含んでしっとりとした状態で冷凍すると、解凍・加熱してもふんわりもどります。

ママ★ラク　ホイル包みの蒸し焼きが大好物

＼ほぐしてのっけるよ／

アルミホイルに野菜を敷き、真鯛の刺し身をのせて包み、蒸し焼きに。ほぐして丼に♪
りょうくんママ・りょうくん（1才2カ月）

シリコン鍋で野菜と白身魚のヘルシー蒸し♥

野菜をたっぷり敷いて白身魚をのせ、レンジでチン！　大人はポン酢やごまだれでいただきま〜す。飯島 恵ママ・一汰《いちた》くん（9カ月）

白身魚 調理のポイント

モグモグ期 7～8カ月

エネルギー ビタミン・ミネラル たんぱく質

卵 乳 小麦

レンジで簡単♪　魚をしっかり加熱して

鯛とトマトのパンがゆ

[材料]

鯛…5g（刺し身1/2切れ）　トマト…15g（果肉大さじ1）　食パン…15g（8枚切り・耳なしで1枚）
湯冷まし…適量

[作り方]

1 トマトは皮と種を除き、すりつぶす。鯛はこまかく刻む。
2 耐熱容器に食パンをこまかくちぎって入れ、かぶるくらいの水（分量外）を加えて5分ほどおく。
3 2に鯛を加えてラップをかけ、電子レンジで約1分加熱して鯛に火を通す。あら熱がとれたらトマトを加えてまぜ、湯冷ましでかたさを調節する。

ゴックン期 5～6カ月

エネルギー たんぱく質

乳

魚デビューは慣れたミルク味でクリア！

お魚ミルクがゆ

[材料]

鯛…5g
（刺し身1/2切れ）
10倍がゆ（P.22参照）…30g（大さじ2）
粉ミルク…少々
湯…適量

[作り方]

1 白身魚は熱湯でゆでて火を通し、すりつぶす。粉ミルク、湯を加えてさらにすりつぶし、食べやすくのばす。
2 10倍がゆはなめらかにすりつぶし、1をのせる。まぜて食べさせる。

モグモグ期 7～8カ月

エネルギー ビタミン・ミネラル たんぱく質

魚のうまみと玉ねぎの甘みでいいお味

鯛とじゃが玉のうま煮

[材料]

鯛…10g
（刺し身1切れ）
じゃがいも…40g
（中1/4個）
玉ねぎ…15g（1.5cm幅のくし形切り1個）

[作り方]

1 じゃがいもは皮をむき、薄切りにする。玉ねぎはみじん切りにする。
2 鍋に1、かぶるくらいの水（分量外）を入れて弱火で熱し、じゃがいもがやわらかくなったら、鯛を加えて火を通す。
3 あら熱がとれたら、フォークなどであらくつぶす。

ゴックン期 5～6カ月

ビタミン・ミネラル たんぱく質

かぼちゃのとろみがゴックンをサポート

鯛とかぼちゃのトロトロ

[材料]

鯛…5g
（刺し身1/2切れ）
かぼちゃ…10g
（2cm角1個）
だし…大さじ1/2～1

[作り方]

1 白身魚は熱湯でゆでて火を通し、なめらかにすりつぶす。
2 かぼちゃは皮と種を除いてやわらかくゆで、裏ごしし、だしでのばす。
3 1に2を加えてまぜる。

★MEMO 白身魚はこぶのうまみとも相性がいいので、「こぶだし」を使ってもOK。

※マークの見方　エネルギーはエネルギー源食品、ビタミン・ミネラルはビタミン・ミネラル源食品、たんぱく質はたんぱく質源食品の略で、材料に含まれる主な栄養素を示しています。
また、卵、乳（乳製品）、小麦（小麦粉）が含まれるものを明記しています。

カミカミ期 9〜11カ月

ビタミン・ミネラル
たんぱく質
乳

ベビーも大満足のリッチな洋風メニュー

鯛のソテー　ブロッコリーソース

［材料］

鯛…15g（刺し身大1切れ）　ブロッコリー…25g（小房2個半）
野菜スープ…大さじ2
水どきかたくり粉…少々
バター…小さじ1/2

［作り方］

1. ブロッコリーはやわらかくゆで、こまかく刻む。
2. 鍋に1、野菜スープを入れて中火で煮立て、水どきかたくり粉でとろみをつけ、器に盛る。
3. フライパンにバターを中火でとかし、白身魚を入れて両面を焼いて火を通し、2にのせる。魚をほぐして食べさせる。

★ **MEMO**　ソースはとろみをつけると、白身魚にからめて食べやすい。

モグモグ期 7〜8カ月

エネルギー
たんぱく質

モグモグ期からOKの里いもで和の一品

里いもの鯛あんかけ

［材料］

鯛…10g（刺し身1切れ）
里いも…中1個
水…1/4カップ
水どきかたくり粉…少々

［作り方］

1. 里いもはきれいに洗って十字に切り込みを入れ、皮ごとラップに包んで電子レンジで約2分加熱する。あら熱がとれたら皮をむき、なめらかにつぶす。
2. 鍋に鯛、水を入れて中火で熱し、鯛に火が通ったら身をこまかくほぐし、水どきかたくり粉でとろみをつける。
3. 器に1を盛り、2をかける。

★ **MEMO**　里いもは切り込みを入れてレンジ加熱すると、皮がつるんとむける。

カミカミ期 9〜11カ月

エネルギー
ビタミン・ミネラル
たんぱく質
乳

仕上げの牛乳で、ほんのりクリーミー

たらとほうれんそうのリゾット

［材料］

たら…10g（切り身1/12枚）　ほうれんそうの葉…20g（大4枚）
軟飯（P.22参照）…90g（子ども茶わん軽く1杯）
水…1/2カップ
牛乳…大さじ1

［作り方］

1. たらは皮と骨を除き、7㎜角に切る。ほうれんそうはさっとゆで、こまかく刻む。
2. 鍋にたら、水を入れて中火で煮立て、ほうれんそう、軟飯を加えて2分ほど煮る。
3. 仕上げに牛乳を加え、ひと煮する。

モグモグ期 7〜8カ月

ビタミン・ミネラル
たんぱく質

素材のやさしい味わいにほっと癒やされる

鯛のおろし煮

［材料］

鯛…10g（刺し身1切れ）
大根おろし（水けをきったもの）…20g
だし…1/2カップ弱

［作り方］

1. 鯛はこまかく刻む。
2. 鍋に大根おろし、だしを入れて中火で熱し、煮立ったら弱火にして2分ほど煮る。
3. 2に1を加え、鯛に火が通るまで煮る。

パクパク期 1才〜1才6カ月

エネルギー ビタミン・ミネラル たんぱく質 小麦

さっぱり味のスープパスタ風

たらのトマトシチュー

[材料]

たら…15g（切り身1/8切れ）　玉ねぎ…10g（1㎝幅のくし形切り1個）
にんじん…10g（2㎝角1個）　スパゲッティーニ…6本　水…3/5カップ
トマトジュース…1/4カップ

[作り方]

1 玉ねぎ、皮をむいたにんじんは5㎜角に切る。スパゲッティーニは小さく折る。
2 鍋に1、水を入れて煮立て、弱火でパスタがやわらかくなるまで煮る。
3 2にトマトジュース、たらを加え、5分ほど煮てたらを軽くほぐす。

POINT

魚の下に野菜を敷くと、野菜の水分でしっとりと蒸せる。

パクパク期 1才〜1才6カ月

ビタミン・ミネラル たんぱく質

うまみ＆栄養たっぷりの汁もごちそう

鯛ポトフ

[材料]

鯛…15g
（刺し身大1切れ）
にんじん…30g
（中1/5本）
ブロッコリー…10g
（小房1個）
しょうゆ…少々

[作り方]

1 にんじんは皮をむき、手づかみしやすい棒状に切る。ブロッコリーはやわらかくゆでる。
2 鍋ににんじん、かぶるくらいの水（分量外）を入れ、弱火でにんじんがやわらかくなるまで煮る
3 鯛を加え、火が通ったらしょうゆで味つけする。器に盛り、ブロッコリーを添える。魚はほぐして食べさせる。

パクパク期 1才〜1才6カ月

エネルギー たんぱく質 小麦 卵

サクサクの食感、コロコロの形が人気♪

たらのフリッター

[材料]

たら…15g（切り身1/6枚）　小麦粉…大さじ2
とき卵…小さじ1
水…大さじ2
乾燥パセリ…少々
揚げ油…適量

[作り方]

1 たらは皮と骨を除き、1㎝角に切る。
2 ボウルに小麦粉、とき卵、水、乾燥パセリを入れ、なめらかにまぜる。
3 揚げ油を中温に熱し、1を2の衣にくぐらせて入れ、表面がカリッとなるまで1分30秒ほど揚げる。

パクパク期 1才〜1才6カ月

ビタミン・ミネラル たんぱく質 乳

淡泊な白身魚にクリームのコクが合う！

白身魚と青菜のクリームあえ

[材料]

鯛…10g（刺し身1切れ）
ほうれんそうの葉…30g（大6枚）　バター…小さじ1/2　湯でといた粉ミルク…1/4カップ
粉チーズ…小さじ1
かたくり粉…小さじ1/2

[作り方]

1 ほうれんそうはやわらかくゆで、こまかく刻む。
2 フライパンにバターを中火でとかし、鯛の両面を焼き、食べやすく切って器に盛る。
3 2のフライパンに1、ミルク、粉チーズ少々、かたくり粉を入れてよくまぜ、中火で熱してまぜながらとろみをつけ、2にかける。残りの粉チーズを振る。

★ MEMO ミルクは牛乳でも。まろやかになり、クセのある青菜も食べやすい。

※マークの見方　エネルギー はエネルギー源食品、ビタミン・ミネラル はビタミン・ミネラル源食品、たんぱく質 はたんぱく質源食品の略で、材料に含まれる主な栄養素を示しています。
また、卵、乳（乳製品）、小麦（小麦粉）が含まれるものを明記しています。

ツナ缶

原料はまぐろやかつお。皮や骨をとり除き、加熱・密封してあるので便利！
モグモグ期から、食塩不使用の水煮を選べば離乳食に使えます。

選び方は?

離乳食期は食塩不使用の水煮(スープ煮)を。油漬けの場合、熱湯で油抜きします。

栄養は?

良質なたんぱく質やDHAを豊富に含む、まぐろやかつおの栄養が手軽にとれます。水煮は油漬けにくらべ、約1/4のカロリー。高たんぱくでヘルシーなので離乳食向き。常備しておき、たんぱく質源が足りないときに活用を。

形状チェック！ 実物大

ゴックン期 5～6カ月

まだ食べさせません

赤身の魚は脂肪が多いため、モグモグ期から。

モグモグ期 7～8カ月

魚の身をすくい、かたまりがあれば、箸でこまかくほぐす。

カミカミ期 9～11カ月

魚の身をすくい、かたまりがあれば、箸でこまかくほぐす。

パクパク期 1才～1才6カ月

魚の身をすくい、かたまりがあれば、箸でざっくりとほぐす。

調理のポイント

POINT 1 水煮はうまみの出た汁ごとOK

フレーク状の水煮(スープ煮)は、離乳食に汁ごとすくって使えます。だしいらずでうまみをプラスできるので重宝。余った分は、大人の煮びたしやあえ物に使っても。

POINT 2 大きいかたまりは食べやすくほぐす

フレークタイプでも、こまかくくずれている部分と、かたまりになっている部分があります。そのままの大きさで食べにくい場合は、かたまりを菜箸などでほぐして。

POINT 3 油漬けは熱湯で油抜きを

油漬けのツナ缶の場合は、茶こしなどに入れて汁けをきり、熱湯をかけて油抜きをします。完全に油を抜くことはできないので、1才までは少量を使うようにしましょう。

POINT 4 油漬けはラップをかけてレンジ加熱

油漬けのツナ缶を電子レンジで加熱する場合は、ちょっとでも加熱しすぎると周囲に飛び散るので、必ずラップをかけます。おかゆなどにまぜると、飛び散りにくくなります。

フリージング&解凍のコツ

ママ★ラク 製氷皿で小分け冷凍。キューブ状で使いやすい！

製氷皿で凍らせて袋へ

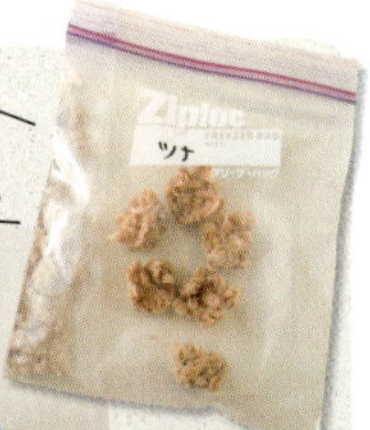

ツナ入りうどん完成♪

ツナは1缶分を製氷皿に小分けして冷凍し、凍ったらフリーザーバッグに移して保存しています。うどんや野菜の冷凍といっしょにチン！すれば、具だくさんの煮込みうどんがすぐ作れますよ。橋本 薫ママ・結和《ゆうわ》くん(1才2カ月)

基本ワザ 汁ごとカップに小分け。作りおきおかずにも◎

＼シリコンカップで／

＼炊き込みごはんで／

シリコンカップや小分け容器なら、汁も適量入れて冷凍できます。炊き込みごはんのおにぎりや、お好み焼きなどにも使いやすく、"完成形おかず"の冷凍は忙しい日の救世主に！

ツナ缶 調理のポイント

パクパク期 1才〜1才6カ月

エネルギー ビタミン・ミネラル たんぱく質
小麦

買い物に行けない日も、家の在庫でOK

ツナの玉ねぎパスタ

［材料］
ツナ水煮缶…15g（大さじ1）
玉ねぎ…30g（中1/5個）
スパゲティ…30g
オリーブ油…少々

［作り方］
1. 玉ねぎは薄切りにする。
2. スパゲティは2〜3cm長さに折り、表示より少し長めにやわらかくゆでる。
3. フライパンにオリーブ油を中火で熱し、玉ねぎを入れてしんなりといためる。ツナを加えて1分ほどいため、2を加えて全体をなじませる。

モグモグ期 7〜8カ月

エネルギー ビタミン・ミネラル たんぱく質
卵 乳 小麦

材料をぜ〜んぶ入れて、チンするだけ！

ツナのトマトパンがゆ

［材料］
ツナ水煮缶…10g（大さじ2/3）　食パン…15g（8枚切り・耳なしで1枚）
トマトジュース（無塩）…大さじ2
野菜スープ…大さじ2

［作り方］
1. 食パンはみじん切りにする。
2. 耐熱容器に1、ツナ、トマトジュース、野菜スープを入れてラップをかけ、電子レンジで約1分30秒加熱し、蒸らしながら冷ます。
3. 2をよくまぜながら、ツナをこまかくほぐす。

パクパク期 1才〜1才6カ月

エネルギー ビタミン・ミネラル たんぱく質

苦手な青菜にはツナのうまみをプラス

ツナと青菜のおにぎり

［材料］
ツナ水煮缶…10g（大さじ2/3）　ほうれんそうの葉…30g（大6枚）
軟飯（P.22参照）…90g（子ども茶わん軽く1杯）

［作り方］
1. ほうれんそうはやわらかくゆでて、こまかく刻む。
2. 軟飯に1、汁けをきったツナを加えてまぜ、ラップで細長く握る。ねじってひと口大のボール状にし、食べさせる。

POINT

細長く握って持ち歩けば、お出かけ先でねじってひと口大に！

カミカミ期 9〜11カ月

エネルギー ビタミン・ミネラル たんぱく質

おいもにツナのうまみがしみて美味♥

ツナじゃが

［材料］
ツナ水煮缶…15g（大さじ1）　じゃがいも…80g（1/2個）
にんじん…20g（2cm角2個）
玉ねぎ…10g（1cm幅のくし形切り1個）

［作り方］
1. じゃがいも、にんじんは皮をむいていちょう切りにする。玉ねぎは1cm角に切る。
2. 鍋に1、ひたひたの水（分量外）を入れ、弱火でやわらかくなるまでゆで、湯をきる（ゆで汁はとっておく）。
3. 2をざっとつぶし、ツナを加えてまぜ、ゆで汁でかたさを調節する。

モグモグ期
カミカミ期
パクパク期

※マークの見方　エネルギー はエネルギー源食品、ビタミン・ミネラル はビタミン・ミネラル源食品、たんぱく質 はたんぱく質源食品の略で、材料に含まれる主な栄養素を示しています。
また、卵、乳（乳製品）、小麦（小麦粉）が含まれるものを明記しています。

卵

選び方は?

賞味期限を確認し、新鮮なものを。殻の白色・赤色は、栄養価とは関係なし。

栄養は?

たんぱく質とビタミン・ミネラルが豊富で、体内で作ることのできない必須アミノ酸のすべてを理想的に含む、栄養の優等生。アレルギーを気にして勝手な除去はしないで、与える時期を守り、しっかり加熱して食べさせます。

ゴックン期に豆腐や白身魚に慣れたら、卵黄1さじから食べさせましょう。
離乳食期は、完全に火を通した"かたゆで卵"を使うのが安心です。

実物大 形状チェック!

ゴックン期 5～6カ月

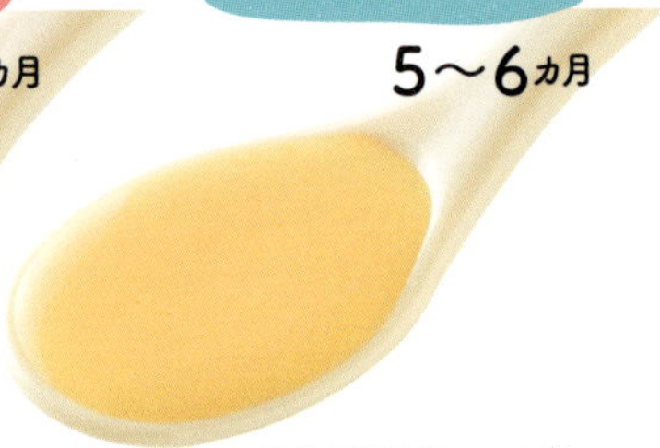

かたゆで卵黄を湯冷ましでのばし、ごく少量を与える。体調に変化がなければ、少しずつ食べさせる量をふやす。

モグモグ期 7～8カ月

かたゆで卵黄を1個まで食べられたら、刻んだかたゆで全卵をごく少量与える。体調に変化がなければ、全卵1/3個までふやす。

カミカミ期 9～11カ月

かたゆで卵の白身を5㎜角に切り、ほぐした卵黄とあえる。食べにくければ、水分を加えてまぜて。

パクパク期 1才～1才6カ月

かたゆで卵の白身を1㎝角に切り、ほぐした卵黄とあえる。食べにくければ、水分を加えてまぜて。

調理のポイント

POINT 1 スタートはかたゆでが鉄則!

鍋に卵とかぶるくらいの水を入れて火にかけ、沸騰してから10分ゆでると、かたゆで卵ができます。水にとって冷まし、殻をむいて。半熟はかたゆでに慣れてから、1才以降に。

POINT 2 かたゆで卵から卵黄をとり出す

モグモグ期前半までは、アレルギーを起こしやすい卵白はNG。卵黄と卵白は生の状態で分けるより、かたゆで卵を作ってから割るほうが、卵黄だけをパカッととり出せます。

POINT 3 卵黄はラップに包んでほぐす

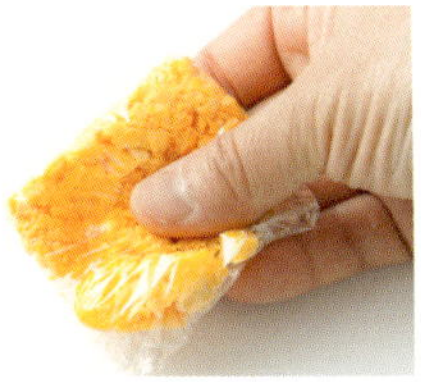

かたゆで卵黄は、フォークなどでほぐしてもよいですが、ラップに包んでほぐすと散らばりません。また、ざるや茶こしで裏ごしすると、こまかく均一な粉末状になります。

POINT 4 卵焼きは牛乳を足すとやわらかく

卵焼きやスクランブルエッグを作るときは、とき卵1個分に牛乳小さじ1～2を入れてまぜると、ふんわりやわらかい食感に。だしや調味料を入れなくても、味にコクが出ます。

ママ★ラク

親子で楽しめるにっこりオムライス♥

Baby menu

大人 menu

オムライスはいためたごはんに薄味をつけて取り分け、薄焼き卵で包み、ケチャップで顔を描いて完成♪ 見た目は大人と同じになるから、喜ぶんです。村上美紗子ママ・里奈《りな》ちゃん(1才2カ月)

卵焼きは苦手食材をまぜ込むのに活用

青菜たっぷり!

単品では苦手な青菜は、大好きな卵焼きに思いっ切りまぜちゃう! 山田涼子ママ・侑佳《ゆうか》ちゃん(1才3カ月)

フリージング&解凍のコツ

基本ワザ かたゆで卵や錦糸卵など加熱すれば冷凍OK

ほぐし卵

錦糸卵

生卵は冷凍できませんが、ほぐしたかたゆで卵の卵黄や、薄焼き卵、錦糸卵、卵焼き、スクランブルエッグなどは冷凍OK。たんぱく質が足りないときや彩りにサッと使えます。

モグモグ期 7〜8カ月

エネルギー
ビタミン・ミネラル
たんぱく質
卵
小麦

だしで卵黄がパサつかずにしっとり食感♥

卵黄とかぶのうどん

[材料]

卵黄(かたゆで卵の黄身)…1個
かぶ…20g(実1/6個)
ゆでうどん…50g(1/4玉)
だし…1カップ

[作り方]

1 かぶは皮をむき、みじん切りにする。うどんはこまかく刻む。
2 鍋に1、だしを入れて弱火で熱し、やわらかく煮る。かたゆで卵の黄身をほぐして加え、なめらかになるまでまぜる。

モグモグ期 7〜8カ月

エネルギー
たんぱく質
卵
乳

かたゆで卵黄でコクのあるまろやかさに

卵黄ポテトヨーグルト

[材料]

卵黄(かたゆで卵の黄身)…1/2個
じゃがいも…20g(中1/8個)
プレーンヨーグルト…25g

[作り方]

1 じゃがいもは皮をむいてやわらかくゆでる。
2 1、かたゆで卵の黄身を合わせてこまかくつぶし、ヨーグルトを加えてあえる。

★MEMO 卵黄は、1/2個以下でもOK。ベビーの食べられる量に合わせて調整して。

モグモグ期 7〜8カ月

ビタミン・ミネラル
たんぱく質
卵

青菜の繊維をふわふわ卵が包んでくれる

卵と青菜のスープ

[材料]

とき卵…1/3個分
ほうれんそうの葉…15g(大3枚)
だし…80㎖
水どきかたくり粉…少々

[作り方]

1 ほうれんそうはやわらかくゆでて、こまかく刻む。
2 鍋にだしを中火で煮立て、1を加える。水どきかたくり粉で軽くとろみをつけ、とき卵を流し入れて火を通す。

モグモグ期 7〜8カ月

エネルギー
ビタミン・ミネラル
たんぱく質
卵
乳
小麦

卵を加えるだけで、栄養も味もリッチに！

ブロッコリーの卵パンがゆ

[材料]

卵黄(かたゆで卵の黄身)…1/2個
ブロッコリー…15g(小房1個半)
食パン…25g(8枚切り1/2枚)
水…大さじ4
水どきかたくり粉…少々

[作り方]

1 ブロッコリーはやわらかくゆでて、穂先のみ切り分け、こまかく刻む。
2 鍋に食パンを小さくちぎって入れ、水を加えて5分ほどおいてふやかし、弱火にかける。
3 2が煮立ったら全体をまぜ、1、かたゆで卵の黄身をくずして加え、なめらかにまぜる。水どきかたくり粉でとろみをつける。

※マークの見方 エネルギーはエネルギー源食品、ビタミン・ミネラルはビタミン・ミネラル源食品、たんぱく質はたんぱく質源食品の略で、材料に含まれる主な栄養素を示しています。
また、卵、乳(乳製品)、小麦(小麦粉)が含まれるものを明記しています。

カミカミ期 9〜11カ月

ビタミン・ミネラル

たんぱく質

卵

野菜のうまみの出た煮汁を卵に吸わせて

ベビーおでん

[材料]

かたゆで卵…1/2個
大根…20g（2㎝角2個）
にんじん…10g
（2㎝角1個）
だし…1カップ

[作り方]

1 皮をむいた大根は1㎝角に、にんじんは7㎜角に切る。
2 鍋にだし、1を入れて弱火で熱し、野菜が指でつぶれるやわらかさになるまで煮る。
3 かたゆで卵は1㎝角に切る。器に卵、大根、にんじんを盛り、煮汁をかける。

カミカミ期 9〜11カ月

ビタミン・ミネラル

たんぱく質

卵

乳

鉄もちゃんととれる手づかみレシピ

ひじき入り卵焼き

[材料] 2回分

卵…1個
芽ひじき（乾燥）
…小さじ1
牛乳…小さじ2
植物油…少々

[作り方]

1 芽ひじきは耐熱容器に入れ、水1/4カップ（分量外）を加えてラップをかけ、電子レンジで約30秒加熱する。そのまま5分蒸らし、水けをきる。
2 卵は割りほぐし、1、牛乳を加えてまぜる。
3 フライパンに油を熱し、2の半量を流し入れ、半熟になったら手前に巻く。卵焼きを奥に寄せて残りの2を流し入れ、同様に手前に巻いて焼き、食べやすく切る。

カミカミ期 9〜11カ月

ビタミン・ミネラル

たんぱく質

卵

ベビーに半熟はNG、しっかり火を通して

青菜のスクランブルエッグ

[材料]

とき卵…1/2個分
ほうれんそう…20g
（2/3株）
植物油…少々
トマトケチャップ…少々

[作り方]

1 ほうれんそうはやわらかくゆで、こまかく刻む。
2 フライパンに油を中火で熱し、1を入れていため、とき卵を加え、菜箸でまぜながらしっかり火を通す。
3 器に2を盛り、ケチャップをのせる。

カミカミ期 9〜11カ月

ビタミン・ミネラル

たんぱく質

卵

豆腐に似たフルフルの食感がベビー好み

ブロッコリーの茶わん蒸し

[材料]

とき卵…1/2個分
ブロッコリー…15g
（小房1個半）
だし…80㎖

[作り方]

1 とき卵はだしを加えてまぜ、茶こしなどでこす。
2 ブロッコリーはこまかく刻み、1に加えてまぜる。
3 器に2の卵液を入れてラップをかけ、キッチンペーパーを敷いた鍋に入れる。器の高さの半分まで水を張り、弱めの中火にかける。
4 沸いてきたらふたをし、弱火にして8分ほど、卵がかたまるまで加熱する。

パクパク期 1才～1才6カ月

エネルギー　ビタミン・ミネラル　たんぱく質

卵　乳

甘いごはんに、ふっくら卵の食感が合う
にんじんオムライス

［材料］
とき卵…1/2個分
にんじん…20g
（2cm角2個）
ごはん…80g
（子ども茶わん八分目）
牛乳…小さじ1/2
バター…少々＋小さじ1/2

［作り方］
1 にんじんは皮をむいてやわらかくゆで、こまかくつぶす。
2 ごはんに1、バター少々を加えてまぜ、器に盛る。
3 とき卵は牛乳を加えてまぜる。フライパンにバター小さじ1/2を入れて中火でとかし、卵液を流し入れてスクランブルエッグにし、2にのせる。

パクパク期 1才～1才6カ月

ビタミン・ミネラル　たんぱく質

卵

家の野菜をなんでも入れちゃう♪
具だくさんスクランブル

［材料］
とき卵…2/3個分
好みの野菜（トマト、ほうれんそう、玉ねぎなど）…合わせて30g
オリーブ油…少々

［作り方］
1 野菜は皮と種があれば除いてこまかく刻み、耐熱容器に入れてラップをかけ、電子レンジで約30秒加熱する。
2 とき卵に1を加えてまぜる。
3 フライパンにオリーブ油を中火で熱し、2を流し入れる。菜箸でまぜながらしっかり火を通し、器に盛る。

POINT

苦手な野菜も、刻んで卵にまぜ込めば、いっしょに食べられる！

パクパク期 1才～1才6カ月

ビタミン・ミネラル　たんぱく質

卵　乳

素朴でやさしい味！　ママのおやつにも
かぼちゃプリン

［材料］　2回分
卵…1個
かぼちゃ…40g
（3cm角2個弱）
牛乳…1/2カップ

［作り方］
1 かぼちゃは皮と種を除いてやわらかくゆで、裏ごしする。
2 卵は割りほぐし、牛乳を加えてまぜ、茶こしなどでこす。1を加えてよくまぜ、耐熱容器2つに等分に流し入れる。
3 蒸気の上がった蒸し器に2を並べ、ふたをして弱火で15分ほど蒸す。

パクパク期 1才～1才6カ月

エネルギー　たんぱく質

卵

手軽に栄養がとれるので朝食にもGood
卵ごはんの落とし焼き

［材料］
とき卵…2/3個分
ごはん…50g
（子ども茶わん半分）
オリーブ油…少々

［作り方］
1 ごはんにとき卵を加え、よくまぜる。
2 フライパンにオリーブ油を中火で熱し、1をスプーンでひと口大に落とし入れ、両面をしっかり焼く。

※マークの見方　エネルギーはエネルギー源食品、ビタミン・ミネラルはビタミン・ミネラル源食品、たんぱく質はたんぱく質源食品の略で、材料に含まれる主な栄養素を示しています。
また、卵、乳（乳製品）、小麦（小麦粉）が含まれるものを明記しています。

納豆・水煮大豆

選び方は？

モグモグ期はひき割り納豆を。食べ方の発達に合わせて、小粒、大粒などにしていっても。

栄養は？

納豆は発酵により、肌や粘膜を守るビタミンB_2、骨を丈夫にするビタミンK、鉄分、カルシウムなどが大豆より増え、さらに栄養価が高いのが特徴。水煮大豆はやわらかくゆでてあり消化がよく、大豆の栄養を手軽にとれます。

大豆を発酵させた納豆は独特の粘りがあって、ベビーには食べやすい食材。大豆をゆでた水煮大豆も、カミカミ期以降、薄皮をむいて使えます。

実物大 形状チェック！

ゴックン期 5〜6カ月

まだ食べさせません

消化吸収の面から、納豆はモグモグ期から。

モグモグ期 7〜8カ月

ひき割り納豆をそのまま。または、粒の納豆を刻んで与える。

カミカミ期 9〜11カ月

粒の納豆をそのまま。

パクパク期 1才〜1才6カ月

粒の納豆をそのまま。

調理のポイント

POINT 1 モグモグ期はひき割りがラク

ひき割り納豆なら、こまかく刻む手間を省けます。粘りを生かして野菜とあえたり、汁物のとろみをつけるのに◎。初めて与えるときは、加熱すると安心です。

POINT 2 刻むときはラップの上で

粒の納豆を刻む場合は、まな板にラップを敷き、その上で刻むとまな板が汚れません。大人分から少量を取り分けるときに。刻むことで食べやすさと、消化しやすさもアップ！

POINT 3 粘りが苦手ならお湯洗いしても

多くのベビーが納豆の粘りを好みますが、もし苦手だったら、ざるに入れて"お湯洗い"すると簡単に粘りがとれてサラサラに！　口のまわりや器のねばねばも気になりません。

POINT 4 水煮大豆は手で薄皮をむく

水煮大豆の薄皮は消化が悪いので、手でひとつずつとり除きます。カミカミ期以降、つぶしたり、刻んだりして、まぜごはんやお焼き、蒸しパンなどに合わせやすいです。

フリージング&解凍のコツ

基本ワザ そのまま冷凍して冷蔵庫で自然解凍を

フリーザーバッグで

ラップに包んで

納豆は冷凍しても風味や栄養が落ちにくいので、すぐに食べないなら小分け冷凍を。自然解凍し、加熱するのがおすすめ。水煮大豆はまとめて薄皮をとって冷凍すると便利。

ママ★ラク 春巻きならねばねばせずに手づかみOK

ねばねば納豆も、皮に包む春巻きなら手づかみできます。大人はからしじょうゆで♪　ルータンママ・瑠《る》華《か》ちゃん（1才6カ月）

納豆はシートの上から筋をつけて冷凍

凍ったらパカッ
筋目をつけて

透明シートの上から筋をつければ、へらにねばねばがつきません。凍ったら1回分をパカッととれる！　ケイティママ・女の子（1才）

カミカミ期 9～11カ月

エネルギー　たんぱく質

小麦

お豆の自然な甘みともっちり感に夢中！

大豆お焼き

[材料]

水煮大豆…10g
(大さじ1)
小麦粉…大さじ2
水…大さじ1
植物油…少々

[作り方]

1. 大豆は薄皮をむき、あらみじん切りにする。
2. ボウルに1、小麦粉、水を入れ、まぜ合わせる。
3. フライパンに油を中火で熱し、2をスプーンでひと口大に落とし入れ、両面を焼く。

モグモグ期 7～8カ月

ビタミン・ミネラル　たんぱく質

納豆のねばねばでお口へちゅるん♪

トマトときゅうりの納豆あえ

[材料]

ひき割り納豆…8g
(大さじ1弱)
トマト…20g(中1/8個)
きゅうり…10g
(中1/10本)

[作り方]

1. トマトは皮と種を除き、こまかく刻む。きゅうりは皮をむき、こまかく刻む。
2. 1を合わせ、納豆を加えてよくまぜる。
3. 耐熱容器に入れ、電子レンジで約1分加熱する。

★ **MEMO** 納豆はほかにも青菜やブロッコリーなど、食べにくい野菜とあえるのに◎。

パクパク期 1才～1才6カ月

ビタミン・ミネラル　たんぱく質

小麦

カリカリに変身★ 汁めんにのせても◎

納豆とパプリカのかき揚げ

[材料]

ひき割り納豆…15g(大さじ1強)
パプリカ…20g
(中1/6個)
小麦粉…大さじ1
揚げ油…適量

[作り方]

1. パプリカは皮をむき、こまかく刻む。
2. ボウルに1、納豆、小麦粉を入れ、よくまぜる。
3. フライパンか鍋に深さ1㎝の油を中温に熱し、2をスプーンで少量ずつ落とし入れ、1分30秒ほどかけてこんがりと揚げる。

POINT

ティースプーン1本ですくい、もう1本でこそげ落とすと油に入れやすい。

モグモグ期 7～8カ月

エネルギー　ビタミン・ミネラル　たんぱく質

汁物に極上のコクととろみが加わる

納豆汁

[材料]

ひき割り納豆…15g
(大さじ1強)
じゃがいも…15g
(中1/10個)
玉ねぎ…5g
(5㎜幅のくし形切り1個)
だし…1/2カップ

[作り方]

1. じゃがいもは皮をむき、みじん切りにする。玉ねぎはみじん切りにする。
2. 鍋に1、だしを入れ、やわらかく煮る。納豆を加えてまぜ、火を止める。

※マークの見方　エネルギー はエネルギー源食品、ビタミン・ミネラル はビタミン・ミネラル源食品、たんぱく質 はたんぱく質源食品の略で、材料に含まれる主な栄養素を示しています。
また、卵、乳(乳製品)、小麦(小麦粉)が含まれるものを明記しています。

鶏ささ身肉

肉のスタートは低脂肪でやわらかく、消化吸収のよい"鶏ささ身肉"から。
加熱するとパサつきやすいので、とろみづけで食べやすく変身させて！

選び方は？

厚みがあり、きれいなピンク色でツヤのあるもの。ドリップ（肉汁）が出ていないものを。

栄養は？

手羽の内側に沿って左右に1本ずつある鶏ささ身肉は、鶏肉の中でも最も高たんぱくで、低脂肪。ビタミンAやB群などのビタミンも豊富。栄養価が高いうえ、胃腸への負担が少ないので、離乳食の肉のスタートにぴったりです。

実物大 形状チェック！

ゴックン期 5〜6カ月

まだ食べさせません

肉はモグモグ期に脂肪の少ない鶏ささ身から。

モグモグ期 7〜8カ月

はじめての肉は、熱湯でゆでてなめらかにすりつぶし、とろみをつける。慣れたら、こまかく刻む。

カミカミ期 9〜11カ月

熱湯でゆでてツブツブが残るくらいにすりつぶし、とろみをつける。または、こまかくほぐす。

パクパク期 1才〜1才6カ月

熱湯でゆでて、5mm大にほぐす。

調理のポイント

POINT 1 白くてかたい筋をとり除く

鶏ささ身肉は中央にある白い筋をとり除きます。筋の両脇に刃先で浅く切り込みを入れ、筋の先端を手で持って引っぱりながら、筋に刃をあててしごくようにしてとり除きます。

POINT 2 ゆでてから手でほぐす

鶏ささ身肉は熱湯でゆでて、肉の繊維に沿って手で裂くと、こまかくほぐせます。モグモグ期はある程度手でほぐしてから、さらに包丁でみじん切りにするか、すりつぶしてあげて。

POINT 3 そぎ切りにして電子レンジで加熱

電子レンジで加熱するときは、そぎ切りにして繊維を断つと、ほぐしやすくなります。1本分にかたくり粉小さじ1/2をまぶし、水大さじ1を加え、ラップをかけて40秒〜1分加熱。

POINT 4 フォークで簡単にほぐれる！

加熱後は、そぎ切りにしてあるのでフォークで簡単にほぐれるし、かたくり粉と水の効果でしっとりとして食べやすくなります。パサつきがちな"ささ身攻略"のおすすめテク！

フリージング&解凍のコツ

基本ワザ 食べやすい形状に加熱調理して冷凍

ラップに包んで

鶏ささ身肉1本分（約50g）を加熱調理して、1回分ずつ小分けするのが効率的。電子レンジで解凍・加熱するときは水分が蒸発してパサつきやすいので、水分を足すのがポイント。

ママ★ラク 水煮缶は離乳食に使いやすいですよ！

水煮缶も便利！

鶏ささ身肉の水煮缶はほぐしてやわらかく加熱してあって、ベビーも大好き！　野菜といっしょに煮ます。みすずママ・悟《さとる》くん（1才）

鶏ささ身肉入りの軟飯が手づかみのヒット作♪

軟飯に鶏ささ身肉と野菜、かたくり粉を加えてお焼きにしてあげると、大喜びで手づかみします。白井彩可ママ・杏樹《あんじゅ》ちゃん（10カ月）

カミカミ期 9〜11カ月

たんぱく質

かたくり粉をまぶすと、表面がぷるるん！

鶏ささ身のくずたたき

［材料］
鶏ささ身肉…15g
（1/3本弱）
かたくり粉…適量

［作り方］
1 ささ身は5㎜厚さのそぎ切りにし、かたくり粉をまぶし、熱湯で20秒ほどゆでて火を通す。
2 あら熱がとれたら、食べやすく切る。

★MEMO ささ身は薄くそぎ切りにして加熱すれば、口の中で簡単に繊維がほぐれる。

モグモグ期 7〜8カ月

ビタミン・ミネラル　たんぱく質

だし風味のあんで苦手なパサつきを解消

かぼちゃの鶏ささ身あん

［材料］
鶏ささ身肉…10g
（1/5本）
かぼちゃ…30g
（3㎝角1個）
だし…大さじ3弱
水どきかたくり粉…少々

［作り方］
1 ささ身はみじん切りにして鍋に入れ、だし大さじ2を加えて中火で熱し、煮立ったら水どきかたくり粉でとろみをつける。
2 かぼちゃは種を除いてラップをかけ、電子レンジで約1分加熱し、皮を除いてつぶす。残りのだしでかたさを調節する。
3 器に2を盛り、1をのせる。

パクパク期 1才〜1才6カ月

ビタミン・ミネラル　たんぱく質

トロトロのあんは野菜に合わせやすい

ブロッコリーの鶏ささ身あん

［材料］
鶏ささ身肉…20g
（2/5本）
ブロッコリー…50g
（小房5個）
だし…1/3カップ
水どきかたくり粉…少々

［作り方］
1 ブロッコリーはやわらかくゆで、1㎝大にほぐす。ささ身はこまかく刻む。
2 鍋にだしを煮立て、ささ身を入れてさっと煮て、水どきかたくり粉でとろみをつける。
3 器にブロッコリーを盛り、2をかける。

モグモグ期 7〜8カ月

エネルギー　ビタミン・ミネラル　たんぱく質

小麦

余熱で火を通すから身がかたくならない

鶏ささ身と野菜の煮込みうどん

［材料］
鶏ささ身肉…10g
（1/5本）
にんじん…15g
（2.5㎝角1個）
小松菜…5g（大1枚）
ゆでうどん…35g（1/6玉）
だし…1/2カップ

［作り方］
1 ささ身は沸騰した湯に入れ、再び沸いたら火を止めて5分おき、とり出してみじん切りにする。
2 にんじんは皮をむいてやわらかくゆで、みじん切りにする。小松菜、うどんはみじん切りにする。
3 鍋にだしを弱火で熱し、2を加えて5分ほど煮る。器に盛り、1をのせる。

※マークの見方 エネルギー はエネルギー源食品、ビタミン・ミネラル はビタミン・ミネラル源食品、たんぱく質 はたんぱく質源食品の略で、材料に含まれる主な栄養素を示しています。
また、卵、乳（乳製品）、小麦（小麦粉）が含まれるものを明記しています。

鶏肉

ささ身で肉を食べることに慣れてから、胸肉→もも肉の順でトライします。
ひき肉は脂肪の少ない皮なしの胸肉や、ささ身のものを探しましょう。

選び方は？

もも肉・胸肉は厚みがあり、締まってハリのあるもの。ドリップ（肉汁）の出ていないものを。

栄養は？

胸肉、もも肉ともに、皮の部分を除けば脂質はぐんと少なくなります。たんぱく質は必須アミノ酸のバランスがよく、もも肉には体にいい脂肪酸や鉄分が多く、胸肉には皮膚や粘膜を丈夫にするビタミンAやビタミンB群が豊富。

形状チェック！

実物大

ゴックン期 5～6カ月

まだ食べさせません

肉はモグモグ期から。

モグモグ期 7～8カ月

鶏ささ身に慣れてから

モグモグ期の肉は鶏ささ身からはじめ、慣れたら胸肉→もも肉の順で食べさせる。

カミカミ期 9～11カ月

鶏胸ひき肉を1cm大に丸め、熱湯でゆでる。

パクパク期 1才～1才6カ月

鶏もも肉を1cm弱の大きさに切り、フライパンで蒸し焼きにする。

調理のポイント

POINT 1 ひき肉は粉と水を加えて加熱する

ひき肉50gに水大さじ1、かたくり粉小さじ1/2を加え、よくまぜてラップをかけ、電子レンジで40秒～1分加熱し、ほぐします。粉と水を加えることで、しっとりやわらかに。

POINT 2 ひき肉だんごはよくねって丸める

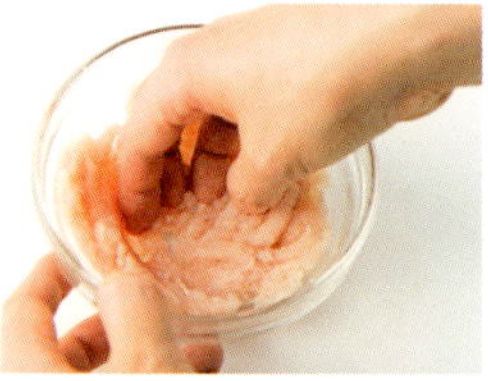

ひき肉はだんご状に丸めてゆでたり、煮たりすると食べやすく、ベビーに人気！　肉を手でよくねると粒がつぶれて均一なやわらかさになり、きれいに成形することができます。

POINT 3 胸肉はささ身と同様にレンジ加熱

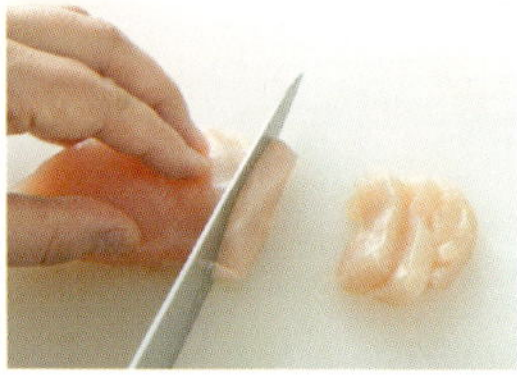

胸肉は薄切りにして繊維を断ち、かたくり粉と水を加え、ラップをかけて電子レンジで加熱を。ほぐしやすく、やわらかい食感になります（ささ身の調理のポイントP.172③④参照）。

POINT 4 もも肉は皮と脂肪をていねいに除く

もも肉は皮をはぎとり、白い脂肪や筋をとり除き、肉の部分だけを離乳食に使います。ささ身や胸肉にくらべ、加熱してもやわらかい食感。煮込み料理やソテー、いため物に。

フリージング&解凍のコツ

ママ★ラク 鶏だんごのみそ汁を取り分け！ベビーは煮込みうどんに

Baby menu

大人 menu

鶏ひき肉を丸めただけの鶏だんごと、家にある野菜をいろいろ入れたみそ汁は、取り分けがラク。ベビーには刻んだうどんも入れてあげます。樽見美希ママ・陽《はる》季《き》くん（1才1カ月）

基本ワザ 食べやすい形状に加熱調理して冷凍

フリーザーバッグで

ラップに包んで

ひき肉はそぼろ状やボール状に調理して冷凍しておくと、料理に使いやすいです。胸肉はゆでるか電子レンジで加熱してほぐし、もも肉は蒸し焼きなどにして冷凍しましょう。

パクパク期 1才～1才6カ月

ビタミン・ミネラル たんぱく質

お肉がふんわり煮えて最高の口あたり♥

肉ボーロと野菜のだし煮

[材料]

鶏ひき肉…15g
(大さじ1)
好みの野菜(大根、
にんじん、ブロッコリーなど)
…計40g
だし…適量

[作り方]

1 野菜は1cm角くらいのコロコロに切る。ひき肉はよくねり、ボーロ状に丸める。
2 鍋に野菜、ひたひたのだしを入れ、やわらかく煮る。
3 肉ボーロを加え、火を通す。

★ MEMO ひき肉を市販のお菓子「ボーロ」くらいに成形して、手づかみしやすく。

カミカミ期 9～11カ月

エネルギー ビタミン・ミネラル たんぱく質

ひき肉はゆでて脂を抜き、上品な味わいに

鶏ひき肉と大根のあんかけごはん

[材料]

鶏ひき肉…15g(大さじ1)
大根…30g(3cm角1個)
大根の葉…少々
軟飯(P.22参照)…90g
(子ども茶わん軽く1杯)
だし…1/4カップ
A(かたくり粉…小さじ1/4
水…小さじ1)

[作り方]

1 大根は皮をむき、5mm角に切る。大根の葉はこまかく刻む。ひき肉はひたひたの熱湯でほぐしながらさっとゆで、ざるに上げる。
2 鍋に大根、だしを入れて弱火で3分ほど煮て、葉を加えて火を通す。ひき肉を加え、Aをまぜて加え、とろみをつける。
3 器に軟飯を盛り、2をかける。

パクパク期 1才～1才6カ月

エネルギー ビタミン・ミネラル たんぱく質

肉も野菜もペロリ!の大人気メニュー

チキンライス

[材料]

鶏もも肉…15g
トマト…30g(中1/5個)
玉ねぎ…10g
(1cm幅のくし形切り1個)
ピーマン…少々
ごはん…80g
(子ども茶わん八分目)
植物油…少々

[作り方]

1 トマトは皮と種を除き、こまかく刻む。玉ねぎ、ピーマンはみじん切りにする。鶏肉は皮と脂肪を除き、1cm角に切る。
2 フライパンに油を中火で熱し、鶏肉、玉ねぎ、ピーマンを入れてさっといため、弱火にしてトマトを加え、1分ほどいためる。
3 ごはんを加え、全体をまぜながらさらに1分ほどいためる。

カミカミ期 9～11カ月

ビタミン・ミネラル たんぱく質

とろ～りスープで鶏肉がしっとり食感に

チキンコーンスープ

[材料]

鶏胸肉…15g
クリームコーン…30g
(大さじ2)
水…1/3カップ
水どきかたくり粉…少々

[作り方]

1 鶏肉は7mm大に切る。クリームコーンは裏ごしする。
2 鍋に水、クリームコーンを入れて中火で煮立て、鶏肉を加えて弱火で煮る。
3 肉に火が通ったら、水どきかたくり粉でとろみをつける。

※マークの見方 エネルギーはエネルギー源食品、ビタミン・ミネラルはビタミン・ミネラル源食品、たんぱく質はたんぱく質源食品の略で、材料に含まれる主な栄養素を示しています。
また、卵、乳(乳製品)、小麦(小麦粉)が含まれるものを明記しています。

牛肉・豚肉

カミカミ期から、牛赤身肉→豚赤身肉の順で食べさせるのがルール。
牛豚をまぜた合いびき肉は、脂肪が多い部分を避けてパクパク期から。

選び方は?

牛豚ひき肉、牛豚薄切り肉のいずれも、脂肪の少ない「赤身」が基本。鮮度のいいものを。

栄養は?

牛肉のたんぱく質は消化吸収がよく、また、カミカミ期以降に不足しがちな鉄分も多く含まれます。豚肉には、疲労回復に効果的なビタミンB_1がダントツに豊富! 玉ねぎやねぎといっしょに調理すると、吸収率もアップします。

形状チェック! 実物大

ゴックン期 5〜6カ月

まだ食べさせません

アレルギー予防のため、肉はモグモグ期から。

モグモグ期 7〜8カ月

まだ食べさせません

モグモグ期の肉は鶏肉のみ。

カミカミ期 9〜11カ月

牛赤身ひき肉にかたくり粉少々をまぜて1cm大に丸め、フライパンで焼く。

パクパク期 1才〜1才6カ月

豚赤身薄切り肉にかたくり粉少々をまぶして刻み、フライパンでいためる。

調理のポイント

POINT 1 牛肉も豚肉も赤身の部分を使う

薄切り肉では、赤身肉(左)が離乳食向き。脂肪の多い肉(右)は胃腸に負担がかかるので、選ぶときに気をつけます。ひき肉も同様に、「赤身ひき肉」のパックを探します。

POINT 2 薄切り肉はこまかく刻む

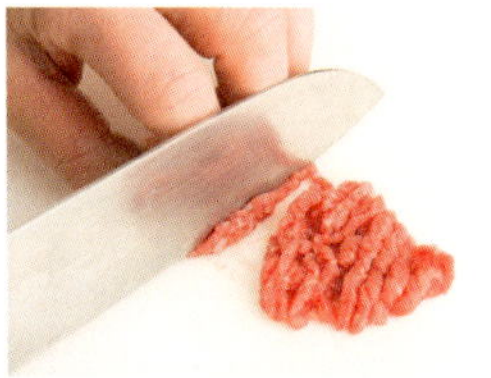

薄切り肉を使う場合は、ベビーはまだ奥歯がなく肉をかみ切れないので、こまかく刻みます。パクパク期になっても、食べにくければ無理せず、みじん切りにしてあげて。

POINT 3 ゆでるときは1枚ずつ熱湯へ

薄切り肉をゆでるときは、たっぷりの熱湯を沸かして1枚ずつ広げて入れ、さっと火を通してざるに上げます。(一度にたくさん入れると、湯の温度が下がってしまうので注意)。

POINT 4 ざるに広げてラップをかける

ざるに広げた薄切り肉は、ラップをかけて冷ますと乾燥を防ぐことができ、しっとりします。かたくり粉をまぶしてゆでても、つるんとした食感に。あら熱がとれたら刻みます。

フリージング&解凍のコツ

基本ワザ 加熱調理して冷凍し、好みの分量ずつ使う

\ フリーザーバッグで /

ひき肉はそぼろ状やボール状に、薄切り肉はゆでて刻んで、食べやすく加熱調理。フリーザーバッグに入れて冷凍し、料理に合わせて好みの分量ずつとり出すのが便利です。

ママ★ラク

カレーなら肉も野菜も完食しちゃいます♥

1才を過ぎてから、子ども用のルウで。苦手な肉も野菜も、カレーだと食べてくれるんです。佐藤絹代ママ・夏《か》帆《ほ》ちゃん(1才3カ月)

肉じゃがはひき肉に。味つけ前に取り分け!

パパが好きな肉じゃがはひき肉バージョンに。だしで煮て取り分けたあと、大人はこってり味つけ! いちごママ・りのちゃん(9カ月)

牛肉・豚肉 調理のポイント

カミカミ期 9～11カ月

ビタミン・ミネラル　たんぱく質

やわらかい豆腐といっしょがいいね♪

豚ひき肉と豆腐のとろみ煮

[材料]

豚赤身ひき肉…5g（小さじ1）
にんじん…20g（2cm角2個）
絹ごし豆腐…25g（3cm角1個）
だし…適量
水どきかたくり粉…少々

[作り方]

1 にんじんは皮をむいてあらみじん切りにする。豆腐は1cm角に切る。
2 鍋ににんじん、ひたひたのだしを入れて中火でやわらかく煮る。
3 2にひき肉を加えてほぐしながら煮て、豆腐を加えてひと煮し、水どきかたくり粉でとろみをつける。

カミカミ期 9～11カ月

エネルギー　ビタミン・ミネラル　たんぱく質

おかゆなら、肉をすんなり飲み込める！

牛肉の青のりがゆ

[材料]

牛赤身ひき肉…15g（大さじ1）
5倍がゆ（P.22参照）…90g（子ども茶わん軽く1杯）
青のり…少々

[作り方]

1 ひき肉はひたひたの熱湯でほぐしながらさっとゆで、ざるに上げる。
2 5倍がゆに1、青のりを加えてまぜる。

★ MEMO ミネラル豊富な青のり。むせやすいのですが、おかゆなどで湿らせれば大丈夫。

カミカミ期 9～11カ月

エネルギー　たんぱく質

卵　乳　小麦

極小サイズだから手づかみもラクラク

プチハンバーグ　ポテト添え

[材料]

牛豚合いびき肉…15g（大さじ1）
じゃがいも…40g（中1/4個）
パン粉…小さじ2
水…小さじ1
植物油…少々

[作り方]

1 じゃがいもは皮をむいて食べやすく切り、やわらかくゆでる。
2 ボウルにパン粉、水を入れ、ふやけたらひき肉を加えてねりまぜ、直径1cmに成形する。
3 フライパンに油を中火で熱し、2を並べ、両面をこんがりと焼く。肉の横で1もこんがりと焼き、ともに器に盛る。

カミカミ期 9～11カ月

エネルギー　ビタミン・ミネラル　たんぱく質

おじゃがが煮くずれるくらいの食感が◎

牛ひき肉じゃが

[材料]

牛赤身ひき肉…15g（大さじ1）
じゃがいも…80g（中1/2個）
玉ねぎ…30g（中1/5個）
植物油…少々

[作り方]

1 じゃがいもは皮をむき、7mm角に切る。玉ねぎはあらみじん切りにする。
2 鍋に油を中火で熱し、玉ねぎ、ひき肉を入れてさっといためる。
3 じゃがいもを加え、かぶるくらいの水（分量外）を加え、煮立ったらアクを除く。火を弱め、じゃがいもがくずれるくらいまで煮る。

カミカミ期

※マークの見方　エネルギー はエネルギー源食品、ビタミン・ミネラル はビタミン・ミネラル源食品、たんぱく質 はたんぱく質源食品の略で、材料に含まれる主な栄養素を示しています。
また、卵、乳（乳製品）、小麦（小麦粉）が含まれるものを明記しています。

パクパク期 1才～1才6カ月

エネルギー ビタミン・ミネラル たんぱく質

卵 乳 小麦

ポテト衣がカリカリ、お肉はジュワッ♥

ハッシュドポテトバーグ

[材料]

牛豚合いびき肉…20g(大さじ1強) じゃがいも…40g(中1/4個) 玉ねぎ…5g(5mm幅のくし形切り1個) パン粉…大さじ1 牛乳…大さじ1 植物油…少々 トマトケチャップ…少々

[作り方]

1 玉ねぎはみじん切りにする。ボウルにひき肉、玉ねぎ、パン粉、牛乳を入れてねりまぜ、4等分して平たく成形する。
2 じゃがいもは皮をむき、スライサーでせん切りにし、1の両面にはりつける。
3 フライパンに油を中火で熱し、2の両面を色よく焼く。器に盛り、ケチャップをのせる。

カミカミ期 9～11カ月

ビタミン・ミネラル たんぱく質

こまかく刻むこと&とろみづけが大切

牛肉と小松菜のとろみ煮

[材料]

牛赤身薄切り肉…15g
小松菜…20g
(中1/2株)
植物油…少々
水…1/4カップ
水どきかたくり粉…少々

[作り方]

1 小松菜、牛肉はそれぞれこまかく刻む。
2 フライパンに油を中火で熱し、1を入れて1分ほどいため、水を加えて弱火にし、小松菜がやわらかくなるまで煮る。
3 2に水どきかたくり粉を加え、とろみをつける。

パクパク期 1才～1才6カ月

エネルギー ビタミン・ミネラル たんぱく質

卵

1才からOKのちょっぴりマヨでコクを

豚ひき肉と青菜のポパイ丼

[材料]

豚赤身ひき肉…20g(大さじ1強) ほうれんそう…30g(1株)
ごはん…80g(子ども茶わん八分目) 植物油…少々 塩…少々
マヨネーズ…少々

[作り方]

1 ほうれんそうはやわらかくゆで、こまかく刻む。
2 フライパンに油を中火で熱し、ひき肉をいため、肉に火が通ったら1を加えていため、塩で調味する。
3 器にごはんを盛り、2をのせ、マヨネーズを添える。

★ **MEMO** マヨネーズは1才からごく少量を。生卵が含まれるので、1才前は加熱を。

カミカミ期 9～11カ月

エネルギー ビタミン・ミネラル たんぱく質

小麦

蒸し焼きがコツ！ しっとり仕上げに

牛肉焼きうどん

[材料]

牛赤身薄切り肉…10g にんじん…15g(2.5cm角1個)
ピーマン…10g(中1/4個) ゆでうどん…60g(1/4玉強)
水…大さじ1
植物油…少々

[作り方]

1 牛肉は1cm幅の細切りにする。にんじんは皮をむき、ピーマンとともに1cm長さの細切りにする。うどんは1cm長さに切る。
2 フライパンに油を中火で熱し、牛肉を入れていため、肉の色が変わったら、にんじん、ピーマンを加えてさっといためる。
3 2にうどん、水を加え、野菜に火が通るまでいためる。

パクパク期 1才～1才6カ月

エネルギー ビタミン・ミネラル たんぱく質

肉派ベビーが大満足！　鉄分もしっかり

ベビー牛丼

[材料]

牛赤身薄切り肉…15g
玉ねぎ…30g
(中1/5個)
だし…1/2カップ
軟飯(P.22参照)…90g
(子ども茶わん軽く1杯)

[作り方]

1 玉ねぎは薄切りにする。牛肉はこまかく刻む。
2 鍋に玉ねぎ、だしを入れて中火で熱し、煮立ったら弱火にし、玉ねぎがやわらかくなるまで煮る。
3 2に牛肉を加え、煮立ったらアクを除き、1分ほど煮る。
4 器に軟飯を盛り、3をかける。

パクパク期 1才～1才6カ月

ビタミン・ミネラル たんぱく質

小さな2つをベビーへ、残りは大人用に

キャベツシューマイ

[材料]

大人分＋ベビー 1回分
豚赤身ひき肉…150g
キャベツ…50g
(中1枚)
しょうゆ、酒、ごま油…各小さじ1/4
かたくり粉…小さじ1/2

[作り方]

1 ボウルにひき肉、しょうゆ、酒、ごま油を入れてよくねり、10g(大さじ2/3)の肉だんご2つ(ベビー用)を作る。残りは4等分し、丸める。
2 キャベツはせん切りにしてかたくり粉をまぶし、1のまわりにつける。
3 蒸気の上がった蒸し器に2を並べ、ふたをして弱火で5～7分蒸す(または耐熱皿に2を並べてラップをかけ、電子レンジで4分30秒加熱する)。

パクパク期 1才～1才6カ月

ビタミン・ミネラル たんぱく質

きゅうりの水分でしっとり&さっぱり

ゆで豚肉のおろしきゅうりソース

[材料]

豚赤身薄切り肉…15g
きゅうり…20g
(中1/5本)

[作り方]

1 鍋に湯を沸かし、鍋肌にプツプツ泡が立ったら、豚肉を入れて火を止める。湯にくぐらせ、肉の色が変わったらとり出す。あら熱がとれたら7㎜幅に切る。
2 きゅうりはすりおろす。
3 1、2を器に盛り、まぜながら食べさせる。

パクパク期 1才～1才6カ月

エネルギー たんぱく質

もちもち&香ばしい食感でトリコに！

豚肉のじゃがもち

[材料]

豚赤身薄切り肉…15g
じゃがいも…150g
(中1個)
植物油…小さじ1

[作り方]

1 豚肉はこまかく刻み、耐熱容器に入れてラップをかけ、電子レンジで約1分加熱する。
2 じゃがいもは皮をむいてすりおろし、ざるに上げて軽く水けをきる。
3 フライパンに油を中火で熱し、2を5～6等分してスプーンで落とし入れ、上に1を等分してのせる。2～3分かけて両面をこんがりと焼く。

※マークの見方 エネルギーはエネルギー源食品、ビタミン・ミネラルはビタミン・ミネラル源食品、たんぱく質はたんぱく質源食品の略で、材料に含まれる主な栄養素を示しています。
また、卵、乳(乳製品)、小麦(小麦粉)が含まれるものを明記しています。

そのほかの魚介

鮭やまぐろなど赤身の魚はモグモグ期から、あじ・いわしなど青背の魚と、かき・ほたて貝柱などがカミカミ期から解禁に。少しずつトライしましょう。

選び方は?

脂肪の多い魚は鮮度が落ちやすいので注意。新鮮で脂肪の少ない部位をベビーへ。

栄養は?

魚には良質なたんぱく質やカルシウム、カルシウムの吸収を助けるビタミンDなど、成長に必要な多くの栄養素が含まれます。また、赤身の魚は鉄分が、青背の魚は脳の働きを高めるDHAやEPAも豊富。積極的に使って。

実物大 形状チェック!(生鮭)

ゴックン期 5～6カ月

まだ食べさせません

ゴックン期は低脂肪の白身魚のみ。

モグモグ期 7～8カ月

熱湯でゆでて、すりつぶし、とろみをつける。

カミカミ期 9～11カ月

熱湯でゆでて、こまかくほぐす。

パクパク期 1才～1才6カ月

熱湯でゆでて、1cm大にほぐす。

調理のポイント

POINT 1 鮭は「生鮭」を使い皮と骨を除く

塩鮭は甘塩でも塩けが強いので、生鮭を使います。白っぽい脂肪の少ない、赤身部分がベビー向き。ゆでてから皮をむき、手でほぐしながら小骨をていねいにとり除きます。

POINT 2 まぐろ・かつおは刺し身が手軽

大人の刺し身(1切れ約10g)を取り分ければ、離乳食1回分にちょうどよく、骨や皮をとり除く手間もかかりません。まぐろは種類が多いですが、選ぶのはトロではなく赤身!

POINT 3 あじ・さんまは尾側をほぐす

あじやさんまなどを一尾で焼く場合は、しっぽ寄りのほうが骨が少なく、ほぐしやすいです。青背の魚は脂肪が多く酸化しやすいので、新鮮なうちに、塩は振らずに焼いて。

POINT 4 かきは旬の時期に白い部分を使う

冬の旬の時期に、新鮮なものを。白くぷっくりした部分を使い、黒い部分は避けます。かきやほたて貝柱は加熱しても身がやわらかく、脳の発達に不可欠なタウリンも豊富。

フリージング&解凍のコツ

基本ワザ 加熱調理して冷凍し、好みの分量ずつ使う

＼フリーザーバッグで／

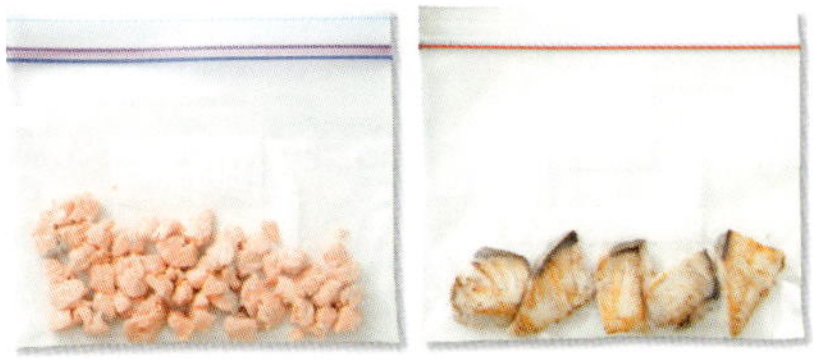

傷みやすい魚は新鮮なうちに加熱調理して、冷凍しましょう。ゆでて、または焼いてほぐした身や、薄切りのソテーなど、食べやすい形でフリーザーバッグに入れて冷凍保存を。

ママ★ラク 鮭は冷凍すると皮がむきやすい!

切り身の鮭は、冷凍すると身がかたくなるので、生よりも端から皮を引っぱってむきやすいですよ。桑野いずみママ・洸正《こうせい》くん(1才)

刺し身をゆでて、ゆで汁は大人が活用

離乳食のまぐろは、刺し身を取り分け。ゆでて魚のだしが出た湯は、大人のスープにしちゃいます。小林展子ママ・奏斗《かなと》くん(10カ月)

モグモグ期 7～8カ月

エネルギー　たんぱく質

クリーミーな汁で魚のパサつきが消える

まぐろとポテトの豆乳スープ

[材料]

まぐろ…5g
（刺し身1/2切れ）
じゃがいも…20g
（中1/8個）
だし…1/4カップ
豆乳…大さじ1

[作り方]

1. じゃがいもは皮をむいて鍋に入れ、だしを加えて中火で熱し、やわらかく煮る。
2. 1にまぐろを加え、フォークなどで全体をこまかくつぶしながら煮る。
3. 仕上げに豆乳を加え、さっと煮る。

モグモグ期 7～8カ月

ビタミン・ミネラル　たんぱく質

鮭は「下ゆで」することで生ぐさみオフ

鮭のみぞれ煮

[材料]

生鮭…10g
（切り身1/12枚）
大根…20g（2cm角2個）
だし…大さじ1

[作り方]

1. 大根はすりおろす。鮭は熱湯でさっとゆで、皮と骨を除いてこまかくほぐす。
2. 鍋にだしを入れて弱火で熱し、大根を加えてさっと火を通し、鮭を加えてひと煮する。

モグモグ期 7～8カ月

ビタミン・ミネラル　たんぱく質

野菜の水分もいっしょにしっとり煮て

まぐろの洋風煮込み

[材料] 4回分

まぐろ…10g
（刺し身1切れ）
トマト…30g
（中1/5個）
玉ねぎ…10g
（1cm幅のくし形切り1個）
植物油…少々
水…1/2カップ

[作り方]

1. トマトは皮と種を除き、こまかく刻む。玉ねぎ、まぐろはみじん切りにする。
2. 鍋に油を弱火で熱し、玉ねぎを入れて2分ほどいためる。中火にし、まぐろ、トマト、水を加え、2分ほど煮て火を通す。

モグモグ期 7～8カ月

エネルギー　ビタミン・ミネラル　たんぱく質

食感のよさとうまみに誘われて、完食♪

鮭とキャベツのおかゆ

[材料]

生鮭…15g
（切り身1/8枚）
キャベツ…20g
（中1/3枚）
5倍がゆ（P.22参照）…
50g（大さじ3強）

[作り方]

1. 鮭は皮と骨を除き、こまかく刻む。キャベツはやわらかくゆで、みじん切りにする。
2. 鍋に5倍がゆ、1を入れて中火で煮立て、弱火にして鮭に火が通るまで煮る。途中、煮詰まったら水適量（分量外）を足す。

※マークの見方　エネルギーはエネルギー源食品、ビタミン・ミネラルはビタミン・ミネラル源食品、たんぱく質はたんぱく質源食品の略で、材料に含まれる主な栄養素を示しています。
また、卵、乳（乳製品）、小麦（小麦粉）が含まれるものを明記しています。

カミカミ期 9～11カ月

エネルギー
たんぱく質
小麦

1枚で焼いて、食べやすく切るのがラク

かつお入りお焼き

[材料]

かつお…10g
(刺し身1切れ)
小麦粉…大さじ3
水…大さじ2弱
ごま油…少々

[作り方]

1 かつおはこまかく刻む。
2 ボウルに小麦粉、水、1を入れ、粉っぽさがなくなるまでまぜる。
3 フライパンにごま油を中火で熱し、2を平たく流し、両面をこんがりと焼く。食べやすく切る。

カミカミ期 9～11カ月

ビタミン・ミネラル
たんぱく質

トマトをのせてトースターで焼くだけ！

鮭とトマトのほくほく焼き

[材料]

生鮭…15g
(切り身1/8枚)
トマト…20g(中1/8個)

[作り方]

1 鮭は皮と骨を除き、あらく刻む。トマトは皮と種を除き、あらく刻む。
2 1をまぜ合わせてアルミカップに入れ、オーブントースターで約7分、火が通るまで焼く。

★ **MEMO** トースター焼きは、たらやまぐろ、ぶりなど、ほかの魚でも応用できるテク。

カミカミ期 9～11カ月

エネルギー
ビタミン・ミネラル
たんぱく質
乳

栄養満点！ 頭も体も元気になれる

かきのクリームシチュー

[材料]

かき…10g(中1/2個)
じゃがいも…40g
(中1/4個)
玉ねぎ…15g(1.5cm幅のくし形切り1個)
水…1/2カップ
牛乳…大さじ1/2
バター…少々

[作り方]

1 じゃがいもは皮をむいて7mm角に切る。玉ねぎはみじん切りにする。かきは水洗いし、白い部分をこまかく刻む。
2 鍋にじゃがいも、玉ねぎ、水、バターを入れ、弱火でやわらかくなるまで5分ほど煮る。
3 2にかき、牛乳を加え、さっと火を通す。

カミカミ期 9～11カ月

エネルギー
ビタミン・ミネラル
たんぱく質

さっと煮て、加熱しすぎないのが秘訣

まぐろあんかけ丼

[材料]

まぐろ…15g(刺し身大1切れ)　チンゲンサイの葉…20g(中2枚)
水…1/2カップ　水どきかたくり粉…少々　5倍がゆ(P.22参照)…70g
(子ども茶わん七分目)

[作り方]

1 チンゲンサイはこまかく刻む。まぐろは7mm角に切る。
2 鍋に水を煮立て、チンゲンサイを入れてやわらかく煮る。まぐろを加えてさっと煮て、アクを除き、水どきかたくり粉でとろみをつける。
3 器に5倍がゆを盛り、2をかける。

パクパク期 1才～1才6カ月

エネルギー ビタミン・ミネラル たんぱく質

小麦

塩、こしょうを振れば大人もおいしい

さんまのトマトパスタ

[材料]

さんま…20g
（焼いて大さじ2）
トマト…30g（中1/5個）
スパゲティ…35g

[作り方]

1 さんまは塩を振らずに焼き、皮と骨を除きながらこまかくほぐす。トマトは皮と種を除き、7㎜角に切る。
2 スパゲティは2㎝長さに折り、表示より少し長めにやわらかくゆでる。
3 1、2を合わせてあえる。

パクパク期 1才～1才6カ月

ビタミン・ミネラル たんぱく質

小麦

春が旬のさわらは栄養価が高く、やわらか

さわらのムニエル　キャベツ添え

[材料]

さわら…20g
（切り身1/6切れ）
キャベツ…30g
（中1/2枚）
小麦粉…少々
植物油…少々

[作り方]

1 さわらは1㎝弱の角切りにし、小麦粉を薄くまぶす。
2 キャベツはやわらかくゆで、2㎝長さのせん切りにし、器に敷く。
3 フライパンに油を中火で熱し、1を入れ、両面を色よく焼いて2にのせる。

POINT

小麦粉をまぶして焼くと、外はカリッ、中はふんわりの食感に。

パクパク期 1才～1才6カ月

ビタミン・ミネラル たんぱく質

トマトで魚の脂っぽさやくさみを解消！

ぶりのトマト煮

[材料]

ぶり（皮と血合いをとったもの）…20g
トマト…40g（中1/4個）
オリーブ油…少々

[作り方]

1 トマトは皮と種を除き、こまかく刻む。ぶりは1㎝弱の角切りにする。
2 鍋にオリーブ油を弱めの中火で熱し、トマトを入れてさっといためる。ぶりを加え、火が通るまで煮る。

パクパク期 1才～1才6カ月

エネルギー ビタミン・ミネラル たんぱく質

あじのうまみと玉ねぎの甘みで極上に

あじの冷や汁

[材料]

あじ…20g（焼いて大さじ2）　玉ねぎ…10g（1㎝幅のくし形切り1個）
水…1/2カップ
軟飯（P.22参照）…90g
（子ども茶わん軽く1杯）

[作り方]

1 あじは塩を振らずに焼き、皮と骨を除きながらこまかくほぐす。玉ねぎは薄切りにする。
2 鍋に玉ねぎ、水を入れ、弱火でやわらかくなるまで煮る。あじを加えて火を止め、あら熱をとる。
3 器に軟飯を盛り、2をかけて食べさせる。

※マークの見方　エネルギーはエネルギー源食品、ビタミン・ミネラルはビタミン・ミネラル源食品、たんぱく質はたんぱく質源食品の略で、材料に含まれる主な栄養素を示しています。
また、卵、乳（乳製品）、小麦（小麦粉）が含まれるものを明記しています。

column 4

お祝い＆イベント離乳食

お誕生日、クリスマス、お正月、ひなまつり、こどもの日

スペシャルな日には、離乳食もちょっぴり特別バージョンで。思い出になるハレの日を、もっと楽しく盛り上げましょう！

BIRTHDAY

誕生日

わが家にやってきたベビーが元気に成長してくれたことに感謝を込めて。感激ひとしおのバースデーは、ステキな演出で盛り上げましょう！

1才のバースデー

パクパク期 1才～1才6カ月

FIRST BIRTHDAY

ホットケーキとヨーグルトでラクラク♪

バースデーケーキ

［材料］

ホットケーキ（直径12cm）…3枚　プレーンヨーグルト…300g　いちご…中6個　ブルーベリー…12～15個　ベビー用クッキー（丸型）…2枚　たまごボーロ…6粒　ねりごま、ジャムなどペースト…適量

［作り方］

1. ヨーグルトはキッチンペーパーを敷いたざるにのせ、半日くらい水きりする。
2. ホットケーキは、市販のホットケーキミックスの表示どおりに、直径12cm程度に3枚作る。
3. いちごは7～8mm角に切り、ブルーベリーは半分に切る。
4. ペーストでクッキーに顔、車をかき、ボーロに「オメデトウ」の文字をかく。
5. ホットケーキ1枚に1の適量を塗り、3の1/3量を並べ、さらに上に1の適量を塗る。2枚目をのせ、同様に1の、3の1/3量、1の順に重ねる。3枚目をのせ、1を塗り、3の残りを飾り、顔のクッキーをのせ、ろうそくを刺す。皿のふちにたまごボーロを並べ、車のクッキーを飾る。ベビーにケーキ1/4個分を食べさせて。

エネルギー　ビタミン・ミネラル　たんぱく質

小麦　卵　乳

★ MEMO　ホットケーキミックス1袋200gの場合、9～10枚ほどできます。残りはラップに包んで冷凍OK。プレーンヨーグルトのかわりに市販のベビー用ヨーグルトを使う場合は、水きり不要。180gが目安です。

2層のおかゆとカラフル豆腐を盛り合わせ

ハッピー♥6カ月プレート

［材料］

10倍がゆ…30g（大さじ2）　絹ごし豆腐…25g（3cm角1個）　かぼちゃ…10g（2cm角1個）　ゆでブロッコリーの穂先…少々　ゆでにんじん…少々

［作り方］

1. かぼちゃはやわらかくゆでる。
2. おかゆの2/3量にかぼちゃの1/3量をまぜて器に盛り、残りのおかゆをのせて2層にする。残りのかぼちゃでハートを作り、上に飾る。あればロウソクやプレートも飾って！
3. 豆腐は湯通ししてすりつぶし、器に盛る。ブロッコリー、にんじんはそれぞれすりつぶし、豆腐の上に飾る。

エネルギー　ビタミン・ミネラル　たんぱく質

POINT

かぼちゃは丸く平らに形作ってから、竹ぐしでへこませるとハートの形に。おかゆとまぜながら食べさせて。

ゴックン期 5～6カ月

ハーフバースデー

HALF BIRTHDAY

※おかゆの作り方はP.22を参照。

CHRISTMAS

クリスマス

大人は手間をかけない、おしゃれメニューを選んで！　ベビーには大人と同じ食材を使って、星やツリーの演出でクリスマス気分に。

カミカミ期 9〜11カ月

エネルギー　ビタミン・ミネラル　たんぱく質

卵　乳　小麦

かわいい見た目に、つい手が伸びちゃう

ブーツとお花のサンドイッチ

[材料]

サンドイッチ用食パン…2枚　鶏胸肉…10g　カテージチーズ…小さじ1　ブロッコリー…小房1個　じゃがいも…1/6個(25g)　飾り用のゆでブロッコリー、ミニトマト……各適量

[作り方]

1. 鶏肉は熱湯でゆでてこまかく刻み、カテージチーズを加えてまぜる。
2. じゃがいもは1cm角に切り、ブロッコリーはあらみじん切りにし、やわらかくゆでていっしょにすりつぶす。
3. 食パンは花形に4枚型抜きし、1を等分してはさむ。残りのパンはキッチンばさみでブーツ形に2枚切り、2をはさむ。こまかく切ったゆでブロッコリー、ミニトマトを飾り、パンをちぎって食べさせる。

ゴックン期 5〜6カ月

エネルギー　ビタミン・ミネラル

型を使えば、トロトロ食材も星形に☆

さつまいもとにんじんのピューレスター

[材料]

さつまいも…1cm厚さの輪切り1枚分　にんじん…5mm厚さの輪切り1枚分　だし…適量

[作り方]

1. さつまいも、にんじんは皮をむいてだしでやわらかく煮る。それぞれすりつぶし、だしでのばしてピューレ状にする。
2. 皿に星形の抜き型を置き、さつまいもピューレを流し入れてそっと抜き、上やまわりににんじんピューレを飾る。

パクパク期 1才〜1才6カ月

エネルギー　ビタミン・ミネラル　たんぱく質

卵

赤・黄・緑のクリスマスカラーをON！

にぎやかライスケーキ

[材料]

ごはん…子ども茶わん1/2杯分　ゆでえび(ブラックタイガーなど)…1/3尾分　ゆでブロッコリー…小房1個　ミニトマト…1/2個　ゆで卵…1/4個　さつまいも…5mm厚さの輪切り1枚　塩…少々

[作り方]

1. 鍋にごはんを入れ、水大さじ2くらいを加えて弱火でやわらかく煮、塩を加えてまぜる。
2. ブロッコリーはみじん切りにする。
3. えびは殻をむき、ミニトマトは皮と種を除き、ともにみじん切りにする。ゆで卵はみじん切りにする。さつまいもは皮をむいてやわらかくゆで、星形に型抜きする。
4. 器にセルクル型をのせ、1の半量を入れ、2の半量をのせ、残りのごはんをのせてそっと抜く。残りのブロッコリー、3を飾る。

モグモグ期 7〜8カ月

エネルギー　ビタミン・ミネラル　たんぱく質

卵

いろいろな野菜の彩り&おいしさを一皿に

野菜のキラキラツリー

[材料]

カリフラワー…小房1/2個　じゃがいも…1/8個(20g)　ミニトマト…1/2個　ゆでブロッコリー…小房1/2個　かたゆで卵黄…1/3個　だし…適量

[作り方]

1. カリフラワーはあらみじん切りに、じゃがいもは皮をむいて1cm角に切り、だしでやわらかく煮ていっしょにすりつぶす。
2. 1を皿にのせて三角形に形作り、包丁で切れ目を入れてツリーの形にする。
3. ミニトマトは皮と種を除いてみじん切りにし、ブロッコリーは穂先をこまかく刻み、ツリーにあしらう。卵黄は茶こしで裏ごししながら、ツリーの上にかける。

ゴックン期　モグモグ期　カミカミ期　パクパク期

※マークの見方　エネルギーはエネルギー源食品、ビタミン・ミネラルはビタミン・ミネラル源食品、たんぱく質はたんぱく質源食品の略で、材料に含まれる主な栄養素を示しています。
また、卵、乳(乳製品)、小麦(小麦粉)が含まれるものを明記しています。

NEW YEAR

お正月

紅白の食材を使えば、縁起のいい「おせち離乳食」がカンタンに作れます。ベビーもいっしょに新しい年の門出をお祝いしましょう！

モグモグ期 7～8カ月

ひょうたん里いもの鮭あん

エネルギー　たんぱく質

ゴックン期 5～6カ月

初日の出がゆ

エネルギー　ビタミン・ミネラル

パクパク期 1才～1才6カ月

鯛とマッシュポテトのトマトカップ

エネルギー　ビタミン・ミネラル　たんぱく質

乳

カミカミ期 9～11カ月

ふわふわ紅白だんご

ビタミン・ミネラル　たんぱく質

豆腐の生地は鶏ひき肉でコクをプラス

ふわふわ紅白だんご

[材料]

にんじん…20g（2㎝角2個）　A[木綿豆腐…30g（1/10丁）　鶏胸ひき肉…5g（小さじ1）　ねぎのみじん切り…5g（小さじ1）　かたくり粉…小さじ1]　ゆでブロッコリー…小房1個

[作り方]

1. にんじんは皮をむいて5㎜角に切って耐熱皿に入れ、水小さじ1を加えてラップをかけ、電子レンジで約1分30秒加熱する。
2. Aはよくねりまぜ、1を加えてまぜ、5等分して丸める。耐熱皿にのせてラップをかけ、電子レンジで約1分加熱する。
3. 器に盛り、小さく切ったブロッコリーを飾る。

パプリカで真っ赤な初日の出を表現！

初日の出がゆ

[材料]

パプリカ（赤）…20g（1/6個）　ほうれんそうの葉先…1枚　10倍がゆ…30g（大さじ2）　水どきかたくり粉…少々

[作り方]

1. パプリカは皮をむいてやわらかくゆでて裏ごしし、水どきかたくり粉を加えて電子レンジで20～30秒加熱してとろみをつける。
2. ほうれんそうはやわらかくゆでて裏ごしする。
3. 10倍がゆをすりつぶして器に入れ、中央に1を丸くのせ、まわりに竹ぐしで少量ずつ2をのせる。

トマトをくりぬいたカップがかわいい♡

鯛とマッシュポテトのトマトカップ

[材料]

鯛（刺し身用）…15g　じゃがいも…60g（小1/2個）　ミディトマト…2個　牛乳…大さじ1

[作り方]

1. 鯛はゆでて食べやすくほぐす。じゃがいもは皮つきのままラップで包んで電子レンジで約3分加熱し、皮をむいてこまかくつぶし、牛乳をまぜる。
2. トマトは皮を湯むきして半分に切り、中身をとり除く。1のじゃがいもを丸めて入れ、ほぐした鯛をのせる。好みでひと口大のゆでアスパラガスを添える。

縁起のいいひょうたん形に成形して

ひょうたん里いもの鮭あん

[材料]

里いも…30g（小1/2個）　生鮭…10g　だし…大さじ2　A[かたくり粉…小さじ1/4　水…小さじ1/2]

[作り方]

1. 里いもは皮つきのまま耐熱皿にのせてラップをかけ、電子レンジで約2分加熱する。あら熱がとれたら皮をむいてつぶし、皿にひょうたん形に盛りつける。
2. 生鮭はゆでて皮と骨を除き、こまかくほぐす。
3. 鍋にだしと2を入れて煮立たせ、まぜ合わせたAでとろみをつけ、1のまわりにかける。

GIRL'S FESTIVAL

ひなまつり

女の子のお祝いは、離乳食もかわいさ満点に♥ めびなとおびなのラブラブツーショットは赤ちゃんも喜んでくれそう！

カミカミ期 9〜11カ月

エネルギー　ビタミン・ミネラル　たんぱく質　乳

かわいい姿は、食べてもやさしい味わい

ポテトサラダおひなさま

［材料］

じゃがいも…1/2個　プレーンヨーグルト…小さじ1　マヨネーズ…少々　黒ごま、焼きのり…各適量　きゅうり、ゆでパプリカ（赤）…各適量

［作り方］

1 じゃがいもはゆでてつぶし、ヨーグルトとマヨネーズを加えてまぜる。
2 1を丸形2つと台形2つにまとめ、重ねておひなさまの形にする。黒ごまで目を、のりで髪や帯を作ってつける。きゅうりの皮でおびなの冠と笏（しゃく）を作り、パプリカでめびなの冠と扇、口を作ってつける。

★マヨネーズには生卵が含まれるため、1才までは加熱して与えて。
★目の黒ごまは飾り用です。誤嚥のおそれがあるので、食べるときにはとり除いて。

ゴックン期 5〜6カ月

ビタミン・ミネラル　たんぱく質　乳

いちごピューレでピンクの花を咲かせて

ももの花咲く豆腐ミルク

［材料］

絹ごし豆腐…30g（1/10丁）　いちご…2個　湯でといた粉ミルク…小さじ1　かたくり粉…少々

［作り方］

1 絹ごし豆腐は電子レンジで約30秒加熱してすりつぶし、といた粉ミルクを加えてなめらかにまぜる。
2 いちごは裏ごしして小鍋に入れ、かたくり粉を加えてまぜ、火にかけて少しとろみをつける。
3 器に1を盛り、2でももの花をかく。

パクパク期 1才〜1才6カ月

エネルギー　ビタミン・ミネラル　たんぱく質　卵

薄焼き卵の衣をまとって、華やかに♪

おひなさまおにぎり

［材料］

軟飯…80g　卵…1個　A［砂糖…2つまみ　塩…少々］　ゆでブロッコリーの穂先…少々　ゆでにんじんのいちょう切り…2枚　焼きのり…適量

［作り方］

1 軟飯で三角2つ、小さい丸2つのおにぎりを作る。
2 卵は割りほぐし、Aを加えてまぜる。フライパンを熱し、卵液を半量ずつ流し入れて両面を焼き、薄焼き卵を2枚作る。（1枚は大人が食べるか冷凍保存）
3 薄焼き卵1枚を半分に切り、三角のおにぎりを着物のように包み、丸いおにぎりをのせる。のりで髪、目、口を作ってつける。ブロッコリーをおびなの扇にし、にんじん1枚はめびなの扇に、もう1枚は切り込みを入れて冠にする。

モグモグ期 7〜8カ月

エネルギー　ビタミン・ミネラル

いつものおかゆが盛りつけテクで変身！

おひなさまがゆ

［材料］

7倍がゆ…大さじ1.5　にんじん…10g（2cm角1個）　ブロッコリーの穂先…小房1個分

［作り方］

1 にんじんは皮をむいて2mm角に刻んでやわらかくゆでて、飾り用小さじ1/2を残してすりつぶす。
2 ブロッコリーは刻んでゆでて、飾り用少々を残してすりつぶす。
3 器におかゆを雪だるまの形にしてのせ、すりつぶしたにんじん、ブロッコリーでおひなさまの髪、顔、帯をかく。飾り用のにんじん、ブロッコリーを髪や帯にあしらう。

※マークの見方　エネルギーはエネルギー源食品、ビタミン・ミネラルはビタミン・ミネラル源食品、たんぱく質はたんぱく質源食品の略で、材料に含まれる主な栄養素を示しています。
また、卵、乳（乳製品）、小麦（小麦粉）が含まれるものを明記しています。

KID'S DAY

こどもの日

かぶとやこいのぼり、かしわの葉に見立てた、初節句にぴったりのメニューをご紹介。「かつお＝勝男」で、赤ちゃんの出世も祈願！

カミカミ期 9～11カ月

エネルギー
ビタミン・ミネラル
たんぱく質

そら豆入りの白玉もちを葉っぱの形に

かしわの葉っぱもち かつおあんかけ

[材料]

そら豆…約2粒（正味10g）　白玉粉…小さじ1　絹ごし豆腐…小さじ1　かつおの刺し身…10g（小1切れ）　A[だし…大さじ1　かたくり粉…少々]　しょうゆ…少々

[作り方]

1 そら豆は皮をむき、熱湯で4分ほどゆで、すりつぶす。
2 1に白玉粉、豆腐を加えてまぜ、3等分し、かしわの葉の形にしてナイフで葉脈の筋をつける。熱湯でゆでて水にとり、水けをきって器に盛る。
3 かつおは耐熱容器に入れ、Aを加えて電子レンジで約30秒加熱し、フォークでつぶしてしょうゆを加えてまぜ2にのせる。小さくちぎって食べさせる。

ゴックン期 5～6カ月

エネルギー
ビタミン・ミネラル

野菜の自然な甘みをほのかに感じる

そら豆の春色おかゆ

[材料]

そら豆…約6粒（正味30g）　かぼちゃ…5g（小さじ1）　にんじん…5g（小さじ1）　10倍がゆ…30g（大さじ2）

[作り方]

1 そら豆は皮をむき、熱湯で4分ほどゆで、すりつぶす。
2 かぼちゃ、にんじんはやわらかくゆでるか、電子レンジで加熱してやわらかくし、裏ごしして湯でのばす。
3 10倍がゆはすりつぶし、1をまぜて器に盛り、2をのせる。

パクパク期 1才～1才6カ月

エネルギー
ビタミン・ミネラル
たんぱく質
卵
乳
小麦

カラフルなこいのぼりは栄養も満点！

こいのぼりトースト

[材料]

サンドイッチ用食パン…1枚　かぼちゃ…15g（2.5㎝角1個）　ほうれんそう…15g（1/2株）　かつおの刺し身…15g（1切れ）　砂糖、小麦粉…各少々　植物油、バター…各少々　トマトケチャップ…少々

[作り方]

1 かぼちゃはやわらかくゆでるか、電子レンジで加熱してやわらかくし、つぶして砂糖をまぜる。
2 ほうれんそうはゆでてこまかく刻み、油を熱したフライパンでいためる。
3 かつおは小麦粉を薄くまぶし、バターを熱したフライパンで焼き、水小さじ1を加えてつぶす。
4 パンはこいのぼりの形に切り、こんがりと焼く。1、2、3をしま状にのせ、ケチャップで目をかく。

モグモグ期 7～8カ月

エネルギー
ビタミン・ミネラル
たんぱく質

カッコイイね！　うちの子に似てる!?

かぼちゃかぶとの子どもがゆ

[材料]

かぼちゃ…25g（3㎝角1個）　かつおの刺し身…10g（小1切れ）　5倍がゆ…50g（子ども茶わん半分）　焼きのり…少々　だし…大さじ1

[作り方]

1 かぼちゃはやわらかくゆでるか、電子レンジで加熱してやわらかくし、フォークでつぶす。湯で耳たぶくらいのかたさに調節し、三角形にする。
2 かつおは耐熱容器に入れ、だしを加えて電子レンジで約30秒加熱し、だしとまぜながらフォークでつぶす。
3 器に5倍がゆを顔の形に盛り、のりで目と口を作ってのせる。1をかぶとに見立ててのせ、2で飾りをつける。

監修:上田玲子

管理栄養士・博士(栄養学)

管理栄養士。博士(栄養学)。白梅学園大学・短期大学非常勤講師。日本栄養改善学会評議員や日本小児栄養研究会運営委員なども務める。栄養コーチングや食事調査などを行う㈱トランスコウプ総研取締役でもあり、乳幼児栄養についての第一人者。監修に『最新版きほんの離乳食』シリーズや『はじめてママ&パパの見てマネするだけ366日の離乳食』(主婦の友社)など多数。育児誌『Baby-mo』でもおなじみ。

staff

カバーデザイン♥川村哲司(atmosphere ltd.)

カバーイラスト♥100%ORANGE

本文デザイン♥アトム☆スタジオ(川崎綾子)、岩崎亜樹

ママちゃんイラスト♥仲川かな

本文イラスト♥安藤尚美

栄養指導・調理♥牧野直子(料理研究家・管理栄養士)

調理♥上田淳子、落合貴子、祐成二葉、スズキエミ、舘野鏡子、ダンノマリコ、中村陽子、ほりえさわこ、ワタナベマキ(50音順、敬称略)

撮影♥佐山裕子、澤﨑信孝、柴田和宣、鈴木江実子、千葉 充、土屋哲朗、松木 潤(以上主婦の友社写真課)、石川正勝、石澤義人、梅澤仁、橋本 哲、三村健二、目 黒、山上 忠、山田洋二

撮影協力♥リッチェル、和光堂

編集協力♥和佐田恵美

校正♥岡村美知子

構成・文♥水口麻子(引き出し、1章、P.56〜59、3章)、浦上藍子(2章)

編集♥志岐麻子(主婦の友社)

はじめてママ&パパの離《り》乳食《にゅうしょく》

編者　主婦の友社
発行者　大宮敏靖
発行所　株式会社主婦の友社
〒141-0021　東京都品川区上大崎3-1-1
目黒セントラルスクエア
電話03-5280-7537(内容・不良品等のお問い合わせ)
049-259-1236(販売)
印刷所　大日本印刷株式会社

ISBN978-4-07-295550-5

■本のご注文は、お近くの書店または主婦の友社コールセンター(電話0120-916-892)まで。
*お問い合わせ受付時間　月〜金(祝日を除く)　10:00〜16:00
*個人のお客さまからのよくある質問のご案内
https://shufunotomo.co.jp/faq/

*本書は『最新　はじめての離乳食』および雑誌『Baby-mo』の内容に新たな情報を加えて構成したものです。ご協力いただいた先生がた、モデルになってくださった赤ちゃんやご家族のみなさま、取材撮影スタッフに心からお礼申し上げます。

*スタッフおよび読者のかたに掲載の連絡をしておりますが、連絡のつかないかたがいらっしゃいます。お気づきの際は主婦の友社(☎03-5280-7537)までご一報ください。あらためて編集部よりご連絡差し上げます。

ね-121052